궁궐과 왕릉,
600년 조선문화를 걷다

-개정증보판-

궁궐과 왕릉,
600년 조선문화를 걷다
-개정증보판-

오정윤·주정자·안두옥·김지혜·장경실·우덕희·최경화·전수진·권혜숙
조태희·김은영·조정옥·박연주·신승자·김향란·박양희·홍수레

머리말

궁궐과 왕릉,
600년 조선문화를 걷다

오정윤
한국역사인문교육원 대표

서울 한양의 도심과 교외에 넓게 자리를 잡은 조선시대의 궁궐과 왕릉, 그리고 이들 문화재와 연계된 한양도성, 성균관문묘 등은 조선시대의 역사와 문화를 대표하는 문화유산이다. 현재 조선의 왕릉과 창덕궁, 종묘는 세계문화유산에 등재되어 있고, 종묘제례(宗廟祭禮)와 종묘제례악(宗廟祭禮樂)은 세계무형유산이며, 한양도성과 성균관문묘는 세계문화유산 등재 후보이다.

《궁궐과 왕릉, 600년 조선문화를 걷다》는 조선시대 역사와 문화를 대표하는 궁궐, 왕릉, 제례공간, 상징과 조형물 중에서 공간성, 상징성과 역사적 의미, 문화적 가치, 유교의 의례와 성리학적 이념, 문물제도를 가장 잘 반영하는 주제를 선별하고, 이것을 특성에 맞추어 ①궁궐과 사람들, ②궁궐과 상징들, ③궁궐과 제도들, ④궁궐과 의례들 등 4가지로 분류하였다.

경복궁

잡상

덕수궁 품계석

영릉

우선 ①궁궐과 사람들에서는 왕, 왕비, 왕자와 공주, 궁녀와 내시들의 삶과 역할을 조명하고, ②궁궐과 상징들에서는 용과 잡상, 전통문화 원리인《주역》과 궁궐을 선정하였다. 또한 ③궁궐과 제도들에서는 국가의 의례인 오례, 관리의 이력서인 품계훈작, 궁궐 정전과 한성부 등을 서술하였고, ④궁궐과 의례들에서는 왕의 업적과 칭호, 왕의 무덤인 왕릉, 종묘와 옥새 등을 다루었다. 이를 통해 600년 조선문화의 진면목과 역사적 가치, 미학적 관점 등을 가능한 통일적 입장에서 보여주고자 하였다.

1. 궁궐의 사람들

궁궐은 하늘의 법도를 실천하는 철학적 공간이고, 국가의 공식행사가 열리는 의례공간이며, 통치행위가 이루어지는 정치공간이다. 아울러 국가의 권력자인 국왕과 왕비, 후궁과 그의 가족들, 그리고 궁녀와 내시의 거주 공간이다. 제1분야인 <궁궐과 사람들>에서는 궁궐에 사는 군주, 왕비, 공주와 왕자, 궁녀와 내시 등 궁궐에 사는 사람들의 이야기 등을 다루었다.

조선시대 군주를 다룬 <왕, 궁궐의 하루를 기록하다>에서는 왕의 어원, 군주의 일생, 왕의 행사인 경연, 친경례, 활쏘기 등을 주로 소개하였으며, <왕비, 궁궐의 살림을 책임지다>에서는 왕비를 뜻하는 한자, 궁궐의 여성 어른에 대한 호칭, 왕비의 위상, 왕비가 되는 과정 등 기본적인 정보제공에

드라마 속의 왕

드라마 속의 왕비

드라마 속의 왕자와 공주

초점을 맞추었다. 〈왕자와 공주, 자율과 타율로 살다〉는 가장 귀한 존재로 태어났지만 행복할 수도, 불행할 수도 있는 그들의 삶을 왕자의 난, 양녕대군, 경혜공주, 화완옹주 등의 예를 통해 살펴본다.

궁궐의 전문직을 소개하는 〈궁녀, 궁궐에서 여성 전문직을 만나다〉에서는 궁녀의 유래, 궁녀의 선발과정, 궁녀의 일생, 궁녀의 업무 등 궁궐 내명부의 살림을 총괄하는 궁녀에 대한 안내서이다. 〈내시, 왕의 그림자로 살다〉에서는 내시(환관)의 탄생, 내시의 자격, 내시 가문에 대한 이야기, 내시의 업무 등을 서술하였다.

영화 〈궁녀〉   내시를 다룬 사극 〈왕과 나〉

2. 궁궐과 상징들

궁궐은 한 시대의 가장 높은 수준의 문화가 구현되는 시공간이다. 건축물, 현판과 현판의 글씨, 담장의 무늬, 건축공간에 놓인 수많은 기물(器物)과 깃발, 왕과 왕비, 내시와 궁녀, 관리들의 복장에는 다양한 위계질서와 문양이 수놓아져 있다. 제2분야인 〈궁궐과 상징들〉에서는 군주를 상징하는 용, 추녀마루에 앉아 궁궐을 수호하는 잡상, 동아시아 전통사상으로 조영한 궁궐의 배치와 구조를 다루었다.

용 　　　　　　　　　잡상 　　　　　　《주역》원리를 반영한 경회루

　우선 〈용, 궁궐의 존엄을 상징하다〉는 용에 대한 기원과 특징을 중점으로 다루었고, 용에 대한 최초의 문헌인《용경》의 소개, 군왕과 용의 관계 등을 서술하였다. 〈잡상, 궁궐의 모든 곳을 지키다〉에서는 여러 가지 모양을 하는 서수상을 잡상이라 한다는 의미와 함께 중국과 한국의 잡상과 문헌을 소개하고, 잡상에 관한 유일한 문헌인《상와도》와 단행본인《한국화 도록》의 잡상을 소개한다. 〈궁궐,《주역》의 원리가 펼쳐지다〉에서는《주역》과 건축, 궁궐에 펼쳐진 여러《주역》의 현장과 의미, 건축조영의 원리인《주역》의 발견 등을 서술하였다.

3. 궁궐과 제도들

　궁궐은 철학공간이고, 의례공간이고, 정치공간으로 조선시대의 정치제도, 법제도, 행정제도가 제정되고 명령되고 시행을 감독하는 중심지역이다. 제3분야인 〈궁궐과 제도들〉에서는 조선시대의 핵심적인 의례인 오례(五禮), 관리들의 등급과 신분과 직능을 표시하는 품계훈작, 조회가 이루어지는 궁궐의 중심공간인 정전(正殿), 그리고 한양의 궁궐과 행정을 관리하는 한성부를 소개하고 있다.

　조선의 공식의례인 〈오례, 유교의 이상을 실천하다〉에서는 가례, 흉례, 빈례, 상례, 군례 등 오례의 유교적 의미, 오례의 절차와 내용을 기록한 문헌

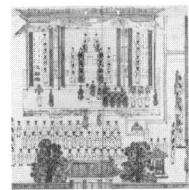
성균관 입학례

인정전 품계석

인정전

도성도

과 더불어 오례가 실행된 예시로 왕세자 입학례와 군례의 하나인 헌괵례를 소개하였다. 〈품계훈작, 관리의 이력서를 들여다본다〉는 관리들의 등급인 품, 계, 훈, 작의 발생과 내용을 설명하고, 관직과 관리의 어원을 탐구한다. 〈정전, 하늘의 법칙을 실현하다〉에서는 법궁과 정궁의 개념, 국왕통치의 중심인 정전의 구조, 그리고 예제의 상징적 법궁인 경복궁 근정전 등을 서술하였다. 〈한성부, 조선의 심장부를 걷다〉에서는 한성부의 명칭, 한성부의 형성과정, 한성부의 공간적 특징, 한성부의 핵심기능 등을 설명하였다.

4. 궁궐과 의례들

조선은 의례의 나라이다. 조선건국의 이념인 성리학은 주나라의 예법인 《주례(周禮)》에 근거하여 통치의 규범과 제도를 만들고, 의례와 예기에 근거하여 의례제도를 실행하였다. 제4분야인 〈궁궐과 의례들〉에서는 왕의 호칭에 대한 종합적인 고찰, 군주와 왕비의

묘호(효종)

건원릉(태조릉)

종묘에 모시는 어보(문정왕후)

명성황후 옥책문

건원릉   경복궁

사후세계인 왕릉, 국왕과 왕비가 혼이 머무는 종묘, 그리고 군주의 권위와 합법적 통치의 상징인 옥새를 다루었다.

　군주는 국가의 지존이고 법 위에 군림하는 초월적 권력자이다. 하늘과 땅과 인간세계를 교통하는 존재로 호칭이 다양하게 존재하였다. 〈왕의 호칭, 동아시아 군주를 정의하다〉는 군주의 호칭인 명호, 존호, 시호, 묘호, 년호, 능호 등을 설명한다. 〈왕릉, 왕과 왕비가 잠들다〉에서는 왕의 죽음과 함께 시작되는 산릉도감, 빈전도감, 국장, 왕릉의 조성 등을 설명하고, 왕릉에 있는 숲의 초목을 소개한다. 〈종묘, 사후의 세계를 거닐다〉는 종묘건축의 과정, 종묘의 풍수적 입지, 종묘의 여러 건축물 등을 서술하였다. 끝으로 〈옥새, 권력과 권위를 새기다〉에서는 옥새의 발생과 기원, 옥새의 상징성, 옥새의 종류 등을 말하였다.

5. 궁궐과 왕릉, 문화유산의 향기는 멈추지 않는다

　《궁궐과 왕릉, 600년 조선문화를 걷다》는 궁궐의 사람들, 상징들, 제도들, 의례들 항목을 나누고 모두 16편의 글을 실었다. 공동저술의 방식으로 각자가 주제를 맡고 관련한 문헌, 자료, 사진들을 수집하고 글을 다듬었다.

따라서 주제에 따라 글의 형식과 내용과 방향이 다양한 방식으로 전개되는 특징을 가진다. 전문가의 연구논문이 아닌 대중의 눈과 손과 말과 글이 여과없이 그대로 전해지는 풋풋함이 있다. 향후 시민들의 평생학습과 생산적 학습은 이런 방향의 성과물로 결과를 맺는 것이 가장 바람직하다는 생각이다.

《궁궐과 왕릉, 600년 조선문화를 걷다》에서 아쉬운 점이 있다면, 〈궁궐과 사람들〉에서는 궐내각사와 궐외각사에 근무하는 관리가 빠졌고, 〈궁궐과 상징들〉에서는 천문으로 읽는 궁궐과 과학으로 보는 궁궐 등을 다루지 못하였다. 또한 〈궁궐과 제도들〉에서는 궁궐 내의 여러 관청과 직무, 한양도성을 수비하는 5군영과 내금위, 겸사복 등이 빠지게 되었다. 끝으로 〈궁궐과 의례들〉에서는 국왕의 장례인 국장(國葬), 궁궐 곳곳에 배치된 기물(器物)들이 주제 선정에 들지 못하였다. 그래도 이 책 《궁궐과 왕릉, 600년 조선문화를 걷다》에서는 궁궐을 이해하는데 필요한 항목은 대체적으로 다루었다는 점에서 뿌듯한 자평을 남긴다.

차례

머리말 궁궐과 왕릉, 600년 조선문화를 걷다 - 오정윤 | 5

1   왕, 궁궐의 하루를 기록하다 - 최경화

        1. 왕의 어원 | 21
        2. 왕의 역할, 권한, 왕에게는 어떤 특권이 있을까? | 23
        3. 왕의 탄생부터 세자 시기 | 25
        4. 군주의 하루 일상, 조회로 시작하다 | 29
        5. 왕이 참석하는 특별한 행사 | 34
        6. 왕의 여가 생활은 어떻게 했을까 | 37
        7. 전국의 음식으로 임금님의 몸을 다스린 밥상, 수랏상 | 40

2   왕비, 궁궐의 살림을 책임지다 - 홍수례

        1. 왕비를 뜻하는 한자 | 45
        2. 군주의 여성 어른과 부인에 대한 호칭 | 46
        3. 왕비(왕후)의 위상 | 47
        4. 권력이 만든 왕비의 등급 | 48
        5. 조선시대 내명부 | 49
        6. 왕비가 되는 통로 | 50
        7. 왕비의 공식지위와 업무 | 51
        8. 가관친영례(假館親迎禮)와 사림이념(士林理念) | 52
        9. 가능성과 현실성의 거리, 간택 | 55
        10. 왕비, 궁궐의 살림을 엿보다 | 56

3   왕자와 공주, 자율과 타율로 살다 - 신승자

    1. 호칭은 어떻게 정해질까? ㅣ 60
    2. 귀한 자손의 '태'는 귀한 대접을 받는다 ㅣ 60
    3. 한 가지에서 나지만 서로 다른 운명을 살다 ㅣ 61
    4. 왕이 되지 못한 왕자는 어떻게 살까? ㅣ 62
    5. 공주에서 관비로, 다시 비구니로… ㅣ 63
    6. 공주들은 혼인하면 사가로 출궁한다 ㅣ 65
    7. 조선엔 여자의 이름은 없었다 ㅣ 66
    8. 인생의 교훈을 주다 ㅣ 66

4   궁녀, 궁궐에서 여성 전문직을 만나다 - 박연주

    1. 궁녀의 유래와 범위 ㅣ 72
    2. 궁녀들의 선발 ㅣ 74
    3. 궁녀의 생활과 여가 시간 ㅣ 79
    4. 궁녀의 말년과 죽음 ㅣ 85
    5. 마무리 ㅣ 87

5   내시, 왕의 그림자로 살다 - 주정자

    1. 환관, 그의 탄생에 대하여 ㅣ 92
    2. 내시, 가문의 탄생과 소멸 ㅣ 99
    3. 환관의 존재와 하는 일 ㅣ 102
    4. 역사 속의 환관과 내시들 ㅣ 103
    5. 내시, 현재 남아 있는 환관의 흔적들은? ㅣ 104

6   용, 궁궐의 존엄을 상징하다 - 조태희

       1. 용의 어원(語源) ｜ 110
       2. 《용경(龍經)》, 용에 대해 모든 것을 말하다 ｜ 111
       3. 용의 아들, 용생구자(龍生九子) ｜ 116
       4. 군왕과 용(龍) ｜ 117
       5. 궁궐에서 만나는 용(龍) ｜ 118

7   잡상, 궁궐의 모든 곳을 지키다 - 안두옥

       1. 잡상(雜像)의 어원 ｜ 121
       2. 기록상의 잡상(雜像) ｜ 122
       3. 추녀마루의 구조와 명칭 ｜ 123
       4. 추녀마루 잡상의 역할 ｜ 125
       5. 전통시대 벽사의 상징물 ｜ 125
       6. 중국 건축물의 추녀마루 잡상 ｜ 126
       7. 중국 잡상의 명칭과 역할 ｜ 128
       8. 《상와도(像瓦圖)》의 잡상 ｜ 131
       9. 《한국화 도록》의 잡상과 명칭 ｜ 132
       10. 잡상, 궁궐의 모든 곳을 지키다 ｜ 133

8   궁궐, 《주역》의 원리가 펼쳐지다 - 김은영

       1 《주역(周易)》과 건축 ｜ 138
       2 《주역》의 핵심 내용과 경복궁 ｜ 139
       3. 음양오행론(陰陽五行論)-강녕전에 구현된 상생과 상극의 원리 ｜ 142

4. 경복궁에 담긴 《주역》의 원리 | 145
5. 건축 조영 사상으로서의 《주역》, 그리고 경복궁 | 155

9   왕의 오례, 유교의 이상을 실천하다 - 조정옥

1. 예(禮)란 무엇인가? | 159
2. 조선궁중에서 오례의 정치 문화적 의미는? | 160
3. 오례와 관련된 문헌들은 어떤 것들이 있을까? | 162
4. 오례의 종류에는 어떤 것들이 있을까? | 164
5. 궁궐에서 만나는 오례 | 168
6. 오례의를 마치며… | 170

10   품계훈작, 관리의 이력서를 들여다보다 - 전수진

1. 관(官)과 이(吏) | 173
2. 품계훈작 | 175
3. 궁궐의 품계석 | 181
4. 맺음말 | 182

11   정전, 하늘의 법칙을 실현하다 - 장경실

1. 법궁과 정궁, 천명과 통치의 중심을 세우다 | 185
2. 정전, 국정의 중심을 세우다 | 191
3. 근정전, 예제의 미학을 읽다 | 198
4. 조회, 조정에 들다 | 203

12   한성부, 조선의 심장부를 걷다 - 우덕희

      1. 들어가는 말 - 211
      2. 한성부의 형성배경 - 212
      3. 공간적 특징 - 215
      4. 한성부의 소프트웨어(software) - 220
      5. 맺는말 - 226

13   왕의 호칭, 동아시아 군주를 정의하다 - 김지혜

      1. 나라의 정통성과 예치의 근본, 국왕의 이름에 숨겨진 비밀 - 229
      2. 왕의 이름. 아명(兒名), 휘(諱)·자(字)·호(號) - 230
      3. 왕이 받는 책봉 명칭들, 봉작명·책봉명(冊封名) - 232
      4. 살아 있을 때 가장 중요한 이름, 존호 - 235
      5. 하늘을 대신하는 왕의 호칭, 연호 - 238
      6. 이름으로 일생을 심판하다, 시호 - 240
      7. 왕의 혼령과 시신을 모신 장소를 부르는 호칭, 능호(陵號)·묘호(廟號)·전호(殿號) - 243
      8. 맺음말 - 248

14   왕릉, 왕과 왕비가 잠들다 - 김향란

      1. 왕의 죽음 - 251
      2. 산릉도감 설치 - 252
      3. 국장 - 253
      4. 능호 - 254
      5. 왕릉의 조성, 풍수 - 255
      6. 왕릉의 구조 - 258

7. 왕릉의 나무 - 262

8. 왕릉숲의 가치 - 266

15 종묘, 사후의 세계를 거닐다 - 권혜숙

1. 종묘의 역사 - 272

2. 종묘의 입지 - 274

3. 종묘의 신위 배치 - 275

4. 종묘의 건축(정전, 영녕전, 공신당, 칠사당) - 276

5. 대한제국의 종묘 - 277

6. 맺음말 - 278

16 옥새, 권력과 권위를 새기다 - 박양희

1. 옥새와 국새, 옥새의 개념 - 282

2. 옥새의 기원 - 284

3. 옥새의 상징성 - 285

4. 옥새의 용도와 기능 - 286

5. 옥새의 종류 - 288

6. 옥새의 제작 - 289

7. 우리나라 국새의 역사적인 흐름 - 290

17 〈부록〉 궁궐미학, 문화유산의 멋과 향기가 흐른다! - 오정윤

1. 궁궐이 갖는 문화적 가치 - 295

2. 서울 궁궐, 문화콘텐트를 만나다 - 297

3. 궁궐미학, 궁궐의 멋과 향기를 만나다! - 301

4. 궁궐 이해에 필요한 사유와 통찰 - 304

1

왕,
궁궐의 하루를
기록하다

왕은 만기사무(萬機事務)를
실천하는 국정의 최고 책임자이다.

한 문장으로 읽는 〈왕의 하루〉

왕은 절대 권력자였다. 권력이란 타인에 대한 지배이며, 이를 관철하기 위해서는 강제력과 권력의 정당화가 수반되어야 했다. 전통사회에 이러한 왕의 권력을 뒷받침하는 강제력은 도끼로 상징되었다.

왕의 하루 일과는 아침, 낮, 저녁, 밤의 4단계로 구분되어 '왕의 4시' 라 했다. 아침에는 신료들로부터 정치를 듣고, 낮에는 방문객을 만나며, 저녁에는 조정의 법령을 검토하고, 밤에는 자신의 몸을 닦았다.

1

왕, 궁궐의 하루를 기록하다

글 : 최경화

조선은 1392년 태조 이성계가 건국한 이래 일본에 강제로 병합된 1910년에 이르기까지 519년 동안 27명의 국왕이 왕위를 이으며 지속된 왕조이다. 조선은 유교를 통치이념으로 삼아 덕으로 나라를 다스리고 백성을 근본으로 하는 왕도정치를 구현하고자 하였다.

1. 왕의 어원

왕이란 글자는 각각 천(天), 지(地), 인(人)을 나타내는 일(一)자 세 개가 뚫을 곤(l) 으로 서로 연결된 모습을 하고 있다. 즉 국왕은 덕으로써 하늘, 땅, 인간으로 상징되는 우주의 중심을 관통하는 존재다. 또 다른 해석으로는 왕이란 글자는 도끼의 모습을 본뜬 상형문자로 도끼의 날과 도끼의 머리와 도끼 자루를 끼우는 구멍 등 세 부분을 형상화한 글자다.

후(后)	아이 낳는 모습 모계사회 수장	
왕(王)	갑골 : 큰 사람 금문 : 옥 도끼 종교적 제사장	
군(君)	명령하는 모습 정치적 군장	

    왕은 절대 권력자였다. 권력이란 타인에 대한 지배이며, 이를 관철하기 위해서는 강제력과 권력의 정당화가 수반되어야 했다. 전통에서 이러한 왕의 권력을 뒷받침하는 강제력은 도끼로 상징되었다. 도끼는 왕의 물리적 강제력과 생사여탈권을 의미했다. 전쟁이 나면 왕은 출정하는 장수에게 도끼를 주었는데 이는 생사여탈권을 그 장수에게 이양한다는 상징적인 행위였다. 조선시대의 관료나 유생 중에는 도끼를 짊어지고 대궐 앞에서 자신의 주장을 관철시키려는 경우가 있었는데, 물론 이때도 자신의 주장이 잘못되었다면 왕의 생사여탈권인 도끼로 자신의 목을 치라는 상징적인 행위였다.

    도끼는 왕을 상징하는 문양으로 자주 이용되었다. 왕의 가장 신성한 옷인 면복에 도끼 문양을 수 놓아 '보'라 했고, 그 상징은 악에 대한 징벌권이나 생사여탈권이었다. 이 외에도 도끼 문양은 왕이 사용하는 병풍, 방석 등 여러 곳에 사용되었다.

2. 왕의 역할, 권한, 왕에게는 어떤 특권이 있을까?

생사여탈권인 왕의 권한은 법으로 규정될 수 없는 신성한 것이었다. 왕은 입법권, 사법권, 행정권 등을 망라하는 절대적인 권력을 휘둘렀다. 왕의 인사권은 양반 관료의 임명, 파면, 승진, 전보 등 신료들을 선발하고 사용할 수 있는 권한이었다. 이를 통해 왕은 양반 관료들을 통제 할 수 있었다. 국가의 흥망성쇠를 좌우하는 존재가 바로 왕이었다.

조선시대에는 오직 왕만이 하늘과 합치한다는 것을 과시하기 위해 인간이 하늘에 다가갈 수 있는 공식적인 통로를 왕에게로 한정했다. 이른바 하늘에 대한 제사를 왕에게만 귀속시키는 이유도 여기에 있다. 그리하여 토지신과 곡신신, 바람과 비의 신, 구름과 우레의 신 등은 오직 왕만이 접근할 수 있도록 했다. 이들 신성한 존재들은 나라에서 드리는 제사의 대상이 되어 공식적인 숭배의 대상이 되었고, 이들에 대한 주재자는 당연히 왕이었다.

왕과 신성한 존재들과의 접촉은 정기적으로 거행되는 국가 제례를 통하여 이루어졌다. 국가 제례에서 왕은 신과 교류하는 국가제사장, 또는 대사제로서 역할을 이행했다. 이는 왕만이 갖는다는 점에서 일종의 신성권 이었다.

(1) 왕을 어떻게 표현할까요?

군주를 뜻하는 대표적인 한자는 아이 낳은 모습을 나타내는 모계사회 씨족장 '후(后)', 권력을 상징하는 도끼에서 파생된 임금 '왕(王)', 명령을 나타내는 군왕 '군(君)', 그리고 천하를 통일한 중국의 진시황제가 조합하여 만든 '황제(皇帝)' 하늘의 대행자를 의미하는 '천자(天子)' 등이 있다.

(2) 군주에게 부르는 특별한 이름

일상에서 군주를 표현하는 단어는 크게 (1) 하늘의 대행자를 뜻하는 천자(天子), (2) 지존을 의미하는 황제(皇帝), (3) 최고의 자리를 뜻하는 금상(今上), (4) 천하의 주인을 말하는 주상(主上), (5) 모든 신하들의 윗 자리에 있는 폐하(陛下), (6) 가장 존귀한 권력자라는 뜻의 성상(聖上) 등이 있다.

천자(天子)	《예기》에 천하에 군림하는 자를 천자라고 한다. 禮記曰, 君天下曰天子. 《백호통》에 이르기를, 천자는 작위를 나타내는 칭호이다, 왕이란 하늘을 아버지로, 땅을 어머니로 삼는 자로서 천하의 주인이다. 성인은 천명을 받는데 모두 하늘이 만든 것이다, 그래서 천자라고 부른다. 天子者, 爵稱也. 王者父天母地, 爲天地之主也. 聖人受命, 皆天所生, 故謂之天子.
황제(皇帝)	독단에 이르기를, 황제는 지존의 칭호이다. 황이란 빛나다라는 뜻이다. 큰 덕이 빛나고 빛나서 비추지 않는 바가 없다. 제란 살핀다는 뜻이다. 하늘의 법도를 능히 실천하고, 하늘을 섬기며 살피고 살피는 것이다. 그래서 황제라고 한다. 獨斷曰, 皇帝, 至尊之稱. 皇者, 煌也. 盛德煌煌, 無所不照也. 帝者, 諦也. 能行天道, 事天審諦. 故稱皇帝
금상(今上)	《사기》〈진시황본기〉: 금상께서는 무거운 법으로 백성들을 다스렸다, 今上, 以重法繩之
성상(聖上)	한나라 시기에 처음으로 황제를 성상이라 칭하였다.
폐하(陛下)	독단에 이르기를, 폐하란 섬돌이다 천자는 반드시 가까이 지키는 신하가 있어 병기를 들고 섬돌의 곁에 늘어서 잘못되는 것을 대비한다. 그래서 폐하라고 부르는 것은, 여러 신하들은 천자와 말을 할 때 감히 바로 천자라고 가리켜서는 안되는 것으로, 폐하라고 부르고 아뢰어야 한다. 그래서 낮은 것이 높은 것에 이르는 뜻을 가졌다. 천자는 스스로를 짐이라 하고, 신민들은 군주를 폐하라고 부른다. 陛下者, 陛 階也. 天子必有近臣, 執兵陳于陛側, 以戒不虞, 謂之陛下者, 群臣與天子者, 不敢指斥天子. 故呼在陛下者而告之. 因卑達尊之義. 天子自稱曰朕, 臣民稱之曰陛下.

(3) 군주와 관련된 용어

군주가 자신을 말할 때는 '짐(朕)'이라 하고, 신민이 군주를 칭할 때는 '폐하(陛下)', '전하(殿下)'라고 부른다. 왕의 말은 '제(制)', '조(詔)'라 하고, 왕의 답은 '가(可)'라 한다. 사관이 역사서에 왕을 기록할 때는 '상(上)'이라 하고, 군주의 기물은 '승여(乘輿)'라고 한다.

왕이 머물고 있는 곳은 행재(行在), 행재소라고 하며, 거처하는 곳은 금중(禁中)이고, 왕후의 거처는 성중(聖中)이라 부른다. 도장은 새(璽)라 하고, 목적지에 이르는 것을 행(幸)이라 하며, 걸어가는 것을 어(御), 명령을 책서(策書), 제서(制書), 조서(詔書), 계서(啓書)라 한다.

(4) 군주와 권력승계

군주의 권력승계는 크게 3가지로 이루어진다. (1) 첫째는 선양(禪讓)으로 덕이 있는 사람에게 권력을 주는 방식인데, 고대의 도덕정치를 상징한다. (2) 둘째는 혈연으로 맺어진 가족에게 권력을 이양하는 세습(世襲)으로 직계세습과 방계세습(형제상속)이 있다. (3) 셋째는 폭력이나 위협으로 권력을 빼앗는 찬탈(簒奪)이 있는데, 가장 부도덕한 방법이다. 따라서 찬탈의 주체인 권력자는 늘 선양이나 세습의 형식으로 권력을 승계받고자 하였다.

3. 왕의 탄생부터 세자 시기

(1) 탄생

원자가 태어나면 매화, 복숭아, 오얏나무 뿌리, 호두 등을 넣어 끓인 다음 멧돼지 쓸개를 섞어서 만든 물에 목욕을 시켰다. 목욕 후에는 배냇저고리에 감싸는데, 옷감은 조정 관료 중에서 무병장수하는 사람이 입던 무명옷을 사용했다. 3일 뒤에는 원자의 탄생을 종묘에 고하였으며, 7일 뒤에는 백관의

성주군 세종대왕자 태실 태봉안 재현 행사

하례가 있었다. 또 왕은 소격전에 명하여 사흘간 원자의 복을 빌게 하였다. 복을 빌 대표자로는 조정 대신 중에 다복한 사람이 선발되었으며, 왕 자신도 소격전에 찾아가 원자의 복을 기원했다. 소격전은 도교에서 숭상하는 하늘의 별들에게 제사를 지내던 관청으로 임진왜란 뒤 폐지되었다.

예로부터 뱃속의 태아는 탯줄을 통해 생명력을 이어받는다고 생각했다. 아이와 조상을 이어주는 생명의 통로로서 탯줄은 영원한 의미를 가졌으며, 태아가 출생한 뒤에도 탯줄은 함부로 버리지 않고 소중하게 보관했다.

원자가 탄생하면 백자항아리에 탯줄을 넣어 임시로 보관하다가 3일째가 되면 태를 물로 씻는 의식인 세태를 행했다. 세태는 정결한 물로 태를 백 번 씻는 의식으로, 향기로운 술로 갈무리한 뒤 태항아리에 넣어 길방에 안치했다. 밀봉한 태항아리는 생

세종대왕자 태실(성주군청)

후 3개월 (여)-5개월 (남) 뒤 좋은 날을 가려 혈자리에 태실을 선정해 봉안하였다. 이를 태봉이라 했는데, 주로 높이 50~100m 정도 솟은 둥근 야산을 골라 그 정상에 태를 봉안하거나, 또는 높은 산봉우리에 봉안하기도 하였다. 태봉은 매우 신성시되었으며 지방 관리가 지키도록 했다. 왕위에 오르면 태실을 석물로 단장하는 가봉을 하였다.

(2) 유아, 유치 시기

원자가 태어나면 유모를 선발했는데, 젖이 풍부하고 마음과 심성이 고운 여성 중에서 골랐다. 유모로 선발되는 여성은 자신도 젖먹이를 가지고 있는 사람이 대부분이었다. 그러다 보니 유모 자신의 아이는 뒷전이었다. 유모는 원자가 장차 왕이 되면 종1품의 품계를 받고 봉보부인(奉保夫人)이라는 칭호를 받았다.

원자가 태어나면 보양청이 설치되어 공식적으로 원자의 보호와 양육을 담당했다. 보양관으로는 3명의 종2품 이상의 고위 관료가 임명되었으며, 3정승이 겸임하기도 했다. 원자와의 특수관계 때문에 자리를 놓고 경쟁이 심했다. 보양청에서는 원자의 음식과 옷, 그리고 서책의 공급과 관리를 맡았다.

원자가 4살 정도 되면 강학청을 설치해 기본예절과 인간성 함양을 위한 소학, 천자문 등을 익히고, 명문자제들과 어울리게 했다. 공부를 시작하기에 앞서 원자는 사부들과 상견례를 했다. 이때 원자는 아청색의 옷을 입고, 옥으로 만든 띠를 두르며, 검은색의 신발을 신었다. 원자의 옷 색깔을 아청색으로 하는 이유는 이 색이 봄을 상징하기 때문이다. 원자의 교육은 유교 교육을 중심으로 아침, 점심, 저녁 세 차례에 걸쳐 50분 정도씩 실시했다.

(3) 세자 시기

원자가 8살쯤 되면 대신들의 요청과 왕의 결단에 의해 봄철 좋은 날을 가려 세자 책봉례를 행했다. 세자 책봉례는 원자를 세자로 책봉한다는 임명장을 수여하는 의식으로 《국조오례의》에 따랐다. 왕은 백관들을 모아 놓고 세자에게 죽책문, 교명문, 세자인을 전해주는 책봉례를 거행한 뒤 종묘에 고하였다. 이날 왕과 세자는 면복인 구장복과 칠장복을 입었다. 죽책문은 임명장이고, 교명문은 세자에게 당부하는 훈계문이며, 세자인은 세자를 상징하는 도장이다.

세자는 나라의 희망이자 떠오르는 태양이므로 해 뜨는 동쪽에 거처를 두고 이를 동궁이라 하였다. 그리고 세자를 교육하는 세자시강원과 세자를 경호하는 세자익위사를 두었다. 세자로 책봉되면 성균관 입학례(공자의 제자)를 올리고 본격적인 제왕학 학습에 들어갔다. 입학례는 세자가 유학도임을 선언하는 것이며 실제 입학하는 것은 아니었다.

서연(세자교육)의 총책은 사부(師傅)로서 영의정이 사(師)이고, 좌의정이나 또는 우의정이 부(傅)가 되어 영의정을 보좌했다. 세자시강원의 전임관료는

KBS 〈역사저널, 그날〉 37회 : '조선을 뒤흔든 교육열'에서

종3품 1명, 정4품 1명, 정5품 1명, 정6품 1명, 정7품 1명 등 5명이었다. 이들은 모두 문과에 합격한 학식과 덕망이 뛰어난 실력자들로 가문도 좋았다. 세자 교육은 아침 식사 후에 하는 조강, 점심 후에 하는 주강, 저녁 식사 전에 하는 석강이 있었으며, 특별한 사정이 없는 한 계속 반복되었다.

세자는 부모에게 효도하고 형제에게 우애하는 방법과 부모의 침식을 살피는 절차를 배웠다. 유교에서 가장 중요시하는 효를 배우고, 다음으로 차기 왕으로서 필요한 식견과 능력을 함양하는 교육을 받았다. 교재는 《소학》, 《효경》, 《논어》, 《맹자》, 《중용》, 《대학》, 《대학연의》, 《상서》, 《주역》, 《예기》 등이 이용되었다.

세자의 일과는 아침저녁으로 웃전에 문안 드리고 왕의 수랏상을 살피는 시선과 약시중을 드는 시탕을 해야 했다. 그리고 틈틈이 육예(예, 악, 사, 어, 서, 수)를 닦는 일 외에 경전 공부에 매달렸다. 성년이 되면 부왕을 대신해 정무(대리청정)를 처리하는 등 실무를 익히기도 했다.

세자는 대체로 10세 안팎에 혼례를 치루었다. 《경국대전》에는 남자의 혼인 연령을 15세로 규정해 놓고 있었지만 세자는 이 규정을 지킨 경우가 별로 없었다. 세자는 정부인인 세자빈 이외에 공식적으로 소실을 둘 수 있었는데 양제(종2품), 양원(종3품), 승휘(종4품) 등이다.

4. 군주의 하루 일상, 조회로 시작하다

(1) 왕의 조회, 상참, 조참, 조하

조선의 왕은 아침마다 관료들과 조정에서 만나는 조회 의례에 참석했다. 상참은 왕의 공식적인 하루 일정에서 첫 번째 일정이기도 하다.

근정전으로 향하는 왕의 행차

상참이란 말 자체가 일상적으로 참여한다는 의미였다. 《경국대전》에는 매일 종친부, 의정부, 충훈부, 중추부, 의빈부, 돈녕부, 육조, 한성부의 당상관, 사헌부와 사간원의 각 1명, 경연의 당상관과 당하관 각 2명이 매일 번갈아 상참한다라고 규정되어 있다. 조선시대 상참은 왕과 주요 아문의 일부 관료들이 매일 아침 조정에서 만나는 조회 의례였으며, 동시에 왕의 공식적인 하루 일정에서 첫 번째 일정이기도 했다.

조회란 말 그대로 조정에서의 모임인데, 조선시대의 조회는 상참, 조참, 조하 등으로 구분되었고 각각의 조회 의례가 있었다. 이렇게 조회 의례를 복잡하게 한 목적에 대하여 정도전은 군신 간의 엄격한 질서 확립을 들었다.

실제로 상참을 비롯한 조참, 조하 등의 조회 의례는 군신 간의 엄격한 질서 확립을 목적으로 거행되었다. 궁궐에서 상참이 거행되는 공간은 편전, 그리고 편전의 전정이었다. 상참 때, 편전에는 왕이 자리했고, 편전의 전정에는 신료들이 자리했다. 그러므로 새벽에 침전에서 기상한 왕은 상참을 거행하기 위해서는 편전으로 가야 했다. 이에 따라 궁궐에서 편전은 침전 앞에 자리하였다. 경복궁의 경우 침전인 강녕전 앞의 사정전이 편전이다.

왕이 상참에 참여할 때 입는 복장은 익선관에 곤룡포였다. 검은색의 익선관은 사모처럼 생긴 모자로 윗부분에 두 개의 뿔 모양 장식을 부착하였다. 익선관의 뿔 모양은 매미의 날개를 상징한 것으로, 이슬을 먹고 사는 매미의 청렴과 검소를 본뜬 것이었다.

상참은 일부 관료들만이 참여하는 조회 의례였지만 조참은 백관이 참여하는 조회 의례였다. 거행 시기 역시 상참과 달리 매일이 아니라 매달 5일, 11일, 21일, 25일의 네 차례였다. 동원되는 의장물이나 상징물 역시 상참보다 더 많고 화려했다. 이처럼 조참은 규모가 크고 거행 시기도 드물기에 편전이 아닌 정전의 정문에서 거행되었다. 이 같은 상참 의례와 조참 의례를 통해 왕은 자신의 권위를 높일 수 있었고 나아가 군신 간의 엄격한 질서를 확립할 수 있었다.

(2) 만기, 임금님의 바쁘신 하루

왕의 하루는 그야말로 바빴다. 왕이 처리하는 업무가 만 가지나 된다고 했으니 바쁠 수 밖에 없었다. 왕비와 후궁, 그리고 무수한 궁녀들이 왕 하나만을 바라보고 있었으니 그야말로 밤낮없이 해야 할 일이 쌓여 있었다.

왕의 하루 일과는 아침, 낮, 저녁, 밤의 4단계로 구분되어 '왕의 4시'라했다. 아침에는 신료들로부터 정치를 듣고, 낮에

왕의 하루(서울대 규장각 한국학연구원)

는 방문객을 만나며, 저녁에는 조정의 법령을 검토하고, 밤에는 자신의 몸을 닦았다.

왕의 하루는 파루와 함께 시작되었다. 파루는 왕이 하늘을 대신해 조선의 백성들에게 새벽을 알리는 소리였다. 새벽 4시경에 33번의 파루를 울렸다. 왕도 백성들에게 모범을 보이기 위해 파루에 일어나야 했다. 왕은 파루에 일어나 기본적으로 웃어른에게 문안 인사를 올려야 했다. 바빠서 직접 인사를 할 수 없을 때는 내시를 대신 보냈다. 다음에는 경연에 참석하여 신료들과 경전을 토론하고 현안 문제를 토론하기도 했다. 경연이 끝나면 아침 식사를 하고 조회를 했다. 조회는 매월 5일, 11일, 21일, 25일 조정에서 문무백관이 모두 참여하여 왕을 알현하는 조참과 매일매일 신료들이 편전에서 임금을 알현하는 의식인 상참으로 구성되었다.

원칙상 왕의 일정에는 조강과 상참이나 조참이 있었지만, 실제로 아침에 공부하고 조회를 보는 일은 드물었으며, 오히려 공식적인 일정은 아침에 편전에서 승지들로부터 국정 현안을 보고 받는 것으로 시작되었다. 상참이 끝나면 주요 신료들로부터 업무 보고를 받는데 이를 조계라 했다. 그 뒤 상참이나 조계에 참석하지 못하는 행정부서에서 파견한 윤대관을 만났다.

정오가 되면 점심을 간단히 하고 주강에 참여해 학문을 익혀야 했다. 주강 이후에는 주로 지방 신료들을 접견했다. 오후 3시에서 5시 사이에는 야간 호위 및 숙직 관료들의 명단을 확인하고, 야간의 암호를 정해주었다.

왕은 18시경에는 석강에 참석해야 했다. 석강이 끝나면 저녁 식사를 하고 잠시 휴식을 취했으며 야간 집무를 보기도 했다. 20시경 웃전에 저녁 문안 인사를 드리고 22시경에야 침전으로 돌아가 황극을 닦다가 취침하였다.

(3) 경연, 토론의 장

왕의 공부는 경연이라고 했다. 경연은 매일 아침, 점심, 저녁 세 번을 해야 했지만 보통은 하루에 한 번만 하거나 아니면 며칠에 한 번씩 하는 경우가 많았다.

경연은 유학 경전이나 중국 또는 우리나라의 역사책을 교재로 사용한 토론이었다. 진행 방식은 일반적인 서당의 공부 방식과 유사했으며 경연에 참여하는 신하들은 물론 엎드린 자세다. 왕은 이전에 공부한 내용을 복습하여 읽은 뒤 새로운 진도를 나갔으며, 학습량은 경전 본문의 서너 줄 정도였다. 새로 배울 내용을 경연관이 먼저 읽으면 왕이 따라서 읽었고, 이어서 경연관이 글자의 음과 뜻을 설명하고 경연에 참석한 사람들이 돌아가면서 교재 내용에 대해 각자 의견을 냈다. 이런 토론을 통해 왕은 유학에 대한 식견을 높이고 정치 안목을 키울 수 있었다.

예정된 경연의 진도가 끝나면 왕은 국정 현안을 제기하곤 하였으며, 신하들은 각자 자신들의 의견을 냈다. 이 과정에서 문제점이 부각되면 토론을

EBS 〈지식채널e〉, 왕의 경연

거쳐 해결 방안을 제시하였기에, 경연은 명색이 학문 토론장이었지만 실제는 정치 토론장과 같았다. 조선시대의 경연은 학문 탐구와 심성 수양을 훌륭한 정치의 기초로 생각하는 유교 정치 문화의 산물이었다. 왕과 양반 관료들은 국정의 많은 부분을 경연에 할애함으로써 유교적인 이상 국가를 실현하기 위해 노력하였다. 조선시대 문치주의의 특징은 여기에 농축되어 있다.

5. 왕이 참석하는 특별한 행사

(1) 왕이 짓는 농사, 친경례

왕은 새싹이 돋는 늦봄에 농민들과 함께 직접 소를 몰아 밭을 갈고 씨를 뿌리는 의식인 친경례를 행하였고, 곡식이 여문 늦여름, 또는 가을에는 직접 낫을 들고 수확을 하는 의식인 친예례를 행하였다.

친경례는 왕이 백성들과 고락을 함께한다는 것을 상징한다. 왕은 친경례와 친예례를 위하여 한양과 개경, 두 곳에 직접 경작하고 수확하는 토지인 적전을 마련했다. 고려 왕조 때부터 이용되던 개경의 적전을 서적전, 조선 개국 이후에 새로 마련한 한양의 적전을 동적전이라 하였다.

왕은 동대문 밖 10리쯤 되는 곳, 지금의 전농동에 있는 동적전에서 친경례를 행하였다. 왕은 청색, 또는 흑색의 옷을 입힌 두 마리의 소가 끄는 쟁기로 밭을 갈았다. 왕이 친경할 때는 왕세자는 물론 양반 관료와 백성들 중에서도 일정한 수를 선발하여 함께 밭을 갈았다. 양반 관료 중에서 20여 명, 한양의 노인 중에서 40명, 경기도의 농민 중에서 50명을 뽑는 것이 관례였는데 이들을 모두 합하면 100명이 넘는 숫자였다. 이때 백성들은 소와 마찬가지로 주로 청색의 옷을 입었다.

영조 대에 친경례에서 경기감사는 50명의 농민, 50마리의 소, 50부의 쟁기를 맞추기 위해 각각 소 4마리와 쟁기 4부를 징발하였고, 각각 4명의 농민들도 선발하였다.

친경례에서 사용할 곡식은 대나무를 엮어 만든 청색 상자에 담았다. 청색 상자를 아홉 칸으로 만들어 기장, 피, 차조, 벼, 쌀, 퉁, 팥, 보리, 밀로 이루어진 9곡을 한 가지씩 넣었는데 청색 상자 역시 100개 이상이 필요했다. 친경례에 들어가는 9곡 중 왕과 왕세자의 몫으로 각각 10여 말이 필요했는데 10여 말이면 지금의 80kg들이 한 가마니이다.

친경례를 시행하는 날 왕은 동적전에 행차하여 선농단에 제사를 올렸다. 이어서 친경례를 시행하였는데, 이때 여민락이 연주되었다. 이때 왕은 소가 끄는 쟁기를 직접 잡고 다섯 번에 걸쳐 밀었다. 백성들은 일이 끝난 뒤 왕 앞에 모여 네 번의 절을 올렸다. 그러면 왕은 수고한 백성들에게 석 잔의 술과 음식을 내려 주었다. 술은 농주, 즉 막걸리였고 음식은 고기를 뼈째 푹 삶은 선농탕, 이른바 설렁탕이었다.

친경례 때 심은 곡식이 여물면 왕은 다시 동적전에 행차하여 수확을 하였는데, 이 의식이 친예례였다. 낫으로 벤다는 것만 빼면 전체 절차는 친경례와 유사했다.

조선 초기에 동적전에서 수확된 양은 17석 정도였는데, 수확한 곡식은 종묘와 사직의 제사용으로 올려졌다. 왕이 직접 밭을 갈고 수확한 곡식을 조상에게 올려 복을 비는 한편, 풍성한 결실을 허락한 조상님의 은혜에 감사의 표시를 하는 것이다.

(2) 왕의 첫 나랏일이 시작되다, 면류관

임금님의 즉위식이라 할 등극례는 대체로 궁문에서 베풀어졌다. 창덕궁 같으면 인정문, 경복궁 같으면 광화문, 경희궁 같으면 숭정문의 정남향에 어좌와 옥새를 얹어 놓을 보안을 차린다. 계단 위로 아악을 연주할 막대가 자리잡고 계단 아래로는 동서로 의장대가 도열하며, 3품 이상의 문무백관과 종친들이 품계별로 늘어선다.

면류관을 쓴 새 임금님이 연을 타고 나와 산선 등의 의장 아래 어좌에 앉으면 왕대비가 보관하고 있던 옥새를 관계관이 들고나와 바친다. 옥새를 바치기 전에 왕대비의 하교문이 낭독되기도 한다.

이렇게 등극하면 문무백관의 하례가 뒤따른다. 사회자인 전의가 "국궁사배"하면 문무백관은 그 자리에서 허리를 직각으로 굽히는 절을 네 번 한다. 이어 전의가 "홀삼고두"하면 백관은 끓어앉아 허리를 굽히고 홀로 이마를 세 번 친다. 이어 전의가 "산호"하고 외치면 백관들은 두 손을 맞쥐어 들고 이마에 대면서 "천세"를 삼창한다. 세 번째 천세는 천천세로 강조해 외친다. 중국에 대한 사대 때문에 만세를 부르지 못하고 천세로 만족해야 했던 우리 임금님들이었다.

이날 임금님이 쓰는 왕관이 네모반듯하고 구슬이 주렁주렁 달린 면류관이다. 면류관의 평천판에는 앞, 뒤쪽에 희고 붉고 푸른 열두 구슬이 꿰인 구슬 줄 아홉 줄과 양쪽에 귀 가까이 와닿는 노란 솜방울이 늘어뜨려져 있다. 중국의 천자는

왕의 면류관

열두줄, 제후는 아홉 줄, 상대부는 일곱 줄, 하대부는 다섯 줄로 차등을 두고 있다. 이 면류관의 구슬 줄과 솔방울이 상징하는 바가 의미심장하다.

《자치통감》에 군주란 백성과 한 몸이어야 하기에 멀리 보이지 않는 것을 가깝게 보듯하고, 보이지 않는 백성의 마음을 내 마음 보듯 보아야 하며, 멀리 국경에 있는 사람도 궁중에 있는 사람처럼 보아야 하는 데도, 항상 눈앞에 보여지는 것만을 보는 폐단이 있다. 이 폐단을 경계하고자 면류관이 만들어진 것이요. 등극날 면류관을 씌운 것이라 했다. 곧 눈앞에 구슬줄을 주렁주렁 늘여 시야를 가리고 귓가에 솜방울을 늘여 귀를 가린 뜻은 이목을 가까이 쓰는 것을 경계하고, 보이지도 들리지도 않는 멀리에까지 미치게 하려는 계관인 것이다.

6. 왕의 여가 생활은 어떻게 했을까요

(1) 밤새는 줄 모르는 조선시대의 골프, 격방

1425년(세종7)에 세종은 무과 과거 시험에 격구 과목을 추가했다. 격구는 말을 타거나 뛰면서 공채로 공을 쳐서 구문 즉 골에 집어넣는 놀이로서 고려시대에 특히 성행했다. 격구는 놀이를 통해 무예를 익힌다는 명분으로 장려되었으며 축국과 비슷하다고 실록에 기록되었다. 축국은 "공을 땅에 떨어뜨리지 않고 차는 놀이"로 정의되니, 오늘날의 축구와 비슷한 것으로 보인다.

격방(MBC 드라마 〈궁〉)

김자는 "고려 말기에 사람들이 모여들어 격구

를 봄으로 인해 음란한 풍습이 있었습니다."라 하며 격구 폐지론에 동참했다. 세종은 "이 시대에 격구가 없다고 해서 음란한 여자가 없어지겠는가"라며 이를 윤허하지 않았다. 실록에는 태조가 직접 격구에 참여했으며, "격구하는 것을 사흘 동안 보았다."는 기록도 있다. 정종, 태종, 세종도 격구를 좋아하여 직접 참여했다. 김자는 격구를 놀이로 보고 폐지를 청했고, 세종은 이를 무예로 생각하며 옹호했던 것이다.

격구는 서양의 폴로 경기와 유사한 공놀이로 무과시험에서도 정식 과목으로 인정받은 말을 타고 했던 기마 경기였고, 격방은 타구, 봉희라는 이름으로 요즘의 골프와 비슷한 놀이였다. 그리고 장구는 일종의 필드하키와 유사한 놀이로 현재까지도 몇몇 지역에서 이어지고 있는 전통 공놀이다. 이렇게 다양한 공놀이 중 봉희라는 이름으로도 함께 불리던 격방은 조선시대에 임금님도 즐겼던 놀이였다. 특히 세종은 경신일에는 종친들과 신하들을 불러 모아 밤새도록 격방을 즐기며 하룻밤을 꼴딱 새기도 하였다.

경신일이란 도교에서 일 년에 6번씩 60일마다 돌아오는 날이다. 이날은 사람의 몸에 숨어 있던 삼시충이라는 녀석이 몰래 나와서 천제에게 그 사람의 나쁜 일을 밀고한다고 하였기에 잠을 자지 않고 뜬눈으로 보내야 장수한다는 날이다. 특히 세종은 경신일에는 어김없이 격방을 즐겼는데 얼마나 좋아했던지 이후 성종 때까지 그 일을 기억하기도 하였다.

(2) 왕의 활쏘기, 군례

조선의 국왕은 나라의 안위를 책임지는 군사를 총지휘하는 권한을 가지고 있었다. 군사제도의 운용은 국가의 운명과 직결되는 가장 중요한 일이었다. 특히 이민족의 침입이 끊이지 않던 조선시대에는 임진왜란 같은 대규모 전쟁을 겪으면서 군사제도의 약점을 보완하고 발전시키는 데 큰 노력을 기울였다. 따라서 군사들의 사기를 진작시키고 군 통수권자로서 왕의 권위를 만백성에게 알리기 위하여 주요 군대 의식에 왕이 참석하여 사열하도록 하였는데, 이것이 바로 군례이다.

군례의 종류는 군대의 규모, 실정과 병마 등을 검열하는 열병의식, 무술을 조련하는 강무의식, 싸움터에 나가는 출정의식, 적을 죽이고 귀나 목을 잘라 왕에게 바치는 헌괵의식, 전쟁의 승리를 알리기 위하여 베나 비단에 글씨를 써서 매다는 노포의식 등 군사 활동과 관계된 중요한 의식이 포함되었다.

이러한 의식 중 활쏘기 의식은 특히 중요하게 여겨졌다. 조선시대에는 활을 쏘는 것이 유교의 권장 과목인 육예의 하나로 꼽혔다. 활쏘기가 덕을 함양하고 활쏘기를 겨루는 것은 군자의 도라 여겨져 무술로써의 기능 뿐 아니라 사대부의 소양으로 자리 잡게 되었다.

왕의 활쏘기는 명분과 예법을 세우기 위한 상하 간의 질서를 확립하는 의식으로도 이용되었다. 공식적인 왕의 활쏘기로는 대사례와 연사례 등이 있다. 특히 대사례는 성균관에 행차한 왕이 신료들과 함께하는 최고의 활쏘기 행사였다. 조선시대의 왕은 대사례 같은 행사를 통해 군신 간의 예와 화합을 유지하고 군왕으로서 국가통치의 중요한 덕목인 학문적 소양과 더불어 무예적 소양을 갖추고자 하였다.

이처럼 각종 의식을 통해 국토방위에 대한 중요성을 강조한 조선은 왕조 내내 끊임없이 군사제도를 정비해 가며 외세의 침입과 내란에 대비하였다.

(3) 왕이 온천을 찾은 이유는?

조선시대 왕들은 대체로 몸이 약하여 잔병으로 고생하는 일이 많았다. 특히 피부병의 일종인 부스럼으로 많은 고생을 했다. 왕들은 온천욕이 피로를 풀어 주고 피부를 회복시키는데 아주 효험이 좋다고 생각했다. 세종과 세조

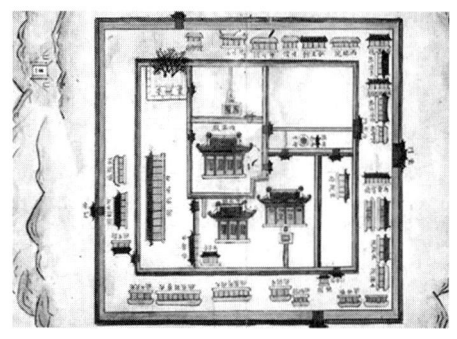
〈온양행궁도〉, 왕의 온천행

는 피부병과 눈병으로 고생을 많이 했기 때문에 온천을 자주 찾았다.

현종의 경우도 눈병과 피부병으로 평생 고생을 많이 했으며, 온양온천에 행차하여 한 달 정도 목욕을 하고 나서 증세가 나았다. 온천욕으로 효험을 본 현종은 기회만 닿으면 온천욕을 하기 위해서 여러 가지 핑계를 대며 유명한 온천을 찾아다녔다. 선조의 경우는 아프지도 않는데, 아프다고 거짓말을 하면서까지 온천에 다녀오기도 했다. 그러나 조선시대 왕이 대궐 밖으로 한번 행차하는 데는 대규모 인원이 동원되어야 했으므로 온천을 자주 즐기기에는 여러 가지로 어려움이 많았다.

궁여지책으로 현종 때에는 서울 부근에 있는 온천수를 대궐로 운반하여 대궐 안에서 온천욕을 할 수 있도록 하는 방법을 쓰기도 했다.

7. 전국의 음식으로 임금님의 몸을 다스린 밥상, 수랏상

수라는 몽골어인데 고려말과 조선시대에 왕에게 올린 밥을 높여 부르는 말이다.

수라상의 반찬은 12가지로 대 원반, 소 원반(곁반), 책상 반의 3개의 상에 올리며 수라(밥), 탕, 조치(찌개), 찜, 전골, 김치, 장류를 기본으로 하여 더운 구이(육류, 어류의 구이), 찬 구이(더덕 등의 채소구이), 전유화(지짐), 편육, 숙채, 생채, 조리개(조림), 젓갈, 장과(장아찌), 마른찬(자반, 튀각), 회, 별 찬의 열두 가지 찬품으로 구성된다.

찬의 내용은 계절에 따라 바뀌며 전국에서 생산되는 특산물로 만들어지며, 이것은 왕이 직접 그 지역을 가 보지 않아도 백성들의 생활을 알 수 있게 하기 위한 것으로 백성들의 생활을 항상 잊지 않는다는 뜻도 담겨 있다.

수라상에 올라가는 밥은 백반과 팥물을 이용해 만드는 홍반 두 가지였다. 왕은 자신의 기호에 따라 골라 들 수 있었다. 수라상 음식은 왕의 전속 요리사들이 만들었는데 왕비와 세자에게도 전속 요리사가 있었다. 이들은 사옹원에 소속되었다. 각 전각에 딸린 수라간에는 생과방과 소주방이 있었다. 더운 요리를 담당한 내소주방은 주로 수라를 담당하는 내소주방과 크고 작은 잔치 때 다과와 떡을 만들던 외소주방으로 나뉘었다.

조선의 왕의 탄생부터 왕의 하루를 살펴보았다. 국왕은 행정과 각종 의례를 통해 왕은 입법, 사법, 행정 등 한 나라를 통치하는 무한한 책임과 권한을 지녔으며 국왕의 삶은 바로 왕조의 역사와 직결되었다. 이에 따라 국왕의 공식 일정과 행사뿐만 아니라 하루하루 바쁜 일정을 소화해 내야만 했다. 이와 같이 조선왕조는 인과 덕을 바탕으로 나라를 다스리고 백성을 근본으로 삼는 왕도 정치를 실현하고자 하였다.

궁중수라진어 재현(2014 창덕궁 낙선재)

궁중수라진어의 수라상

2

왕비, 궁궐의 살림을 책임지다

왕비는 생전에 중궁의 주인으로 내명부를 총괄한다.
따라서 국왕과 함께 무품(無品)의 지존이다.

한 문장으로 읽는 〈왕비의 궁궐 살림〉

고대국가에서 군주(왕)의 부인은 다중적 의미를 지니는 존재이다. 용종(龍種)을 출산하여 왕실의 계통을 이어주는 여성의 위치와 더불어 국가의 여성권을 대표하는 국모(國母)이고, 차기 군주의 법적 모친이 되는 대비(大妃)이며, 유사시에는 국통을 관리하는 수렴청정(垂簾聽政)의 당사자이기도 하다. 또한 사후에는 군주와 함께 종묘와 왕릉에 모셔지는 숭배의 대상이기도 하였다.

왕비는 군주가 후사를 결정하지 못하였을 때는 궁중의 최고 어른의 지위로 후계를 낙점하며, 법적으로 자식인 군주의 나이가 어리면 수렴청정의 권한과 혼례를 주관하는 가례도감의 수장이 되기도 한다.

2

왕비, 궁궐의 살림을 책임지다

글 : 홍수례

고대국가에서 군주(왕)의 부인은 다중적 의미를 지니는 존재이다. 용종(龍種)을 출산하여 왕실의 계통을 이어주는 여성의 위치와 더불어 국가의 여성권을 대표하는 국모(國母)이고, 차기 군주의 법적 모친이 되는 대비(大妃)이며, 유사시에는 국통을 관리하는 수렴청정의 당사자이기도 하다. 또한 사후에는 군주와 함께 종묘와 왕릉에 모셔지는 숭배의 대상이기도 하였다.

1. 왕비를 뜻하는 한자

군주를 뜻하는 대표적인 한자의 하나였던 후(后)는 부계 권력이 시작되면서 군주의 부인인 왕후(王后)로 격하되었고, 보통의 배우자를 뜻하던 비(妃)는 왕후의 아래 단계인 왕비(王妃)의 뜻을 가지게 되었다.

후(后)	아이 낳는 모습 모계사회 수장	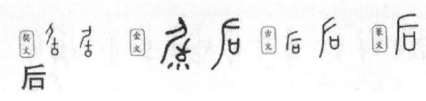

후(后)는 하나라 시기에 군주를 뜻하는 한자였으나 상나라 시기에 군주의 배우자로 격하되어 왕(王)의 뒤에 접미사가 되어 왕후(王后)가 되었다.

비(妃)	아이 안은 모습 마주 보는 모습	

비는 본래 아이를 안은 모습으로 자녀를 낳고 보살피는 여성의 뜻이었으나 나중에는 서로 마주보고 혼례를 올리는 모습으로 형태가 바뀌고 왕의 배우자인 왕비가 되었다.

2. 군주의 여성 어른과 부인에 대한 호칭

궁궐에서 군주의 여성은 (1)할머니, (2)어머니, (3)부인, (4)후궁, (5)궁녀, (6)공주, (7)옹주가 있다. 이 중에서 군주의 할머니와 어머니는 궁중에서 군주를 제외하면 가장 고귀한 등급을 가진 존재이다. 따라서 유교적 통치제도에서는 효친(孝親)의 대상인 이들의 호칭도 극존칭을 사용하였다.

① 모후(母后)	② 성모(聖母)	③ 천후(天后)	④ 천하모(天下母)
어머니 왕후	성스러운 모후	진(晉) : 극존칭	후한 : 권력 존칭
⑤ 태모(太母)	⑥ 태후(太后)	⑦ 자궁(慈宮)=자전	⑧ 동조(東朝)
당 : 극존칭	태왕의 부인	자애로운 모친	전한 : 태후전 지칭
⑨ 왕후(王后)	⑩ 황후(皇后)	⑪ 중궁(中宮)	⑫ 원비(元妃)
모친, 또는 부인	황제의 부인	내궁을 지칭	최고 등급의 부인

군주의 부인은 군왕과 수평적 관계인 국모(國母)이면서 정치 권력상으로는 하위에 위치한 수직적 서열을 지닌 존재이다. 군주의 부인은 왕후, 황후, 중궁, 원비, 전하(殿下) 등으로 불리웠다.

3. 왕비(왕후)의 위상

왕비는 생전에 중궁의 주인으로 내명부를 총괄한다. 따라서 국왕과 함께 무품(無品)의 지존이다. 왕비는 생전에 국왕과 동격으로 존호, 시호, 능호, 묘호를 받고, 어보(御寶)와 어책(御冊)은 사후 종묘에 부묘된다.

또한 군주가 후사를 결정하지 못하였을 때는 궁중의 최고 어른의 지위로 후계를 낙점하며, 법적으로 자식인 군주의 나이가 어리면 수렴청정(垂簾聽政)의 권한과 가례도감의 수장이 되기도 한다.

군주 6호	명호 (名號)	존호 (尊號)	년호 (年號)	시호 (諡號)	능호 (陵號)	묘호 (廟號)
왕비	명호 (名號)	존호 (尊號)		시호 (諡號)	능호 (陵號)	묘호 (廟號)

명성태황후(시호와 묘호) 금보	단종비 정순왕후 능묘 : 사릉(思陵)
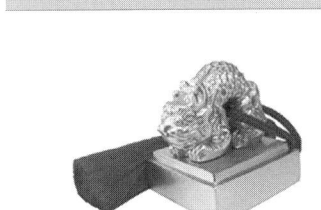	

조선시대에는 국왕의 조모인 왕대비, 모후인 대비, 그리고 부인은 국왕과 같은 건축물의 등급인 전(殿)에 머물며, 왕비의 침전도 국왕의 정침과 같은 용마루가 없는 무량전(無梁殿)의 형식을 갖는다. 또한 조선 후기에 군주의 모후나 조모는 동조(東朝)라는 이름으로 국왕과 신하들에게 진연(進宴)과 같은 잔치나 존호를 받는 하례의식을 통해 왕실의 권위를 더하였다.

교태전(交泰殿) : 왕비의 공간

자경전(慈慶殿) : 대비의 공간(동조)

4. 권력이 만든 왕비의 등급

사마천의 《사기(史記)》 주석인 《색은(索隱)》에 보면 황제헌원은 4명의 부인을 두었는데 이는 후비4성(后妃四星)을 상징한 것이라 하였다. 후비4성은 동방7수의 3번째 별자리인 저수4성을 말한다. 황보밀(皇甫謐)은 《제왕세기》에서 황제의 부인을 서릉씨, 방뢰씨, 동어씨, 모모 등 4명이라 하였다.

원비(元妃) 서릉씨(西陵氏)	차비(次妃) 방뢰씨(方雷氏)
차비(次妃) 동어씨(彤魚氏)	차비(次妃) 모모(嫫母)

《예기(禮記)》〈곡례편〉에는 "천자(天子)에게 후(后), 부인(夫人), 빈(嬪), 세부(世婦), 처(妻), 첩(妾)이 있다."고 하였다. 제후는 부인, 세부, 처, 첩을 둘 수 있었다.

후(后)	부인(夫人)	빈(嬪)	세부(世婦)	어처(御妻)
1인	3인	9인	27인	81인

《예기》〈혼의편〉에는 "천자의 후(后)는 6개의 궁을 세워 내실을 다스리고,

그 아래로 3부인, 9빈, 27세부, 81어처를 둔다."고 하였다. 《주례(周禮)》 〈천관편〉에는 왕의 후는 1인이고 비는 120인이라 하였는데, 여기서 비는 3부인, 9빈, 27세부, 81어처를 말한다.

《신당서》 〈후비열전〉에 보면 당나라 시기에는 정처(正妻)인 황후 1인과 그 아래로 첩(妾)에 해당되는 4명의 비와 그 아래로 9명의 빈, 다시 그 아래로 세부라고 부르는 첩여(婕妤) 9인, 미인 9인, 재인 9인 등 27인을 두고, 어처라고 하는 보림, 어녀, 채녀 각 27인 등 81인을 두었다.

당나라 시기에 정립된 정처와 후처의 등급, 인원수, 명칭				
후(后)	부인(夫人)	빈(嬪)	세부(世婦)	어처(御妻)
1인	4인	9인	27인	81인
황후(皇后)	귀비(貴妃) 숙비(淑妃) 덕비(德妃) 현비(賢妃)	소의(昭儀) 소용(昭容) 소원(昭媛) 수의(修儀) 수용(修容) 수원(修媛) 충의(充儀) 충용(充容) 충원(充媛)	첩여(婕妤):9인 미인(美人):9인 재인(才人):9인	보림(寶林):27인 어녀(御女):21인 채녀(采女):21인

5. 조선시대 내명부

조선왕조는 고려시대의 내직(內職) 제도와 당-송-명으로 이어지는 중국의 내관 제도를 바탕으로 궁인(宮人)들은 내관(內官), 여관(女官) 등으로 부르다가 《경국대전》에서 내명부(內命婦)로 명칭을 통일하고, 정처인 왕비를 제외하고 정1품에서 종4품까지의 후궁은 내관(內官), 정5품에서 종9품까지 궁녀는 궁관(宮官)이라 하였다.

조선 초기에는 내관의 제도가 제대로 마련되지 않았는데 태종 시기에 예조에서 제후는 1취9녀제의 예법에 따라 1왕비, 3세부(빈), 5처제(잉)로 하고, 호칭을 3빈 5잉제로 하자고 건의하였고, 태종은 《예기》에서 제후는 부인을 3명 둔다는 제후부인입삼궁(諸侯夫人立三宮)의 예법에 따라 1빈 2잉제를 명하였다. 그러나 이러한 것은 실제로는 지켜지지 않았고, 제도적 측면에서 1취9녀제에 따라 1왕비 8내관 제도를 유지하였다.

정1품	종1품	정2품	종2품
빈(嬪)	귀인(貴人)	소의(昭儀)	숙의(淑儀)
정3품	종3품	정4품	종4품
소용(昭容)	숙용(淑容)	소원(昭媛)	숙원(淑媛)

6. 왕비가 되는 통로

조선시대에 왕비가 되는 통로는 다양하게 존재하였다. 물론 군주가 생존 시에 왕비의 승하로 계비(繼妃)를 들일 때는 간택례에 따라 국혼이 이루어지지만, 그렇지 않은 경우가 더욱 많았다. 또한 사후에 왕비로 추증되어 종묘에 부묘되고, 능호를 갖는 예외도 많았다.

제1방식	간택	전국에 간택령을 내리고 이에 따라 왕비를 들이는 방식
제2방식	빈	세자빈이 자동으로 왕비가 되는 방식
제3방식	처	왕자(대군, 군)의 부인이 바로 왕비가 되는 방식 왕자 부인이 세자빈이 되고, 다시 왕비가 되는 방식
제4방식	후궁	후궁이 바로 왕비에 책봉되는 방식
제5방식	사후	죽은 뒤에 왕비로 책봉되는 방식

7. 왕비의 공식 지위와 업무

왕비는 공식적으로 (1) 중궁(中宮)의 주인으로 내관(정1품-종4품, 후궁)을 통솔하고, 궁관(정5품-종9품, 궁녀)을 지휘한다. 물론 각 처소의 후궁과 상궁이 실제적으로는 통제하지만, 상징적 차원에서 궁인의 수령은 왕비이다.

제1업무	중궁(中宮)	내관과 궁관의 지휘
제2업무	선잠례(先蠶禮)	누에치기와 길쌈의 예
제3업무	용종(龍種)의 생산	적장자의 생산과 훈육
제4업무	내연(內宴)	궁인들을 위한 행사
제5업무	모후(母后)	수렴청정

(2) 조선시대는 농본(農本)을 기반으로 하는 사회로 남자는 농업과 군사에 주력하고, 여성은 길쌈을 하는 것이 사회적 의무였다. 따라서 왕비는 모든 조선여성의 필수적 노동인 길쌈을 상징 의례화 시킨 선잠례를 주관하였다.

(3) 왕비의 가장 중요한 임무는 무엇보다도 차기의 군주를 생산하는 일이었다. 처첩(妻妾)과 반상(班常)의 신분적 차별이 존재하는 사대부 사회에서 군주의 후계자가 적자(適者)인지 서자(庶子)인지 여부는 왕권과 신권(臣權)의 대립 구조를 그대로 보여주는 요소였다. 따라서 왕비의 적장자 생산은 왕권의 정통성 수립에 가장 중요한 일이었다.

(4) 내연(內宴)은 여성들을 위한 잔치이지만 이런 행사를 통하여 왕비는 내관과 궁관의 기강을 잡고 규율을 내리고 통제하는 역할을 하였다. 내연은 왕비가 상을 내리고, 벌을 주며, 여러 가지 정치적, 경제적 시혜를 내리는 장소이고 기회이고, 통치의 방식이었다.

(5) 모후의 역할 가운데 중요한 또 하나는 수렴청정(垂簾聽政)이었다. 군주의 부계(父系)는 기본적으로 왕권의 경쟁자이다. 따라서 부친이나 형제가 어린 군주를 섭정하는 것은 왕권 구도에 커다란 변수가 발생한다. 조선의 사대부들은 이런 위험성을 역사에서 간파하고, 권력에 대한 지속성이 없으며, 군주의 혈연적, 법률적 모친인 대비(大妃)를 통하여 어린 군주의 군권을 유지하는 방식을 채택한 것이다.

드라마 속의 정희왕후 : 예종, 성종	드라마 속의 문정왕후 : 명종	드라마 속의 정순왕후 : 순조

8. 가관친영례(假館親迎禮)와 사림이념(士林理念)

조선시대는 관혼상제(冠婚喪祭)를 《주자가례(朱子家禮)》에 맞추어 시행하였다. 고려시대까지 전통적 혼인방식이었던 처가혼(妻家婚)=서류부가혼(壻留婦家婚)은 폐지되고, 여자가 남자의 집으로 시집을 오는 친영례가 시행되었다. 왕실도 예외없이 사대부의 예법과 동일하게 적용되었다.

그런데 시속(時俗)은 전통적 처가혼이 조선 중기까지 맹위를 떨쳤다. 따라서 유교적 예법을 준수해야 하는 왕실에서는 제도적으로 친영례를 시행하지 않을 수 없었다. 하지만 문제는 남자가 여자를 맞이한다는 친영의 절차는 신부와 신랑의 집이 가까울 때는 쉽게 행해질 수 있으나 거리가 멀면 불편한 점이 많았다.

이때 대두된 것이 임시로 신부가 머물수 있는 집을 마련하고 혼례를 치루는 가관친영례가 등장하였다. 친영례는 본래 《예기》〈교특생편〉과 《예기》〈혼의편〉에 근거한다.

"남자가 친영례를 행하는 것은 남자가 여자보다 앞서는 것이기 때문이다. 굳건한 것과 연약한 것 사이에 의리가 있는 것이다. 하늘이 땅에 앞서고, 임금이 신하에 앞서는 것도 그 의리가 모두 같은 이치이다."

"아버지가 아들에게 신부를 맞이오기를 명령함은 남자가 여자보다 앞서기 때문이다. 아들은 아버지의 명을 받아 신부를 맞이해온다."

> 남자친영(男子親迎), 남선어녀(南先於女)

이것이 친영례다. 친영례의 의례는 8가지 한자로 그 의미가 명확하다, 바로 "남자친영(男子親迎), 남선어녀(南先於女)"이다. 그 뜻을 풀이하면, 남자가 친히 신부를 맞이하는 것은 남자가 여자보다 앞선 존재이기 때문이다.

《의례(儀禮)》와 《예기》 등에서는 친영의 절차를 모두 6가지로 든다. 주자가례는 이를 간소화하여 (1)의혼(議婚), (2)납채(納采), (3)납폐(納幣), (4)친영(親迎)이다. 주희는 그중에서 시대의 변화에 따라 친영의 문제점이 많이 노출된 것을 고려하여 변형의 일부로 가관(假館) 친영례를 제시하였다.

납채(納采)	문명(問名)	납길(納吉)	납징(納徵)	청기(請期)	친영(親迎)

가관친영례는 신부의 집이 멀어 신랑이 신부를 직접 맞이하는 것이 어렵기 때문에 중간 지점에 관소(館所)를 마련하고 신부를 이곳으로 맞이하여 혼례를 치루는 것이다. 그런데 국초에는 국왕의 사신이 신부집에 가서 신부를 궁궐로 모시고 와서 혼례를 치루는 명사봉영(命使奉迎)이었다. 조선 중기에

사림(士林)이 대두되면서 《주자가례》의 가관친영이 강하게 요청되었다. 조선에서는 중종(中宗)이 계비인 문정왕후와 최초로 가관친영례를 시행하였다.

《조선왕조실록》: 중종 12년 정축(1517) 4월 9일(갑인)

〈친영 의주의 예를 의논해 거행하도록 전교하다〉

영의정 정광필·좌의정 김응기·우의정 신용개·예조판서 권균·참판 조계상이 친영의 주(親迎儀誅)에 관해 입계(入啓)하기를,
"신 등이 이 의주를 보건대, 옛 경전(經典)에서 여기저기 뽑은 것이라 예문(禮文)과 어긋나는 일이 자못 많습니다. 신 등의 생각에, 본래부터 조종의 예법이 있었으니 후세에서는 그대로 법 받아야 한다고 여기오나, 만일 부득이 친영하는 예를 거행하기로 한다면 이 의주대로 해도 될 듯합니다."
하니, 전교하기를,
"내 생각에, 예에는 존비(尊卑)가 없는 것이므로 마땅히 할 일이면 비록 조종이 정한 법이 아니더라도 시행할 수 있다고 여긴다. 다만 법으로 후세에 전해야 할 일을 경솔하게 거행함은 불가하니, 즉시 육경(六卿) 이상 및 홍문관·대간이 모두 의논하여 아뢰도록 하라." 하였다.

중종의 〈가관친영례〉는 이제 조선이 관학파에서 사림파로 이념적 성향이 기울어져 가고 있다는 것을 상징적으로 보여준다. 현실적으로는 4대사화를 거치면서 사림(士林)의 세가 꺾인 듯이 보이지만 사대부들은 이념적 충계를

명성왕후의 친영례 역사 현장　　　　　안동별궁

하나씩 쌓아가고 있었다. 이런 전통은 조선 후기에 이어져서 고종의 왕후인 명성왕후도 안동별궁을 가관으로 하여 친영례를 치루었다.

9. 가능성과 현실성의 거리, 간택

조선시대의 국가의례는 오례(五禮)이다. 법궁(法宮)은 국가의 기본의례인 오례(五禮)가 행해지는 공간이다. 조선은 국초부터 오례의(五禮儀)를 정리하고, 이에 맞추어 정전에서 가례, 길례, 빈례, 군례, 흉례 등을 거행하였다.

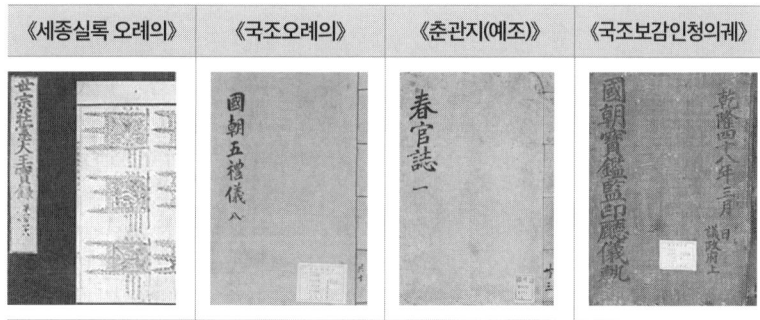

《세종실록 오례의》 《국조오례의》 《춘관지(예조)》 《국조보감인청의궤》

(1) 길례(吉禮)는 대사, 중사, 소사 등의 각종 제사를 말하고, (2) 가례(嘉禮)는 국왕의 즉위, 책봉, 관례, 국혼, 진연 등의 경축행사이며, (3) 빈례(賓禮)는 사대교린 외교, 외국 사신 접대이고, (4) 군례(軍禮)는 군사훈련, 활쏘기, 출정식 등의 군사행사이며, (5) 흉례(凶禮)는 국상, 국장 같은 상장례 의식이 가. 이 중에서 혼례는 가례에 속하며, 국왕의 혼례는 국혼(國婚)이었다.

국혼의 절차는 간택과 육례(六禮)이다. 간택은 조선의 여성이라면 누구라도 국모(國母)가 될 수 있는 가능성의 기회였다. 하지만 현실의 벽은 가능성의 싹조차 틔울 수 없었다. 사극에서나 가능한 극적인 사랑의 결말이 있을 수 있겠지만, 꿈은 꿈일 뿐, 현실에서는 대부분이 사실상 내정되었기 때문에 간택은 절차상의 제도일 뿐이었다.

금혼령	제외자	3간택
사주단자 처녀단자	(1) 모든 이씨 성 (2) 대왕대비 동성 5촌 이내 친족 (3) 왕대비 동성 7촌 이내, 이성 6촌 이내 친족 (4) 국왕의 이성 8촌 이내의 친족	초간택 재간택 삼간택

　간택을 위해 금혼령이 내려지면, 조선의 처녀집안에서는 출생일시를 적은 사주단자와 함께 (1) 부, 조, 증조와 (2) 외조(外祖)의 내력을 적은 신고서를 제출한다. 간택이 결정되면 가례도감이 설치되고, 대비가 주관한다. 그리고 현덕한 가문출신으로 정사(正使)와 부사(副使)를 선발하고 혼례준비를 주관한다.

① 택일(擇日)	② 납채(納采)	③ 납징(納徵)	④ 고기(告期)	⑤ 책비(冊妃)
⑥ 명사봉영 (命使奉迎)	⑦ 동뢰(同牢)	⑧ 왕비(王妃) 수백관(受百官) 하(賀)	⑨ 전하(殿下) 회백관(會百官)	⑩ 왕비(王妃) 수내외명부(受 內外命婦) 조회

10. 왕비, 궁궐의 살림을 엿보다

　궁궐은 정치공간이고, 의례공간이고, 철학공간이다. 그리고 왕과 왕비, 그의 가족들과 궁내에서 근무하는 내시, 궁녀, 수많은 관리들이 생활하는 공간이기도 하다. 이 중에서 궁궐의 생활을 책임지는 최고의 자리가 왕비이다. 또한 왕비는 국왕과 함께 능묘와 종묘에 배향이 되는 무품(無品)의 지존이다. 따라서 왕비를 이해하는 것은 조선시대 궁궐의 역사와 문화를 대부분 파악하는 요체인 것이다.

3

왕자와 공주, 자율과 타율로 살다

왕자와 공주는 귀한 신분으로 태어나 살지만
그 삶이 늘 아름답거나 행복하지는 않았다.

한 문장으로 읽는 〈왕자와 공주〉

궁중에서 사는 삶이 화려해 보이고 부러움의 대상이지만 우리가 생각하는 것처럼 결코 행복하게 살지만은 않는 것이다. 혼인을 하면 출궁을 하고, 왕가의 누가 될까 전전긍긍 살아야 했던 삶이 결코 부럽지만은 않은 이유다. 모두가 비운한 것은 아니었다. 행복하게, 또는 평범하게 살다 간 삶의 왕자와 공주도 많지만 역사는 그들을 조명하지 않는다.

왕자는 세자가 되고 왕이 되면 최상의 삶이 되는 것이고, 세자가 되지 못한 왕자는 왕가의 눈에 띄지 않는 삶을 살면 이 역시 최상의 삶이 되는 것이다. 공주도 역시 출궁하여 일가를 이루고 평범한 아낙네의 삶을 살면 최상의 삶인 것이다.

3

왕자와 공주, 자율과 타율로 살다

글 : 신승자

신분은 고대사회부터 지금까지 언제나 존재한다. 지금은 눈에 보이는 신분이 없을 뿐 눈에 보이지 않는 신분이 존재한다. 유럽 여러 나라는 시민혁명을 계기로 신분제도가 사라진다. 우리나라는 항일독립 시기인 일제강점기가 되어야 신분제도가 사라진다. 신분제도가 있던 시절 많은 사람들의 동경이 되었을 왕자와 공주, 세상 사람들에겐 로망이었지만, 자신들에게는 올가미가 될 수도 있는 그들의 삶을 들여다 본다.

태강릉 초안산 궁중문화제의 왕자와 공주

1. 호칭은 어떻게 정해질까?

왕자와 공주는 일반적으로 알고 있는 용어이다. 살펴보면 왕자는 왕과 왕비 사이에서 태어난 아들을 지칭한다. 더 세분화 하면 조선시대 정실 중전과 왕 사이에서 태어난 왕자를 '대군(大君)', 왕과 후궁 사이에서 태어난 아들을 '군(君)'이라고 부르며 구별했다. 물론 고려시대에는 왕의 아들은 구별 없이 왕자라고 불렀다.

왕자는 다음 왕위를 이어갈 귀한 존재로 왕위 계승이 확정된 왕자는 '세자(世子)'라 불렀다. '세자'가 되면 해야 할 공부며 생활 습관을 왕에 맞게 받게 된다. 왕에게 아들이 하나라서 왕위를 이을 왕자가 하나면 왕위 계승권에 대해 걱정할 필요가 없다. 또 왕위를 뺏길 염려를 하지 않아도 된다. 그러나 그렇게 평화로운 왕위 계승은 찾아보기 쉽지 않다. 그래서 세자가 된 왕자는 항상 위험에 노출되게 되어 있다.

공주도 왕자처럼 호칭이 세분화 된다. 왕과 정실 왕비 사이에서 태어난 딸은 '공주(公主)', 왕과 후궁사이에서 태어난 딸은 '옹주(翁主)'라 부른다. 또 세자 시절 세자빈 사이에서 태어난 딸은 '군주(郡主)', 세자와 세자의 첩 사이에서 태어난 딸은 '현주(縣主)'라 불렀다. 그러다 세자가 등극하여 왕이 되면 다시 호칭이 바뀌어 '공주', '옹주'로 불리게 된다. 부모의 신분에 따라 호칭이 달라지는 것을 알 수 있다.

2. 귀한 자손의 '태'는 귀한 대접을 받는다

왕자와 공주는 잉태부터 그 이름이 귀하게 여겨졌다. 조선시대 왕실 사람들은 아기가 태어나면 탯줄을 소중히 보관했다. 그 탯줄에 가문과 아기의

성주생명문화축제, 세태의식, 태봉안식

홍망성쇠가 달려 있다고 믿었기 때문이다. 특히 왕실 자손의 탯줄은 국운과 관련이 있어서 태를 보관할 명당을 찾는데 온 힘을 쏟았다고 한다. 태를 보관할 장소를 물색하여 선정되면 그곳에 금표를 세우고 근처에는 일반인 무덤을 쓸 수 없었고 벌목이나 경작도 금지되었다.

그렇게 풍수지리를 따져 태실자리를 만들고, 왕실의 자손인 왕자나 공주가 태어나면 태를 태실에 봉안한다. 그리고 태실에 봉안한 왕자가 왕이 되면 그 태실은 '태봉'으로 봉한다. 일반 백성들은 왕실의 태가 보관되는 태실이 자신이 살고 있는 곳에 생기면 그 사실을 매우 자랑스럽게 여겼다고 한다. 대표적인 태실로는 경상북도 성주군 선석산에 위치한 '세종대왕자 태실'이다.

3. 한 가지에서 나지만 서로 다른 운명을 살다

조선을 세운 이성계는 아들이 많았다. 첫째 부인 한씨 소생으로 다섯 명의 아들, 둘째 부인 강씨 소생으로 아들 셋이 있었다. 조선을 건국할 당시 가장 큰 업적을 세운 건 누가 뭐라 해도 첫째 부인 한씨의 소생인 다섯째 아들 이방원이었다.

그래서 내심 이방원은 아버지가 왕이 된 뒤 자신이 세자가 되길 은근히 기대하고 있었다. 그러나 재상 정치를 이루고 싶었던 정도전 입장에서는 너무 힘이 과한 이방원은 부담스러웠을 것이다. 그래서 신덕왕후 강씨의 아들 방석을 세자로 책봉하도록 한다. 느닷없이 세자 자리를 뺏긴 이방원은 신덕왕후 소생의 자식들을 죽이고 남은의 첩 집에서 술자리를 하고 있던 정도전을 기습하여 죽음에 이르게 한다.

이방원 행동에 불만을 가진 이성계는 이방원에게 불만의 표시로 그의 둘째 아들 이방과를 세자로 책봉한다. 그리고 정종 즉위 1년 후 이방간이 이방원을 제거할 계획을 하지만 사전에 발각되어 실패한다. 이 일을 계기로 이방원은 정종에게 양위를 요구하고 결국 왕위에 오르게 된다. 권력이란 이름 앞에 형제의 난을 일으킨 피의 참사, 결국 왕자의 최종 목표는 왕이 되는 것일까? 생각해보게 한다.

4. 왕이 되지 못한 왕자는 어떻게 살까?

조선엔 많은 왕자와 공주가 있었다. 그들 모두 눈에 넣어도 아프지 않을 자식들이었다. 그러다 보니 엄격한 가르침으로 훈육하는 경우도 있었고, 무릎에서 내려놓지 못하는 경우도 있었다.

양녕대군은 태종 이방원과 원경왕후 민씨의 아들로 이방원이 왕으로 즉위하기 전에 사가에서 태어났다. 조선 건국으로, 왕자의 난으로 나름 맘고생, 몸 고생을 하던 시절에 얻은 아들이고, 아들 셋이 요절하다 보니 부모의 사랑을 넘치게 받으며 자랐다고 한다. 그래서 태종 이방원이 세자를 책봉하는 데도 주저함이 없었다.

그러나 궁중 생활에 잘 적응하지 못하고 여색을 밝히는 인물이었다. 남의 첩을 탐하는 일에도 주저함이 없었다. '곽선'이라는 선비의 첩인 '어리'라는 여인을 범한

사극 〈대왕 세종〉에서 양녕대군

것이다. 지아비가 있는 아녀자를 범한 것은 있을 수 없는 일이었다. 이에 양녕대군은 아버지에게 잘못을 시인하고 용서를 구하는 반성문을 쓰고 다시는 그러지 않겠다고 맹세를 한다. 용서를 한 아버지의 행동이 무색하게 양녕대군은 어리를 다시 만나 임신 시키기에 이른다. 임신 시키는 일까지 생기자 태종이 심하게 꾸짖는다.

이러한 일이 반복되자 양녕대군은 더 이상 아버지에게 용서를 구하지 않고 오히려 항명하며 대들기까지 한다. 아버지도 첩이 많고 여색을 즐기면서 왜 자기한테만 뭐라고 하느냐는 것이었다. 이 일로 양녕대군은 폐세자가 된다. 그리고 어릴 때부터 학문적으로 뛰어난 충녕대군이 세자가 된다. 그가 바로 세종이다. 양녕대군이 세자로서 올바른 삶을 살았더라면 우린 결코 세종을 만나지 못했을 터이다. 이처럼 왕자도 세자로 책봉되었다고 그 뒤의 길이 보장되는 것은 결코 아니었다.

5. 공주에서 관비로, 다시 비구니로…

죽는 것이 더 나았을 비운의 경혜공주가 있다. 평생을 행복하게 살 것 같아 모든 부러움을 사는 공주의 삶이 어떤 이에게는 죽지못해 살아내는 경우도 있다. 문종의 딸, 단종의 누이 경혜공주가 그러하다. 경혜공주는 태어날

당시 문종이 세자 신분이었고 어머니 현덕왕후는 세자의 첩 신분이었다. 그래서 세자빈의 딸이었으면 '군주', 세자의 첩의 딸이었으면 '현주'라는 작위를 수여했으므로 경혜공주는 '현주'라는 작위를 받았다.

그러다 두 살 때 어머니가 세자빈으로 승격되어 경혜공주는 '평창군주'가 된다. 그러나 안타깝게도 여섯 살 때 어머니가 단종을 낳자마자 죽게 되고 궁을 떠나야 했다. 어린 딸은 아버지가 왕이 될 날만 손꼽아 기다리고 있었다. 그런데 불운하게도 할아버지 세종의 건강이 악화되어 왕실의 혼인을 서두르게 된다. 왕이 혹시라도 승하하게 되면 왕실의 혼인은 미뤄져서 3년은 지나야 가능해지기 때문이다. 그리고 또 서두른 이유는 이때 공주의 나이가 열다섯 살로 시기를 놓치면 노처녀가 되기 때문이다. 그래서 한성부윤 정충겸의 아들 정종과 혼인하게 된다.

그러나 한 달도 채 안되어 세종이 승하하여 삼년상을 치른다. 이제는 삶을 좀 즐기는가 싶었는데 세종의 삼년상을 치르자마자 아버지 문종이 쓰러진다. 불행의 파도는 멈추지 않는다. 아버지 문종이 승하하여 어린 나이에 단종이 즉위하고 수양대군의 계유정난으로 단종은 허울뿐인 왕이 된다. 수양대군은 그것으로 만족하지 않는다.

단종은 노산군으로 강등되어 강원도 영월로 유배를 간다. 유배지에서 사사된 동생의 죽음을 맞아야 했고, 남편 영양위가 사육신 사건에 연루되어 유배생활을 하는 것을 견뎌야 했다. 그러다 영양위가 반역을 도모했다는 것이 사전에 발각되어 능지처참 당하는 것을 보아야 했다. 그리고 경혜공주 본인도 하루아침에 전라도 순천의 관비로 전락하게 되니 이 어찌 비운의 파도라 하지 않을 수 있겠는가?

관비로 전락한 경혜공주는 그 당시 여섯 살 아들과 뱃속에 딸이 있었다.

이런 상황이 반전을 만들어 낸다. 어린 자식들로 여론몰이가 될 것을 염려한 수양대군은 경혜공주를 사면하고 한성으로 불러들인다. 한성으로 돌아온 경혜공주는 두 아이를 왕궁에 맡기고 자신은 비구니가 되어 떠난다. 그렇게 온갖 풍파를 겪고 서른여덟의 나이로 세상을 떠난다. 행복의 상징인 공주의 삶이 이러하다니 세상 참 모를 일이다.

6. 공주들은 혼인하면 사가로 출궁한다

왕자도 세자로 책봉되지 못하면 출궁해야 했듯이 공주도 중궁전 처소나 내궐 전각에 살다가 혼인하면 부마와 함께 출궁하여 사가로 나가야 했다. 그러나 화완옹주는 예외였다. 언제나 세상사는 이처럼 예외가 있고, 화완옹주가 그러했다.

영조와 영빈 이씨 사이에는 화평옹주, 화협옹주, 사도세자, 그리고 화완옹주가 있었다. 어린 나이에 혼인을 하여 사가로 나가 사대부 아낙네의 삶을 살던 화완옹주는 딸을 출산한다. 그런데 그 딸이 백일이 채 되기도 전에 죽게 된다. 그리고 얼마 후 부마인 정치달도 죽는다. 역설적으로 시부모도 역시 얼마 안되어 그들 곁으로 가버리자 화완옹주는 청상과부가 된다. 그것을 안타깝게 생각한 영조가 화완옹주를 궁으로 불러들인다.

궁으로 돌아온 화완옹주는 넘어서는 안되는 선을 많이도 넘었다. 사도세자의 빈인 혜경궁 홍씨를 질투하고 구박하고 혼내는 일도 서슴지 않는다. 그 당시 내명부 서열상 세자빈이 더 위인데도 그런 일이 거침이 없었다. 소소하게는 내명부 일에서부터 정치에도 관여하여 정조의 즉위를 막는 일에 관여하기도 한다. 그래서 정조 즉위 후 화완옹주를 강화로 유배 보내고 작위를 박탈한다.

사극〈이산〉, 화완옹주

주어진 신분에 맞게 살고 처지에 맞는 행동을 한다면 화는 면할 수 있었을 텐데, 과유불급이라는 말이 여기에 꼭 맞는 말이라는 생각이 들게 하는 역사의 일면이다.

7. 조선엔 여자의 이름은 없었다

조선시대 여자는 이름이 없는 경우가 많았다. 아니 대다수의 여자가 그러했다. 공주는 달랐을 거라 생각하지만 공주도 그러했다. 아명은 있었지만 본명은 없었다. 공주는 본명 대신 봉호 또는 작호라고 해서 공주, 옹주라는 작위를 붙여줄 때 지어주는 호칭이 있었다. 즉, 본명이 아닌 봉호로 불리는 것이다. 예를 들면 의숙공주, 경혜공주, 평창군주, 화완옹주, 덕혜옹주 같은 식으로 말이다.

일반 사람들도 여자는 이름이 없어서 일제 강점기 때 조선 사람들의 이름을 정리하는 데 애로사항이 많았다는 얘기도 있다. 개똥이, 사월이 이런 이름은 어린 시절 불리던 이름이고, 혼인을 하면 박씨네 며느리, 김씨네 며느리, 누구누구 엄마 이런 식으로 불렸던 것이다.

8. 인생의 교훈을 주다

궁중에서 사는 삶이 화려해 보이고 부러움의 대상이지만 우리가 생각하는 것처럼 결코 행복하게 살지만은 않았던 것이다. 혼인을 하면 출궁을 하고, 왕가의 누가 될까 전전긍긍 살아야 했던 삶이 결코 부럽지만은 않은 이유다. 그렇다고 모두가 비운의 삶을 산 것은 아니었다. 행복하게, 또는 평범하게 살다 간 삶의 왕자와 공주도 많지만 역사는 그들을 조명하지 않는다. 그래서 우리가 아는 많은 이야기들은 비운의 이야기인 것이다.

왕자는 세자가 되어 왕이 되면 최상의 삶이 되는 것이고, 세자가 되지 못하면 왕가의 눈에 띄지 않는 삶을 살면 이 역시 최상의 삶이 되는 것이다. 공주도 역시 출궁하여 일가를 이루고 평범한 아낙네의 삶을 살면 최상의 삶인 것이다.

역사는 우리에게 수만 가지의 교훈을 준다. 역사를 역사로 끝낼 것이 아니라 자신의 삶에 적용하여 보면 수많은 시행착오를 줄이는 역할을 할 것으로 생각된다. 남의 삶을 부러워만 할 것이 아니라 자신이 있는 위치에서 최선을 다해 사는 삶을 추천한다.

4

궁녀,
궁궐에서
여성 전문직을 만나다

궁녀는 품계를 받는
조선시대 최고의 전문직 여성이다.

한 문장으로 읽는 〈궁녀〉 _____

궁중에서 왕과 왕비 등 왕실 가족을 모시고 일하던 궁녀들은 궁궐 안의 가사 노동을 담당한 궁중 가사노동 전문가였다. 그래서 조선시대 궁궐 안의 바느질, 자수, 음식, 육아와 양육 등 궁중 생활 문화를 전승, 창조한 사람들은 바로 궁녀들이었다.

궁녀는 철저하게 왕조시대의 산물이었다. 그리고 궁녀들이 있었기 때문에 궁궐 안의 의식주와 관련된 생활이 내용과 형식면에서 다양하고 풍부해지면서 궁중 문화가 한층 발전했다는 것을 알 수 있다. 결국 궁녀들은 궁중 문화를 담당, 전수했다고 할 수 있다.

4

궁녀, 궁궐에서 여성 전문직을 만나다

글 : 박연주

궁녀란 궁중에서 왕과 왕비 등 왕실 가족들을 모시고 일하던 여인들을 말한다. 평상시 궁녀들을 부르는 호칭은 통상적으로 나인(內人)이었다. 나인이란 말 그대로 대궐 안의 사람이란 의미로서 궁녀, 궁궐 안의 사람이란 의미의 궁인(宮人)으로도 불렀다. 즉 나인, 궁녀, 여관, 궁인 등은 모두 궁녀를 통칭하는 호칭이었다.

그리고 많은 사람들은 궁녀 하면 왕과 왕비의 시중을 드는 모습만 생각한다. 하지만 조선의 궁녀는 어려서부터 궁궐에 들어가 길고 힘든 시험을 거쳐 맡은 바 일을 했던 궁궐의 꽃이자 전문 일꾼이었다. 바깥세상과는 등을 돌린 채 규율과 법도에 따라서 외롭고 힘든 삶을 살아야만 했던 궁녀. 하지만 그들이 있었기 때문에 조선 오백 년의 왕실 문화가 탄생할 수 있었다.

조선시대 양반 관료 조직은 5품에서 9품까지의 사(士)와 1품에서 4품까지의 대부(大夫)로 구분된다. 내명부는 5품에서 9품에 이르는 궁녀와 1품에서 4품에 이르는 후궁으로 양분되었다. 즉 사와 대부가 합쳐진 사대부는 남자 관료였고, 후궁과 궁녀가 합쳐진 내명부는 여자 관료, 즉 여관(女官)이었다.

이 글에서는 조선시대 왕이 국정을 처리하는 업무 공간이기도 하고, 사생활을 영위하는 생활 공간인 궁궐에서 궁중의 실제 살림을 책임진 궁궐의 전문일꾼 궁녀에 대해 살펴보고자 한다.

1. 궁녀의 유래와 범위

(1) 궁녀의 유래

궁녀는 중국의 하(夏), 은(殷), 주(周) 시대부터 있었다. 우리나라에서는 삼국시대부터 조선까지 1000년 넘게 실재한 걸로 보여 진다. 고려 말의 학자인 이곡(李穀) 선생이 지은 《주행기(舟行記)》와 《세종실록지리지》에도 백제가 망할 때 궁녀들이 낙화암에 떨어져 죽었다는 이야기가 나온다.

이를 볼 때 백제에 궁녀가 있었다는 것을 알 수 있다. 하지만 의자왕의 삼천 궁녀설은 중국 역사에서의 표현을 본뜬 것으로 실제의 수는 아닐 것이다. 백제보다 훨씬 많은 인구와 넓은 국토를 보유했던 조선시대에도 궁녀

칠궁 내 대빈궁

칠궁 내 덕안궁

는 500~600명 정도였다. 이것은 조선 영조 때 이익(李瀷)이 지은 《성호사설》에서도 나타나는데 조선 궁녀의 총수가 684명이라고 적고 있다. 그리고 《연산군일기》를 살펴보면 궁녀의 수가 1,000여 명에 이른 적도 있는 것을 알 수 있다. 그래서 삼천 궁녀의 표현은 아주 많다는 문학적 표현으로 이해하면 될 것 같다.

(2) 궁녀의 범위

조선시대 영조 때 편찬된 《속대전》을 기준으로 궁녀의 범위를 알아보자. 궁녀는 내명부의 총칭으로 일반적으로는 상궁과 나인(內人)을 의미한다. 그러나 넓은 의미에서는 나인들과 그 아래 하역을 맡은 무수리, 취반비(炊飯婢), 수모(水母), 파지(巴只), 방자(房子) 등이 모두 포함된다.

무수리는 각 처소에서 막일을 담당하는 여인들로서 물 긷기와 불 때기가 주 임무였다. 또한 방자는 상궁이 비번 날 살게 되는 궁궐 안 개인의 처소에서 부리던 가정부, 식모(食母), 찬모(饌母) 등의 총칭이다. 이들의 월급은 국가에서 지불했다. 이 중 방자는 후궁이나 상궁 혹은 나인 개인에게 소속된 하녀였고 무수리, 수모, 파지는 각 처소에 소속된 하녀였다. 취반비의 주된 임무는 궁녀의 처소에서 식사를 준비하는 일이었다.

좁은 의미의 궁녀라고 일컫는 나인과 상궁도 구분이 명백했다. 보통 궁녀에는 세 가지 등급이 있었었는데 상궁, 나인, 애기나인으로 나누어졌다. 이들도 입궁 시기와 소속 부서에 따라서 높낮이에 차이가 있고 그들 나름대로 위계질서가 형성되어 있었는데, 가장 높은 위치에 있는 것이 상궁이었다. 상궁 밑으로는 나인이 있었으며, 이들의 역할은 상궁과 거의 같았지만 주로 상궁의 보조 역할을 했다. 나인 아래에는 견습 나인인 애기나인이 있었다.

2. 궁녀들의 선발

(1) 궁녀들의 신분

궁녀들은 어떤 신분들이었을까? 조선시대 역모 사건의 연루자들을 조사한《추안급국안》을 살펴보면 궁녀들의 나이와 출신을 밝혀 놓은 것을 볼 수 있다. 이 기록을 살펴보면 궁녀는 각사 출신과 본방 출신이 대부분이었다. 이는《속대전》의 규정대로 궁녀는 각사 그중에서도 내수사에서 선출된다는 사실을 알 수 있다.

그리고 본방 출신인 본방 나인은 왕비, 세자빈, 후궁 등이 친정에서 데리고 들어온 나인을 뜻한다. 이외에 일부는 양인 여성 중에서 충원되었다. 양인 출신의 여성들이 궁녀가 되는 경우는 나이 많은 여성들은 자신의 생계를 위해, 어린 여자인 경우는 부모에 의해 입궁하는 게 일반적이었을 것이다. 결국 양인 여성의 입궁 원인은 경제적인 이유가 컸다고 할 수 있다. 그러나 영조 때의《속대전》에서 양인 출신 여성들을 궁녀로 들이지 못하게 하면서 궁녀들은 각사나 본방에서만 충원하도록 했다.

곧 영조 이후 궁녀는 각사의 공노비나 본방의 사노비 출신이었다. 그러나 순조 대 이후 공노비가 해방되면서 양인 출신의 여성들이 충원되기 시작했다. 결국 조선왕조 500년 동안 궁녀는 공노비와 사노비 등 노비 출신의 여성들이었다고 할 수 있다.

(2) 궁녀의 입궁 나이

조선시대 궁녀들은 보통은 열세 살에서 스무 살까지가 가장 많지만, 빠른 경우는 일고여덟 살은 되어야 궁녀로 입궁할 수 있었으며 늦으면 20대나 30대도 입궁이 가능했다. 또한 궁녀들은 기혼 궁녀와 미혼 궁녀로 나누어지는데 미혼 궁녀는 각 처소 주인들의 시중과 의식주에 관련된 노동을 위하여 입궁을 하고, 기혼 궁녀는 유모나 보모 등 아이의 양육과 관련되어 입궁을 했다. 결국 예비 궁녀로 입궁하는 아이들은 아무리 빨라도 일곱 살이 넘었으며, 이때는 노동보다는 교육을 받는 수준으로 이해해야 할 것이다. 그러나 아이의 양육을 위한 기혼 궁녀들의 입궁은 나이에 크게 구애 받지 않는다고 할 수 있다. 이렇게 들어온 궁녀들은 한 번 입궁하면 특별한 일이 없는 한 궁을 나갈 수 없었다.

궁녀의 선발은 정기 선발의 경우 10년마다 한 번씩 있었다고 한다. 하지만 늙은 궁인이 사망하거나 질병으로 출궁하는 등 유고 시에는 그 공백을 매우기 위해 수시 충원도 했다. 이때는 소속 처소의 상궁이 담당 부서의 나인들을 인솔하고 나가서 직접 뽑았다고 한다.

그런데 부서를 막론하고 궁녀 선발에는 공통된 기준이 있었다.
첫째, 선조 중에 강도나 역적 등 죄 지은 자가 없어야 한다.
둘째, 선조나 가까운 친척 가운데 중병을 앓은 자가 없어야 한다.
셋째, 처녀만 궁녀가 될 수 있다는 법도 때문에 '금사미단(처녀막이 끊어지지 않았다는 뜻, 金絲未斷)'의 판정을 받아야 비로소 입궁이 허락되었다.

물론 처녀 감별은 열 살 이상의 미혼 궁녀를 대상으로만 시행했다고 한다. 의녀가 앵무새의 생피를 처녀의 팔뚝에 떨어뜨려 피가 묻으면 처녀로 인정했고, 안 묻고 흘러내리면 처녀로 인정하지 않았다. 이는 처녀가 경망스러운지 아닌지 조신성을 살피고자 한 것인 듯하다. 이렇게 해서 심사를 통과한 소녀의 집에는 흰 명주 한 필을 하사했다. 그리고 적당한 날을 정해 입궁시켰다.

(가) 생각시 시절

궁녀로 선발된 어린 견습 나인을 애기나인 또는 생각시라고 했다. 이들을 생각시라 한 것은 생머리를 하고 지냈기 때문인데, 애기나인 모두가 생머리를 한 것은 아니다. 지밀과 침방, 수방만이 생머리를 했고 나머지는 땋은 머리를 했는데 이들은 각시로 불렸다.

그리고 궁녀는 열다섯 살이 아닌 입궁한 지 10~15년이 되면 계례를 올리고 정식 나인이 되었다. 이는 입궁은 궁녀로 다시 태어나는 것이고, 그로부터 10~15년이 지난 것은 궁녀로서 성년이 되었다는 의미인 것이었다. 궁녀들의 계례는 말이 성인식이지 결혼식이나 다름없었다. 말하자면 신랑 없는 결혼식이었던 것이다. 그리고 정식 여자 관리가 되는 것이다.

(나) 정식 궁녀

정식 나인이 되면 가정을 꾸미게 되는데, 마음 맞는 친구와 둘이서 방을 꾸미고 세간을 장만한다. 그들에게는 처소를 청소하고 밥을 짓는 등 잡일을 도와주는 각심이라는 하녀를 하나 붙여줬다. 함께 동거하는 나인들은 서로에 대해 벗 혹은 방동무라고 지칭했다.

(3) 근무시간과 옷차림

궁녀들은 어떤 식으로 근무를 섰을까? 일반적으로 지밀을 제외한 침방, 수방, 소주방, 생과방, 세수간, 세답방 궁녀들은 하루 근무하고 하루 쉬는 격일제가 원칙이었다. 지밀나인들은 주간 근무조와 야간 근무조로 나뉘어져 하루 2교대로 12시간 근무하고 36시간을 쉬었다. 다만 견습 나인이나 60세 이상 된 나이든 상궁은 야간 근무를 면제해주어 아침에 올라갔다가 저녁에 내려오는 주간 근무만 격일제로 했다. 따라서 궁녀들에게는 여가 시간이 많았다고 볼 수 있다.

상궁 복장 재현

(4) 궁녀들의 옷차림은 어떠했을까?

궁녀들의 옷차림은 상궁과 나인, 그리고 무수리에 따라 다르고, 또 큰 행사 때 입는 옷과 일할 때 입는 옷에 따라 달랐다. 헌종대 궁녀들의 복장을 노래한 〈한양가〉를 보면 궁녀의 최고의 예복은 원삼이었다. 이는 궁녀 중에서도 상궁이나 입을 수 있는 최고의 예복이다. 이에 비해 나인들은 원삼보다 아래 등급인 당의를 입었다. 머리에도 상궁은 어여머리라는 가발에 오두잠이라는 비녀를 꽂고, 그 아래인 나인은 어여머리보다 격

나인 복장 재현

이 낮은 낭자에 금죽절을 꽂았다. 그러나 무수리는 검푸른색의 무명옷에 화려한 노리개나 장식품이 아닌 출입증인 문패를 차고 있다.

또한 상궁과 나인의 기본 근무복장은 남색 치마에 옥색저고리로서 위아래의 옷 색깔이 달랐다. 옥색의 저고리와 남색의 치마에서 드러나는 색의 대비가 매우 산뜻한 느낌을 준다. 이에 비해 무수리의 위아래 구분이 없는 검푸른색의 경우에는 산뜻한 색의 대비를 느낄 수가 없다. 또한 때도 잘 타지 않는 질긴 느낌의 작업복과 같은 느낌이다. 이렇게 상궁과 나인, 그리고 이들의 하녀인 무수리가 입는 복장은 업무와 서열에 적합할 뿐만 아니라 실용성과 사회적 기능을 동시에 갖고 있음을 알 수 있다.

(5) 궁녀의 교육

조선시대 궁녀에게는 공식적인 교육이나 교육기관은 따로 없었다. 교육은 도제식 교육이나 현장 실습 교육으로 이루어졌다. 열 살 안팎에 입궁하는 궁녀들은 돌보는 선배 궁녀가 개인적으로 지도해주거나 선배 궁녀들이 하는 일을 옆에서 보면서 따라 하는 식으로 필요한 기능을 습득했다. 이같은 도제식 교육과 현장 실습 교육은 수년에 걸쳐 이루어졌고 이를 통해 궁녀들은 관련 분야에서 전문가로 성장할 수 있었다.

이외에 기초 교양 교육도 있었다. 10세 미만의 애기나인들은 한 방에 한 명씩 선배 상궁이 배치되어 그 밑에서 양육되다가 7, 8세 무렵부터 기초적인 교양을 쌓았다. 장래 왕의 후궁이 될지도 모르는 지밀 생각시들은《동몽선습(童蒙先習)》,《소학》,《내훈》,《열녀전》에서부터 시작해 궁체 연습까지 다양하게 교양을 쌓았다. 그러나 지밀나인 외 처소나인의 경우는 한글을 익히는 정도가 보통이었다.

(6) 상궁이 되어

정식 나인이 되고 나서 다시 15년이 지나면 여관의 최고직인 상궁의 자리에 오를 수 있었다. 상궁에게는 〈상궁봉첩식(尙宮奉牒式)〉이라는 첩지(임명장, 牒紙)를 위에서 하사했다.

가장 일찍 상궁에 올라갈 수 있는 부서는 4, 5세에 입궁하는 지밀로서 34, 35세가 되면 상궁이 되었다. 다른 처소의 경우에는 보통 15, 16세에 입궁해서 45세는 되어야 상궁의 자리에 오를 수 있었다. 하지만 모든 사람이 기한을 채워야 상궁이 될 수 있는 것은 아니었다. 특별 상궁은 왕의 승은(承恩)을 입어 후궁이 되면 이십대에도 상궁이 될 수가 있었는데, 이를 승은상궁(承恩尙宮)이라고 불렀다. 이는 왕의 자손을 낳기 전에는 승은상궁으로 머물게 되지만 대신 궁녀의 기본적 임무들은 하지 않고 왕의 시중만 전담하게 된다. 예를 들면 광해군의 총애를 받은 김상궁, 일명 김개똥(金介屎)이는 아이를 낳지 못한 승은상궁이었다. 만약 승은상궁이 왕의 자녀를 낳게 되면 종4품 숙원(淑媛) 이상으로 봉해지고 당호를 받아 독립 세대를 구성할 수 있다. 그리고 후궁이 되면 궁녀로서의 직무는 면제되고 오로지 왕의 시중만 들게 된다.

    상궁은 품계가 정5품이었는데 여기에도 맡은 직책에 따라 상하가 있었다. 상궁 중 최고의 자리는 제조상궁(提調尙宮)으로 육백 궁녀를 거느리는 여관의 수장이었다. 다음으로 부제조상궁은 제조상궁 다음 자리이며 내전 곳간인 아랫고(阿里庫, 下庫)를 관리하는 직무를 맡고 있었다. 다음으로는 지밀상궁으로 왕의 곁에서 왕명을 받드는 일을 맡았다. 그다음으로는 보모상궁(保姆尙宮)과 지밀에서 서적을 관장하고 의식 때 글을 낭독하며 대소 잔치 때 좌우에서 아뢰거나 수행하는 일을 맡은 시녀상궁(侍女尙宮)이 있었다.
    또한 궁녀들의 근무 태도와 행동을 감시하고 평가하는 감찰상궁(監察尙宮)이 있었다. 그 외 일반 상궁은 각 처소에서 아래 나인을 총괄하고 처소 소관의 모든 업무를 책임졌다. 이외에도 상궁이 되지 못한 나이 든 궁녀에게는 예우 차원에서 '입상궁' 이라 불러주는 것도 있었다.

3. 궁녀의 생활과 여가 시간

(1) 궁녀의 하루 일과

    궁녀들이 배치되는 부서로는 왕과 왕비의 거처에서 번을 서며 보필하고 잠자리를 책임지는 지밀, 왕실 가족의 옷을 짓는 침방, 의복과 장식물에 수를 놓는 수방, 수라상 및 음식물을 준비하는 내소주방, 손님 접대용 찻상과 잔치 음식 등을 준비하는 외소주방, 세숫물과 목욕물을 준비하고 내전 청소를 맡는 세수간, 음료와 과자를 만드는 생과방, 빨래부터 다듬이질, 다리

미질 등 세탁 전반을 담당하는 세답방, 궁중에서 사용하는 등불을 준비하는 등촉방(燈燭房) 등이 있었다.

(가) 침방의 하루

침방(針房)은 왕과 왕비의 옷인 의대(衣襨)를 비롯하여 임금의 구장복(九章服)과 곤룡포 누비버선, 누비저고리, 뿐만 아니라 자신이 입는 남치마와 옥색 저고리도 손수 지어 입어야 했다. 그 밖에 왕궁에서 소요되는 각종 의복을 만드는 궁녀들의 부서였다. 침방 선배 나인들은 견습 나인인 생각시들에게 바느질 기법을 전수하느라 바빴다.

(나) 수방의 하루

수방(繡房)은 궁중에서 소요되는 옷이나 장식물에 쓰이는 수를 놓는 부서이다. 의복장식에서 실내장식에 이르기까지 모든 수를 놓는 곳인데 예를 들면 용포(龍袍)에 다는 흉배(胸背)를 비롯하여 수의(繡衣), 향낭(香囊), 필낭(筆囊), 베갯모, 진주선(眞珠扇), 수노리개, 병풍 등을 놓는 곳이다. 이를 위해 궁중에서는 열 살이 채 안 된 궁녀들을 뽑아 전문적인 자수 기술을 익히게 했다. 이들은 평생을 수를 놓는 일에 전념했기 때문에 보통사람들이 따를 수 없는 뛰어난 기술이 있었다. 또한 침방에는 수본(繡本)을 그리고 수를 놓는 나인이 따로 있었다. 또한 밑그림을 그려주는 전문 화공들도 있었다.

영친왕 곤룡포

덕혜옹주의 당의

기린 흉배

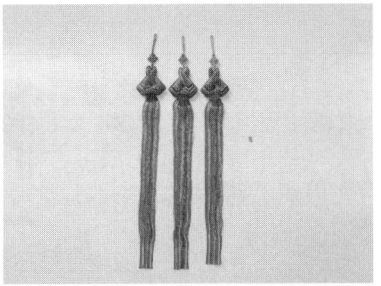
노리개

(다) 세수간의 하루

세수간(洗手間)은 아침저녁으로 왕과 왕비의 세숫물과 목욕물을 대령하는 일을 한다. 또한 지(요강), 타구(침이나 가래를 뱉는 그릇, 唾具), 매우(梅雨)틀(변기) 등의 시중과 수건 그릇 등의 세탁과 세척을 담당했으며 내전고간(內殿庫間)에도 출입했다. 또한 왕비가 궁 안에서 후원 같은 곳을 산책할 때는 가마를 메는 일과 앞뒤에서 시위하는 임무도 담당했다. 그리고 평상시에는 내빈 접대와 내전 청소를 담당했다.

(라) 소주방의 하루

소주방은 내소주방(안소주방)과 외소주방(밧소주방)으로 나누어진다. 내소주방은 아침저녁의 수라를 관장하는 곳으로 주식에 따른 각종 찬품을 맡았다.

내소주방에서는 생과방과의 협조 아래 식전의 자리끼, 낮것, 야참 같은 간식을 올렸다. 이때 자리끼는 주로 응이죽, 깨죽, 낙죽이었고 밤참이나 낮것은 국수나 수정과, 식혜 등을 올렸다.

외소주방은 궐내의 다례(茶禮)를 책임지고 대소 잔치와 윗분의 생일에 잔칫상을 차리는 것이 임무이다. 궁중은 왕을 모시는 곳이므로 좋은 재료와 좋은 솜씨가 하나가 되어 독창적인 음식 문화를 만들어왔다.

내소주방과 우물 　　　　　　　수라상

(마) 서사상궁의 하루

궁중에서 교서, 한글 편지 쓰기, 궁중발기 작성, 소설 베끼기 등의 일에 종사하던 지밀 소속의 상궁이 있는데 서사상궁이라 하였다. 이들은 궁체에 능했는데, 궁체는 난해한 글씨체 대신 읽기 쉬운 정자로 한글을 표기하는 과정에서 나왔다.

궁중에는 약 500~600명의 궁녀가 있었는데, 그중 약 10%에 해당하는 인원이 지밀 소속의 궁녀였다. 이들은 누구든 의무적으로 궁체를 배워야 했다. 그중에서 글씨가 뛰어난 자는 서사상궁이 되어 언문 교서 등 공문서의 작성은 물론 왕비나 왕대비가 친정에 보내는 문안 편지를 대필했다. 이들은 70~80세가 될 때까지 일생 동안 이 일에만 전념했다.

(바) 무수리의 하루

궁중에는 전각마다 밖에 우물이 있었는데 물 긷는 일이 매우 큰일 중 하나였다. 무수리들의 주된 임무는 물 긷는 일이었지만 불 때기 등 온갖 잡일을 담당했다

무수리는 궁중에서 물 긷는 일을 담당하던 하급 궁녀로 중국어로는 '수사(水賜)' 또는 '수사이(水賜伊)'라 하고, 그녀들이 거주하는 곳을 수사간(水賜間)

이라 한다. '무수리'라는 말은 고려시대 몽골 공주가 고려왕에게 시집와 궁중에서 생활하면서 생겨난 말인데 몽골어로 '소녀'라는 뜻이다.

(사) 방자의 하루

방자(房子)는 궁중 상궁들의 살림집에서 일하던 일종의 가정부로 궁중의 방자에게는 비자(婢子), 손님, 각심이, 방아이 등의 별칭이 있었다.

이들은 상궁이나 나인의 친족 중에서 채용했는데, 대개 식모와 침모를 겸하는 경우가 많았으며 이들의 급료는 국가에서 지급했다.

(2) 궁녀의 여가 생활과 재테크

궁녀들은 보통 하루 열두 시간 일하고 서른여섯 시간 쉬는 격일제 근무를 했다. 근무가 없는 비번 날은 틈이 나면 궁체를 연습하거나 비단실로 끈을 예쁘게 꼬아 노리개 끈으로 쓰는 다회치기를 했다. 또한 화투나 투호놀이, 윷놀이, 소리를 하면서 시간을 보내기도 했다. 그리고 여유가 있는 궁녀들은 꽃놀이와 뱃놀이도 즐기고 바느질이나 뜨개질을 하면서 시간을 보내기도 했다

조선시대 궁녀들은 고소득자였다. 영조 때 펴낸 《속대전》에 보면 그 내용이 자세히 나와 있다. 제조상궁이 쌀 25부 5승에 콩 5부와 북어 110마리, 상궁이 쌀 16두 5승에 콩 5두와 북어 80마리, 나인이 쌀 7두 5승에 콩 6두와 북어 50마리를 받았다. 이것은 그 무렵 양반 관료들이 받았던 월급과 큰 차이가 없었다고 한다.

특히 제조상궁의 경우는 당상관 이상의 양반 관료보다도 더 많은 월급을 받았다. 그리고 왕과 왕비의 생일이나 결혼식, 즉위식 등 특별한 날에는 특별 보너스에 해당하는 물품들을 하사받았고, 제조상궁이나 부제조상궁 등 실세상궁들은 외국 사신이나 고관들에게 받는 선물도 적지 않았다. 또한 궁녀들은 궁궐 안에서만 근무하는 특성 때문에 상대적으로 지출이 적었고,

먹고 입고 잠자는 것 등을 궁 안에서 해결할 수 있었으므로 크게 돈 들어갈 곳이 없었다.

그래서 대부분의 궁녀들은 입궁하는 순간부터 수입의 대부분을 온전히 저축할 수 있었다. 이렇게 애기나인부터 상궁이 될 때까지 30~40년 동안 착실히 저축하면 상당한 규모의 재산을 모을 수 있었다. 이처럼 궁녀들의 재산은 양자에게 상속되거나 친정 식구들에게 상속되었을 것으로 추측된다.

(3) 궁녀의 근무 백태와 스캔들

아무리 궁중 법도가 지엄하다 하지만 많은 궁녀들이 함께 생활하는 궁 안에서는 별의별 일이 다 일어나기 마련이었다.

태종 때에 궁녀가 왕실 창고인 내탕고의 물건을 훔치는 일이 여러 번 벌어졌다. 엄한 군주인 태종 때에 이런 일이 벌어졌다는 것이 대단하다. 그런가하면 세종 26년(1444) 7월 10일 많은 비가 내렸는데 우레 소리가 요란하고 벼락까지 내리쳤다. 벼락이 연생전(延生殿)에 떨어져 궁녀가 맞아 죽은 것이다. 그런가하면 세종조에 궁궐을 나가서 술을 마신 대담한 궁녀도 있었고 숙종 때는 궁녀 혜정(惠貞)과 숙이(淑伊) 등이 대궐 안에서 술을 빚어 사사로이 팔다가 적발된 사건이 있었다. 엄격한 통제가 이루어진 궁궐 안에서 궁녀가 술을 만들어 팔았다는 것은 궁중에 도덕적 해이가 만연해 있었던 것이다.

그런가하면 궁궐 깊은 곳에서 왕만을 쳐다보며 살아야 했던 궁녀들이 느꼈을 외로움은 청상과부 이상이었을 것이다. 그래서 궁녀들 중에는 간혹 동성애를 하는 경우도 있었다. 궁녀들은 함께 생활하는 동료들끼리의 동성애를 하는 데 그치지 않고 함께 근무하는 남성인 대전별감이나 중성인 내시, 일반 관리나 궁을 출입하는 종친과도 정을 통하여 궁 안에서 아이를 낳는 최악의 일까지 있었다.

정조조에 편찬된 법전인 《대전통편(大典通編)》에 의하면 "궁녀가 외인(外人)과 간통하면 남녀 모두 때를 기다리지 않고 즉시 목을 벤다(임신한 여자는 아이를 낳기를 기다렸다가 형을 집행한다. 출산 이후 100일을 기다렸다가 형을 집행하는 예는 적용하지 않는다)."고 되어 있다.

법전에서는 아이가 젖을 때는 3개월까지는 사형 집행을 유보했지만 궁녀의 간통 사건에 한해서는 이를 적용하지 않고 바로 목을 벰으로써 경종을 울리고자 했던 것이다.

또한 조선 역사상 파문을 일으켰던 궁녀의 스캔들로 대표적인 것이 문종의 첫째 부인 휘빈 김씨와 둘째 부인 순빈 봉씨 사건이다. 특히 봉씨는 궁녀와 동성애를 벌이다 적발되어 쫓겨나는 사건이 발생했다.

궁녀는 궁 밖을 나갔다고 해도 이미 왕을 모시던 여인으로서 승은 여부와 관계없이 결혼할 수 없었다. 《경국대전》에 의하면 "조정 관료로서 궁중에서 내보낸 시녀나 무수리를 데리고 살면 곤장 100대에 처한다."고 되어 있다. 그런데 역사 속에서는 출궁한 궁녀의 스캔들이 심심치 않게 등장한다. 곤장형이 비교적 가벼운 형벌이었는데 이는 궁녀들이 민간의 여성에 비해 미모가 뛰어난 이가 많기 때문이기도 했을 것이다.

4. 궁녀의 말년과 죽음

궁녀들이 궁을 나갈 수 있는 길은 몇 가지가 있었다.

첫째가 날이 가물었을 때 궁녀를 방출하는 경우였다.

이는 조선조에서 날이 가물면 의례히 행해져서 마치 관습이 되다시피 한 제도였다. 가뭄에 궁녀를 내보냈던 이유는 결혼하지 못한 여인의 한이 하늘에 닿아 날이 가물다는 것이었다. 이들의 원통한 마음을 풀어줘야만 가뭄이 해소된다고 믿었던 것이다.

둘째는 중병에 걸려 더 이상 궁녀로서 업무 수행을 하기가 어려운 경우이다. 궁녀들은 병이 들면 경복궁의 북문인 신무문 밖에 있던 질병가(疾病家)로 나와 나을 때까지 치료를 받으며 요양했다. 병이 나으면 다시 입궁이 되지만 나을 가망이 없다고 여겨지면 궁녀의 직을 내리고 사가(私家)로 돌려보냈다.

셋째, 자신을 모시던 상전이 죽었을 경우이다.

넷째, 늙어서 더 이상 궁녀로서 업무 수행이 불가능한 여인들도 퇴직해 궁을 나와야만 했다. 이는 왕족 외에는 궁에서 죽을 수 없다는 엄격한 법도 때문이었다. 임진왜란 이후 창덕궁을 정전으로 썼을 때는 뒷문인 요금문을 통해 대궐을 나와야 했다. 즉 궁녀들은 한 번 입궐하면 죽을 때까지 궁을

영화 〈궁녀〉

못 나간 것이 아니라 늙어서 근무 능력을 상실하게 되면 퇴직하여 죽기 전에 궁을 나갔던 것이다.

그러나 궁녀는 혼인을 할 수 없었으므로 자녀가 있을 리 없다. 그래서 모시고 있던 상전의 3년상을 치른 뒤 출궁한 궁녀들은 대체로 절에서 여생을 보내거나 한곳에 모여 살거나 친인척 집을 찾아가 지냈다. 그러니 죽더라도 무덤을 돌보거나 제사를 올려줄 후손이 없었다. 그래서 대부분의 궁녀들은 화장을 했다.

또한 서울시 은평구 갈현동 수국사 인근에는 '궁말길'이라는 골목길이 있다. 이곳에는 조선조 말까지 궁궐에서 퇴직하고 물러나온 궁녀들이 거주했다고 한다. 이 때문에 이 일대를 궁말(宮말)이라 불렀다. 즉 궁녀들의 마을이라는 뜻이다.

다섯째, 죄를 지어 쫓겨나거나 혹은 왕의 특명이 있으면 궁을 나갈 수 있었다.

순종의 2번째 황후이자 마지막 황후인 윤비를 끝까지 모셨던 세 궁녀 중에서 박창복 상궁이 1981년에 돌아가시고, 1983년에는 김명길 상궁이, 2001년 5월 4일 조선조 마지막 궁녀인 성옥염(成玉艶) 상궁이 세상을 떠남으로써 조선 궁녀의 맥은 끊기고 말았다. 성상궁은 15세 때인 1933년 창덕궁 침방 나인으로 궁녀 생활을 시작해 1966년 순종 계비 순정효황후 윤씨가 승하할 때까지 황후의 의복을 담당했다.

5. 마무리

궁중에서 왕과 왕비 등 왕실 가족을 모시고 일하던 궁녀들은 궁궐 안의 가사 노동을 담당한 궁중 가사노동 전문가였다. 그래서 조선시대 궁궐 안의 바느질, 자수, 음식, 육아양육 등 궁중 생활 문화를 전승, 창조한 사람들은 바로 궁녀들이었다.

또한 종신직인 궁녀들은 열 살 전후의 어린 궁녀부터 80~90대까지의 궁녀들이 골고루 혼재되어 다양한 연령층으로 구성 되어 있었다. 이렇게 궁녀는 철저하게 왕조시대의 산물이었다. 그리고 궁녀들이 있었기 때문에 궁궐 안의 의식주와 관련된 생활이 내용과 형식면에서 다양하고 풍부해지면서 궁중 문화가 한층 발전했다는 것을 알 수 있다. 결국 궁녀들은 궁중 문화를 담당, 전수했다고 할 수 있다.

5
내시, 왕의 그림자로 살다

내시는 궁궐의 전문 관료이자
존재를 감추고 사는 군주의 그림자 측근이다.

한 문장으로 읽는 〈내시〉 _____

그들은 선천적이든 후천적이든 간에 남성으로서의 온전한 사람은 아니었다. 하지만 그 어떤 권력자보다도 가장 가까이에서 왕의 눈과 귀가 되어 줌은 물론이고 손과 발이 되어 주었다. 그런 역할로 왕이 가장 신뢰함과 동시에 왕의 신뢰만큼 권력과 재력도 취할 수 있었다.

우리는 늘 양면의 모습을 안고 살아간다. 내시의 삶을 살펴보면서 또 한 번 인간의 양면의 모습을 되돌아보게 된다. 어떤 삶이 가장 바람직한 삶일까?

5

내시, 왕의 그림자로 살다

글 : 주정자

내시! 하면 떠오르는 이미지는 어떤 것일까? 내시를 떠올릴 때 한 번도 곧 게 선 자세의 내시를 본 적이 없는 것 같다. 늘 등을 15도 정도 구부리고 목소리며 행동거지는 약간 중성적이며 왕의 최측근에 서서 왕의 일거수일투족을 보살피는 사람이 내시라는 인상이 깊다.

요즘으로 말하면 개인비서인 셈이다. 더불어 내시는 정치와는 무관하고 결혼도 하지 못하고 결혼을 못 하니 자식도 없을 것이라 여겨졌다. 그건 내시는 남자이긴 하나 남자의 상징이 없는 사람이라서 그리 생각되는 것이리라.

하지만 〈왕의 남자〉에 나오는 김처선, 사모하는 정빈을 끝까지 지키는 〈음란서생〉의 조내관, 그리고 〈대장금〉의 상선영감은 전형적인 내시의 선입관을 바꾼 내시, 즉 환관들이다. 특히 〈대장금〉의 상선영감은 자기 부인 이야기를 농담 삼아 할 정도이다. 이렇게 내시는 우리의 상식을 벗어나 결혼도 하고 자식도 있고 심지어 족보도 있다.

영화 〈왕의 남자〉, 김처선   영화 〈음란서생〉, 조내관   드라마 〈대장금〉, 상선영감

그뿐만 아니라 그 누구보다 정치에 깊이 관여하는 사람 중 한 사람이기도 하다. 내시를 다른 말로 환관이라고도 하는데 비정상적인 남성인 환관, 내시는 어떤 사람일까? 내시와 환관은 같은 의미일까? 이러한 궁금증을 풀어보려 한다.

1. 환관, 그의 탄생에 대하여

(1) 환관과 내시란?

거세된 남성으로 내시는 주군을 모시는 사람이고, 환관은 궁중에서 근무하는 관리라는 뜻으로 일상적으로 가장 많이 쓰는 말이다. 궁중에서 생활하는 사람들은 왕의 가족과 가족 이외의 사람으로 구분되는데, 왕의 가족 중 특히 왕의 여자들을 보필하기 위해 비 남성적인 존재인 환관이 필요했다.

환관을 부르는 용어

① 내시(內侍)	궁중 내에서 주군을 모시는 사람이란 뜻이다
② 환관(宦官)	궁중에서 일을 하는 관리라는 뜻이다
③ 화자(火者)	남근을 거세한 자리를 불로 지졌다는 뜻이다.
④ 중관(中官)	남성과 여성이 아닌 중성의 기운을 가진 존재라는 뜻한다
⑤ 엄인(閹人)	엄인(奄人) 이라고도 한다. 가릴 엄(奄)

⑥ 내신(內臣)	궁궐 내에서 군주를 모시는 신하라는 뜻한다
⑦ 태감(太監)	명나라 시기에 궁중의 업무를 담당하는 12개 관청의 장관을 환관으로 삼고 그 직책을 태감(太監), 소감(小監)이라 하였는데 청나라 시기에 환관을 태감이란 보통명사로 부르기 시작했다.
⑧ 황문(黃門)	황제의 출입문(黃門)을 지키며 주군을 섬기는 사람을 뜻한다

이 외에도 본국 화자는 중국에 조공으로 바쳐진 우리나라 내시를 말하며 내수, 폐환(內豎, 嬖宦)은 왕의 총애를 받는 내시를 뜻한다.

(2) 서양에도 환관이 있었을까?

《성경》〈마태복음〉제19장 12절에 의하면 "어미의 태로부터 된 고자도 있고, 사람이 만든 고자도 있고, 천국을 취하여 스스로 된 고자도 있다." 하였다.

또 중동지역에서는 왕의 시종이나 하렘, 여자 숙소에서 일하는 경호원과 하인이 거세한 사람들이었다.

환관은 기원전 8세기경, 페르시아에서 연유하였으며 보통사람보다 신뢰할 만한 가치가 있는 자라 여겼다. 그래서 페르시아에서는 아케메네스 왕조(BC 559~330) 때 환관들을 국정 참모나 관리로 등용하였고, 로마의 네로도 환관을 참모 관리로 등용한 기록을 볼 수 있다. 그리스 역사가 헤로도토스는 그리스인들은 환관을 만들어 소(小)아시아의 고도(古都) 에페소스와 리디아의 수도 사르디스에서 페르시아 사람들에게 많은 돈을 받고 팔았다고 기술하고 있다. 하나의 계급으로 존재하던 환관 참모는 20세기 초, 오스만 투

하렘 지키는 에디오피아 흑인 내시들

르크제국이 몰락한 뒤에야 사라졌다.

《성경》〈마태복음〉

영화 〈파리넬리(이탈리아 영화)〉에서는 소년들을 성인 소프라노 가수인 카스트라토로 만들기 위해 아름다운 목소리 유지를 위한 방법으로 강제로 거세하기도 하였다. 또 성범죄나 음욕을 피하기 위해 스스로 거세하기도 하였는데 기독교 시대의 신학자 오리게네스가 가장 유명하다.

(3) 중국에도 환관이 있었을까?

중국은 서양과 거의 같은 시기인 춘추시대(春秋時代)에 환관이 군주를 죽이고 정치적으로 권세를 누린 예를 볼 수 있다. 그러나 상(商)시대의 갑골문자(甲骨文字)를 보면 이미 B.C. 1300년경의 무정왕(武丁王) 때에 포로로 잡은 서쪽의 만족(蠻族)인 강인(羌人)

영화 〈파리넬리〉

을 환관으로 삼아도 되는가 하고 신에게 점을 쳤다는 사료가 있어 중국 환관의 역사는 B.C. 1300년 이상으로 거슬러 올라간다.

환관을 엄인(閹人)이나 시인(寺人)이라 부르는데 엄인은 왕궁을 수호하는 사람이고, 시인은 궁형을 받아 여관을 감독하는 사람을 말한다. 하늘에는 환관성(宦官星)이라는 4개의 별이 있고, 황제좌의 서쪽에 자리하고 있다. 이는 환관이 황제에게 봉사하는 사람이라는 뜻이다. 우리나라도 이 같은 관념이 있어 환관들이 권력을 행사할 경우 환관성이 황제성을 침입하였다 하여 경계하였다.

거세 방법은 조금씩 달랐다. 고대 이집트는 승려가 시술하였고, 중국은 자금성 서문인 서화문 밖에 있는 '창자(廠子-헛간)'에서 시술하였다. 시술은 국가에서 공인한 도자장(刀子匠)이 하는데 시술 직전 세 번의 확답을 받은 후 조금의 망설임이라도 있을 때는 중지를 한다.

시술 후 자신의 신물을 가져가는데 정신이 없어 못 가져갔을 땐 다른 사람의 것을 비싸게 사서 보관한다. 이는 죽을 때 같이 묻어 후세에는 온전한 인간으로 태어나길 바라는 마음이다. 하지만 자신의 신물이 없을 때는 나무로 만든 것을 대신하기도 한다.

> *** 십상시**
>
> 중국 후한 말 영제(靈帝, 156~189) 때 조정을 장악했던 환관 10여 명을 지칭하는 말이다. 영제가 13세의 어린 나이에 제위에 오르자 전 황제였던 환제 때부터 강력한 권력을 가지고 있던 내시들이 반대 세력들을 몰아내고 온갖 감언이설과 협박으로 영제를 휘두르게 되었다. 때문에 영제는 나랏일을 뒷전으로 미루게 되어 한이라는 나라를 결국 망하게 하고 삼국시대를 맞이하게 되는 계기가 된다.
> 당시 십상시는 넓은 봉토를 소유하고 정치를 장악해 엄청난 권력을 가졌으며 부모 형제들도 높은 관직을 얻어 위세를 떨쳤다.

명나라 말기에는 환관이 10만 명 정도였다. 이후 청나라 시대에도 보통 3,000~12,000명 정도로 환관이 필요했고 궁중 내 비밀 보호 차원에서 이민족을 데려다 사용하는 경우가 많았다. 당나라 현종 때의 고력사는 광동 남부 만료족 출신이었고 안녹산의 총애를 받았던 이저아는 거란인이었다. 이렇게 현종 때부터 점차 권세를 지니게 된 환관은 대신의 임명, 황제의 폐립(廢立)을 마음대로 하는 실권을 지니게 되었다.

대표적인 환관으로 명나라 말기 환관 위충현을 들 수 있다. 위충현은 명나라 희종의 총애를 받아서 권력이 조야를 뒤흔들고, '구천구백세(九千九百歲)'로 불리었으니 그의 지위가 얼마나 높았는지 알 수 있다.

환관 가운데 후한의 채륜(蔡倫)은 종이를 발명하였고, 명나라의 정화(鄭和)는 남해에서 크게 국위(國威)를 떨친 예도 있지만, 이는 환관 전체에서 보면 극히 일부이다. 청나라에 이르러 환관의 폐해는 적었으나, 서태후가 정권을 흔들었을 때는 안득해, 이연영 등이 권세를 누렸다. 그러나 1912년 청나라의 멸망과 더불어 중국의 환관도 자취를 감추었다.

환관이 되고자 했던 이유는 가난을 해결하고, 신분을 뛰어넘어 출세하고자 하는 욕망 때문이었고 시대에 따라 다르지만, 때를 잘 만나면 황제를 능가하는 권력을 소유할 수 있었기 때문이다.

《삼국사기》 저자 김부식

(4) 환관이 되려면?

앞서 《성경》에서 알 수 있듯이 고자는 선천적인 고자, 후천적인 고자, 필요에 따라 고자가 된 경우가 있다. 그 외 궁형(남성의 성기를 절단하는 형벌, 여자-유폐)이라는 형벌에 의한 방법이 있었다.

궁형은 요순시대 징계를 위한 방법으로 사용하였는데 궁형을 받은 사람은 일반인과 구별되는 복장을 하고 짚신을 신었다. 이로 인하여 수형자의 정신적 고통은 아주 심각하여 굴욕감을 이기지 못해 자살하는 사람이 많았다.

흉노족에 투항한 이릉을 변호했다는 죄목으로 궁형(宮刑)을 당하는 불운을 겪으면서도 아버지의 뜻을 이어 중국 역사서 《사기(史記)》를 집필한 사마천도 궁형 수형자였다. 사마천 역시 그것을 생각할 때마다 자살을 생각하였다고 한다. 영화 〈파리넬리〉에서 주인공이 거세 된 열등감 때문에 사랑하는 여인을 거절하는 이유이기도 하다.

(5) 우리나라에서의 환관은 언제부터 있었을까?

우리나라 환관의 유래는 통일신라 시대부터다. 이때의 환관은 왕의 주위에서 심부름꾼의 역할을 하였다. 신라 흥덕왕 때 왕비가 죽자 왕은 궁녀들을 가까이하지 않고 주위에는 환관들만 존재하였다는 기록이 있다. 하지만 환관들이 어떻게 생겨났는지는 알 수 없다.

통일신라 이후 환관제는 고려로 이어졌다. 고려시대 때 중국의 환관 제도를 들여와 조선시대로 이어졌다. 고려시대의 내시는 우리가 흔히 알고 있는 것처럼 고자로서 관직에 오른 환관을 말하는 것은 아니다. 고려시대 내시는 귀족 엘리트 계층이었다. 귀족 자제들이나 과거에 합격한 신진 문관들로 임금과 항상 함께하고 왕명을 초안하거나 국가의 중요한 업무를 관장 하는 일을 맡아보던 사람들이다.

《삼국사기》를 쓴 김부식의 아들 김돈중, 사림대학의 창시자 최충의 손자 최사추, 주자학을 처음 도입한 안향 등이 모두 내시였으며 환관은 고자로서 관리가 된 자를 가리켰다. 환관이라는 용어가 등장한 것은 고려말 조선 초였으며 조선 성종 이후 기존 내시들의 일을 환관들이 맡아 내시와 환관이 같은 의미로 사용되었다.

환관 생성 4가지 방법	
강제 거세	특수 사정에 의하여 강제적으로 거세된 사람이다. 중국과 달리 궁형은 실시하지는 않았으나 국가적 필요에 의해(중국에 바치는 경우) 강제 거세는 행해졌을 것으로 보인다. 거세 방법은 《고려사》의 환자 전서에 나오는 훈부법(熏腐法-잡아매어 썩히는 방법)을 사용한 것으로 보이고 대상은 주로 천민층이었다. 이후 조선시대에도 그대로 사용되었을 것으로 보지만 중국과 같은 수술법도 가능했을 것으로 본다.

사고	우연적 사고로 인하여 된 사람으로 어렸을 때 개에게 고환을 물린 사람이다.
선천적	선천적으로 고자인 사람이다.
자발적	자궁 및 준자궁이 된 사람이다. 이것은 가장 주목되는 부분으로 자궁인이 급속히 증가하게 된 것은 원 간섭기에 조공으로 바쳐진 본국 화자들 때문이었다. 이들이 명나라에서 출세하게 되자 스스로 거세하는 사람이 많아졌다.

 조선시대의 경우, 자궁 및 준자궁은 고려 말과는 상황이 다르다. 바로 군역을 피하기 위함이었다. 정약용의 《다산시문집》〈애절양(哀絶陽)〉에 의하면 삼정의 문란으로 할아버지, 아버지, 아들의 3대가 군적에 올라 고통을 받게 되자 자식을 군대에 보내지 않기 위하여 고자로 만들었다는 이야기다. 우리나라는 중국과 달리 인위적인 거세가 아니라 자연 거세를 한다고 하였지만 350여 명이 넘는 내시들이 모두 자연 거세였을까? 하는 의문은 든다

> *잠실(蠶室)이란?

조선시대 뽕나무를 관리하는 잠실은 두 군데 있었다. 동잠실의 경우 구(舊)잠실은 성 동쪽 아차산 아래에 있고 신(新)잠실은 한강 원단동에 있는데, 모두 환관들이 주관하였다. 서잠실은 성에서 10리 서쪽 연희궁에 있는데, 상의원에 속하였다. 서잠실에서는 2년 간격으로 뽕나무를 심었다고 한다.
한편 《내시와 궁녀》 저자인 박상진은 원로 향토사학자 김동복 씨의 증언을 들어 대한제국 성립 이전까지 여의도 샛강 근처에 '용추(龍湫)'라는 연못이 있었고, 그 연못 옆에 내시를 양산하는 움막으로 시술소가 있었음을 알게 되었다. 이것은 잠실이 거세하던 장소였고, 인위적인 거세가 있었음 또한 알 수 있다.

(6) 남성이 자신의 성을 잃으면 어떤 변화가 있을까?

 먼저 자기의 음성을 상실(어린 나이에 거세된 경우 여성의 목소리와 비슷, 성인이 된 이후에는 가성)한다. 성장한 이후 거세한 경우에는 여성호르몬이 분

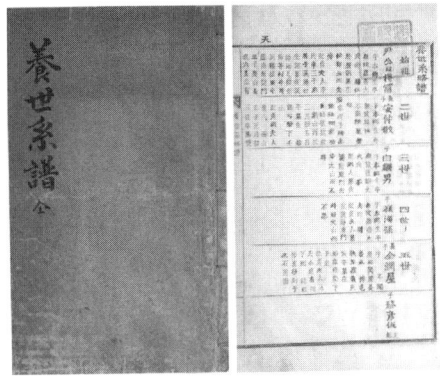

정조 때 환관 이윤목이 편찬한 《양세계보》 (국립중앙도서관 제공)

비되면서 수염이 빠지고 살결이 부드러워진다. 더불어 살이 찌고 나이가 들면 급격히 주름이 생긴다. 성격 변화가 심하여 희·노·애·락의 변화가 잦으며 어린이와 강아지를 좋아한다.

대신 자신을 버린 부친을 예외 없이 증오한다. 하지만 대부분 양반처럼 곧은 절개와 절제력을 가졌고, 환관들끼리의 단결심은 아주 특별하다. 하지만 혼자일 때는 한없이 미약한 존재이기도 하다.

2. 내시, 가문의 탄생과 소멸

(1) 내시 족보, 《양세계보》를 아시나요?

족보란 한 씨족의 계통을 기록한 책이다.

즉 할아버지, 아버지, 아들로 이어지는 가계계승을 중시한다. 족보는 결국 자신과 가문을 나타내는 하나의 방법인 것이다.

국립중앙도서관 족보실에는 특별한 족보 한 권이 보관되어 있는데 《양세계보》이다. 이 《양세계보》는 조선 초기 내시를 지낸 윤덕부를 시조로 하는 내시 집안의 족보로 일반 족보와 별반 다르지 않다. 다만 가계도에 기록된 남자들의 성이 모두 다르다. 이것은 생식기능을 잃은 내시들이 양자제도로 대를 이었음을 알 수 있다.

《양세계보》서문에는 내시 족보를 만든 이유도 밝혀 놓았는데, 비록 양자로 가계를 이어가지만 낳은 은혜 못지않게 기른 은혜도 크기 때문에 소홀히 할 수 없다는 것이다.

(2) 내시, 결혼하고 대를 잇고!

내시가 이성의 양자를 입양하는 목적은 궁중에서 일할 인원을 충원하기 위함이 가장 크다. 더불어 봉제사와 가계계승을 위함이다. 내시의 양자들은 양부모에 대한 공경심이 일반 부모와 동일하며 오히려 더 친밀감이 있다.

《경국대전》형전에는 환관이 환자를 양자로 삼을 때는 3세 이전에 수양(收養)한 예에 의한다고 하였다. 조선시대 입양은 사후봉사와 가계계승 때문에 생기는 것으로 3세 이전의 입양자는 수양자라 하여 재산 전부를 물려주고, 3세 이후에는 시양자라 하여 7분의 1을 준다. 하지만 환관의 경우 입양자의 나이를 불문한다라고 되어있다.

입양은 못할 때도 있지만 대체로 1명~4명까지 입양하는 것으로 나타났다. 입양하는 경우, 부자간의 나이 차이는 보통 20세 전후를 가장 이상적으로 생각하나, 때로는 10년 이하의 차이가 나거나 40년 이상의 차이가 나기도 한다. 그래서 가장 이상적인 나이 차이는 16~25살 차이라고 볼 수 있다. 그리고 중요한 것은 비록 이성의 양자를 들여 가계를 계승하지만 나름대로 자식들은 돌림자에 따른 이름을 사용하였고 사촌까지도 돌림자를 사용하였다.
(예: 김계경의 아들은 남수중, 한수은 : 수 자 돌림)

하지만 양자를 입양하지 못하여 절손되는 때도 있었는데 관직이 미미하거나 금전적인 이유가 있겠지만 가장 큰 이유는 정치적인 이유이다. 즉 역적으로 몰려 죽으면 다음 대에 절손되는 것이 보통이다.

양자를 들이기 위해서는 결혼이 전제되어야 했다. 결혼을 못 하기도 하지만 부인을 2명, 3명 둘 때도 있다. 조선시대 결혼 연령은 대부분 16~20세 전후라고 가정할 때 환관도 이와 비슷했을 것이다. 족보를 통해서 보면 대상자의 나이가 비슷한 여자가 대부분이지만 때론 22년, 12년의 차이가 나는 경우도 있다.

(3) 내시, 벼슬길에 나아가고!

조선시대 양반들의 목적은 관직에 나아가는 것이다. 환관도 마찬가지로 관직에 나아가는 것이 궁극적인 목적이다. 가계를 계승하기 위해 양자를 들이는 가장 큰 이유는 환관들만이 임명될 수 있는 관직이 별도로 있기 때문이다. 물론 아버지의 관력이 자식에게 어느 정도 미친다고 볼 수 있다.

환관의 관직 승계나 제수에 대한 자료가 희귀한 것은 관직이 내시부에 국한되어있기 때문이기도 하고 가문의 흔적이 남아 있지 않기 때문이기도 하다.

《양세계보》에서도 대부분의 관력을 알 수는 없지만, 일부 높은 관직을 지낸 경우에는 기록이 남아 있어서 이를 통해 알 수 있다.

환관들이 벼슬에 나아가는 방법은 알려져 있지 않다. 그러나 어린 환관들의 일부는 궁녀들처럼 궁중에서 생활하면서 교육을 받았을 것으로 생각된다. 명종 대에는 궁중 내 어린 환관들이 많아져서 논란이 되기도 하였다.

처음 벼슬을 하는 시기는 평균 17~21세 전후가 가장 많다. 조선시대의 경우 남편의 품계에 따라 부인도 같은 품계를 받는데 내시들의 경우도 마찬가지다.

공신 책봉 역시 가계 번영과 관계가 있다. 《양세계보》에 총 39명의 공신

또는 원종공신이 보이는데 대부분 부자 관계이다. 또 일부는 부모의 음덕으로 벼슬에 나아가기도 하는데 조선 후기 내시부 상선을 지낸 홍명복의 경우, 15세에 음서로 벼슬에 나아가 여덟 번이나 장번을 하였고, 채언준은 8세에 입적하여 22세에 장번에 들었다.

cf : 장번은 일정한 시험을 통과한 사람들로 장기간의 근무를 할 수 있고, 왕과 대면할 기회가 많으므로 그만큼 총애를 받을 기회가 많다.

> *쇠귀할머니 전설을 아시나요?

쇠귀할머니는 개성의 돈 많은 과부로 조선이 건국하자 개성 주위의 고자 7명을 모아 궁중 법도를 교육시켜 궁중에 들여보내고, 이후 고자들을 양자로 받아들여 자식으로 삼았다.

이후 자식들은 궁궐 근처인 관동과 자하동 일대에 살았다. 쇠귀할머니가 죽자 양자들은 오늘날 우이동에 묻었는데 우이동의 이름을 따서 쇠귀할머니라 불리게 되었다.

이후 양자들은 관동파와 자하동파로 나누어지고 서로 벼슬자리를 놓고 싸웠다고 한다. 재물 때문에 분쟁이 생기고 서로 다른 곳에 할머니를 모시게 되었는데, 이것은 《양세계보》에서 보이는 내시들과는 또 다른 일파로 이것으로 내시들의 가문 구성이 다양함을 알 수 있다.

3. 환관의 존재와 하는 일

(1) 누가 환관이 되는가?

환관들의 출신은 천했을 것이라 짐작한다. 먹고살기 힘든 형편 때문에 결국 자식을 내시에 입양 보낸 것이 아닐까? 생각할 수 있는데 아마 이런 경우가 허다했을 것이다. 내시가 되면 먹고사는 문제는 해결이 되고 때로는 높은 관직이나 많은 토지를 얻을 수가 있다. 현재 서울 근처에 살았다고 알려진 대부분의 내시들은 부자들이다.

고려시대 환관 대부분은 천민 출신이 차지하였다.

《고려사》〈환자전〉에 "그 본계가 백성이 아니며 천한 종이었다."라고 하였다. 하지만 조선 후기 한성부의 호적인 〈강희이년묘식년북부호적〉의 기록에 의하면 내시 9명의 기록이 있는데, 이들은 모두 연희궁계, 신사동계 등에서 거주하였음을 알 수 있고, 한 사람의 양반을 제외하곤 부모의 신분이 대부분 양인 이상으로 나타나고 있어서 고려시대와는 확연한 차이를 보인다.

(2) 환관이 하는 일은?

환관을 관리하는 곳은 내시부로 내시부의 임무는 크게 네 가지이다.

《경국대전》에 의하면 '궐내의 음식 감독, 왕명 출납, 문 지키는 일, 청소의 임무를 갖는다.'라고 하였다. 즉, 궁궐 내 임금 및 그 가족과 관련된 모든 일을 실제 감독한다는 것이다. 그중에서 중요한 임무는 음식 감독, 왕명 출납, 왕실 재정을 관리하는 내수사의 관리 등이다.

4. 역사 속의 환관과 내시들

정함은 고려 제18대 임금인 의종 때의 내시이자 환관이다. 그는 한반도 최초로 내시가 된 환관이다. 고려 충렬왕 때 환관 방신우는 고려를 지킨 환관으로 유명하다. 고려와 원나라 사이에 '입성론(고려가 원나라의 행성으로 편입)'이 일자 방신우는 그의 불필요함을 상소하여 입성안을 철회케 하는 데 큰 힘을 썼다. 그로 인해 고려 충숙왕은 방신우의 공을 높이 치하하고 공신의 호를 내렸다.

경복궁의 설계자는 누구일까? 김사행이다. 정도전은 경복궁이 완성된 후에 전각(殿閣)들의 이름을 지었고 경복궁을 지은 천재 건축가는 환관 김사행이다. 하지만 그의 이름이 사라진 것은 제1차 왕자의 난 때 이방원(후일의

서울 초안산 분묘군

태종에 의해 비참한 최후를 당했기 때문이다.

경복궁 조성 및 내시부 창설에 이어 '조선 제1호'와 관련해 김사행은 또 다른 기록을 갖고 있다. '조선의 골프'인 격구(擊毬) 혹은 타구(打毬)를 처음으로 조선에 도입한 인물이라는 기록이 정종 1년 5월 1일자 실록에 나온다.

5. 내시, 현재 남아 있는 환관의 흔적들은?

서울 도봉구 창동과 노원구 월계동에 걸쳐 자리한 초안산(114m)에는 겉으로 보기에는 집 근처 동산처럼 보이지만 그 안에 들어서면 제법 우거진 수풀 사이로 여러 갈래의 길이 이어진다. 덕분에 동네 주민들의 산책 코스로 사랑받고 있다. 초안산 곳곳에는 내시들을 비롯해 양반과 서민 등 조선시대 분묘 1,000여 기가 있다. 특히 이곳에는 조선시대 내시의 분묘가 집중적으로 모여 있다. 따라서 이 초안산을 '내시네 산'이라고도 불렀다. 이곳에 있는 내시의 묘들은 대부분 궁궐이 있는 서쪽을 향하고 있는데, 이는 초안산의 지형적 특성 때문에 나타난 현상이지만 죽어서도 궁궐을 바라보며 왕의 안녕을 기원하기 위한 것이라고도 전해진다.

서울이 아닌 곳에서도 내시들의 흔적을 찾아볼 수 있다. 청도군 금천면 임당리에는 특별한 고택이 있는데 중요민속자료 제245호로 지정된 '청도 임당리 김씨고택'이 그곳이다. 조선시대 내시(內侍)가 살았던 내관가(內官家)로 궁궐 주변이 아닌 한양에서 멀리 떨어진 곳에 여러 대에 걸쳐 살면서 조성된 가옥으로는 유일하다.

내시!

그들은 선천적이든 후천적이든 간에 남성으로서의 온전한 사람은 아니었다. 하지만 그 어떤 권력자보다도 가장 가까이에서 왕의 눈과 귀가 되어 줌은 물론이고 손과 발이 되어 주었다. 그런 역할로 왕이 가장 신뢰함과 동시에 왕의 신뢰만큼 권력과 재력도 취할 수 있었다.

우리는 늘 양면의 모습을 안고 살아간다. 내시의 삶을 살펴보면서 또 한 번 인간의 양면의 모습을 되돌아보게 된다. 어떤 삶이 가장 바람직한 삶일까?

6

용(龍), 궁궐의 존엄을 상징하다

용은
궁궐의 존엄을 상징하는 최고의 신수(神獸)이다.

한 문장으로 읽는 〈왕의 하루〉

세종 시기에 만들어진 《용비어천가》에서는 조선을 개국한 태조와 그의 계승자인 태종, 그리고 이성계의 4대조인 추존왕 목조, 익조, 도조, 환조를 해동육룡(海東六龍)이라 하여 천명을 받은 정통성을 상징하였다.

동아시아의 한자문화권에서는 천자(天子)를 용(龍)에 비유하여 얼굴은 용안(龍顔), 품덕은 용덕(龍德), 지위는 용위(龍位), 의복은 용포(龍袍)라 하였고, 군주가 앉는 평상은 용상(龍床), 수레는 용가(龍駕), 또는 용거(龍車), 배는 용가(龍駕), 군주의 눈물은 용루(龍淚), 두 마리의 용이 서로 얽힌 모양의 깃발은 용기(龍旗), 자손은 용종(龍種)이라 하였고, 잠저는 용흥(龍興)이라 하였다.

6

용(龍), 궁궐의 존엄을 상징하다

글 : 조태희

　용은 우리의 삶에 늘 함께 있었다. 좋은 꿈을 용꿈이라 하였고, 왕건의 조부인 작제건은 서해용왕의 딸과 혼인하였으며, 〈별주부전〉에도 용왕이 나온다. 또한 궁궐의 군주도 용(龍)으로 상징되며, 열두띠인 12지의 5번째가 진(辰)으로 이것도 용이다. 궁궐의 지붕, 추녀, 토수, 기물, 기둥, 벽, 칼자루, 악기, 다리, 옥문 등 곳곳에도 용의 형상인 석상이나 토우, 조각 등이 다양한 방식과 형태로 자리잡고 있다. 용은 고대부터 현재까지 여전히 중요한 문화

현상으로 살아 숨 쉬고 있다. 이런 면에서 궁궐의 역사문화에서 용에 대한 이해는 필수적이다.

1. 용의 어원(語源)

용(龍)이란 글자는 갑골문에도 50여 자가 등장하는 오랜 연원(淵源)을 지닌 문자이다. 갑골문에 나타난 용의 모습은 뿔과 꼬리와 입 등 3건이 뚜렷하게 부각되어 있다는 특징을 지닌다. 또한 갑골문에서 소전(小篆)까지는 아직 용의 다리와 발톱이 나타나지 않는다는 점도 눈여겨 볼 필요성이 있다.

후한(25~221) 시기에 한자를 정리한 허신(58~147)은 《설문해자》라는 자전(字典)에서 용(龍)의 권능과 생활상을 기록하였다. 《설문해자》보다 이른 시기인 서기전 3세기 초에 세상에 나온 《이아(爾雅)》는 한자사전의 선구이며 세계최초의 백과사전, 유교학 13경의 하나인데, 이 고전에서는 용(龍)이 언급되어 있지 않고 봉황(鳳凰)에 대해서만 서술하고 있다. 따라서 《설문해자》가 용에 대한 가장 이른 시기의 해설서라고 보아도 무방할 것이다.

《설문해자》에서는 본격적으로 용에 대한 묘사가 등장하는데, 여기서는 용이 자연의 변화를 주관하는 권능을 지녔다고 묘사한다. 천지자연을 밝게 하거나 어둡게 하는 능력과 함께 변신에도 능한 것을 알 수 있다. 봄은

양의 기운이 생기니 하늘의 은하수로 돌아가는 것이고, 가을은 음기가 시작되니 연못에 깃들어 산다는 측면에서 음양론과 용이 결합한 것을 유추할 수 있다.

> 용은 비늘 달린 동물의 우두머리이다. 천지를 어둡게 할 수 있고, 천지를 밝게 할 수도 한다. 작게 변할 수 있고, 크게 변할 수도 있다. 짧게 변할 수 있고, 길게 변할 수도 있다. 춘분이 되면 하늘로 올라가고, 추분이 되면 깊은 연못에 숨어 산다.

> 龍, 鱗虫之長, 能幽能明, 能細能巨, 能短能長, 春分而登天, 秋分而潛淵.
> 용, 인충지장, 능유능명, 능세능거, 능단능장, 춘분이등천, 추분이잠연.

2. 《용경(龍經)》, 용에 대해 모든 것을 말하다

용에 관한 유일한 고전은 《용경(龍經)》이다. 사고전서(四庫全書)의 분류인 《경사자집(經史子集)》 가운데 동식물, 기물 등에 관한 연구는 잡가에 속한다. 잡가의 여러 고전 가운데 대표적인 것을 꼽으면 누에의 생태에 관한 《잠경(蠶經)》, 저포에 관한 《오목경(五木經)》, 호랑이에 관한 《호경(虎經)》, 붓에 관한 《필경(筆經)》, 차에 관한 《다경(茶經)》, 인삼에 관한 인삼보《(人蔘譜)》 등이 있다.

《용경(龍經)》의 저자는 왕탁(王晫)으로 중국 절강성 항주의 전당(錢塘) 출신으로 초명은 비(棐)이다. 명나라 말기에 태어나서 청나라 초기의 순치제(1643-1661), 강희제(1661~1772) 시기까지 활동하였다. 자는 단록(丹麓), 호는 목암(木菴)과 송계자(松溪子)가 있다. 순치제 4년인 1646년에 수재(秀才)가 되었으나 학업을 내던지고 은거하여 독서와 교우, 시문을 짓는 것으로 생을 마쳤다. 저서로《금세설(今世說)》이 널리 알려져 있다.

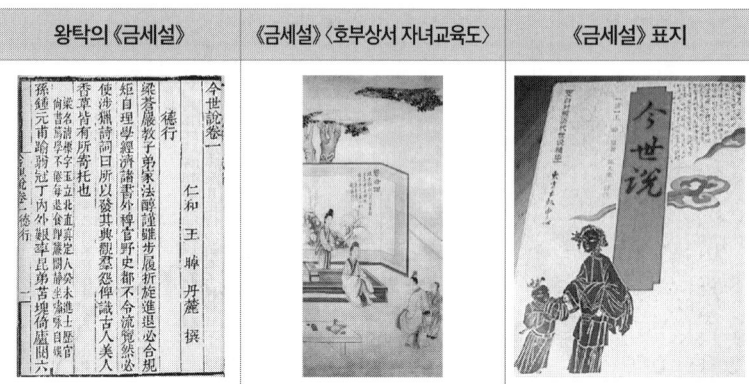

| 왕탁의 《금세설》 | 《금세설》〈호부상서 자녀교육도〉 | 《금세설》 표지 |

(1) 용의 기능 : 우공, 우사

《용경(龍經)》에서는 용에 대하여 비를 관장하는 직관으로서 우공(雨工), 비를 내리는 신명으로서 우사(雨師)라고 하였다. 우사에 대한 우리나라의 기록은 《삼국유사》〈고조선조〉에서 환웅천왕이 태백산 꼭대기의 신단수에 하강할 때 함께 데리고 온 풍백, 우사, 운사라는 기록에서 처음 나타난다. 《한비자》의 10과에서도 풍백과 우사가 언급되는 것으로 보아, 동아시아에서 우사에 대한 전승은 꽤 오랜 역사를 지닌 것으로 볼 수 있다.

《용경》 본문 첫장	용은 신령스런 짐승으로 우공이라 하고, 또한 우사라고 하는데 비늘 있는 모든 동물의 우두머리이다(龍, 神獸. 亦曰雨工, 亦曰雨師. 鱗虫之長也)
《삼국유사》〈고조선조〉	환웅천왕은 풍백과 우사와 운사를 거느리고, … 널리 인간을 유익하게 하고, 세세대대로 이치로서 세상을 교화하였다(桓雄天王將風伯雨師雲師…弘益人間, 在世理化)
〈동명왕편〉 해모수	천제(天帝)의 아들로 머리에는 까마귀 깃털로 만든 모자를 쓰고, 허리에는 용광검을 차고, 다섯 마리의 용(五龍車)이 끄는 수레를 탄 채, 고니를 탄 사람 백 명과 함께 지상에 내려와 인간 세상을 다스렸다.
《한비자》 10과(十過)	風伯進掃(풍백진소), 雨師灑道(우사쇄도) 풍백은 세상에 나와 먼지를 쓸고, 우사는 길에 물을 뿌렸다.

(2) 용의 형상 : 9사(九似)

《용경》은 용의 형상으로 모두 9가지를 들었다. 이를 9사(九似)라고 하는데, 머리는 낙타를 닮았고(首似駝), 뿔은 사슴을 닮았고(角似鹿), 귀는 소를 닮았고(耳似牛), 눈은 귀신(토끼)을 닮았고(目似鬼 : 兎의 오기로 추정), 목은 뱀을 닮았고(項似蛇), 배는 조개를 닮았고(腹似蜃), 비늘은 물고기를 닮았고(鱗似魚), 발톱은 매를 닮았고(爪似鷹), 발바닥은 호랑이를 닮았다(掌似虎)고 하였다.

① 수사타((首似駝), 머리는 낙타를 닮다	② 각사록((角似鹿) 뿔은 사슴을 닮다	③ 이사우(耳似牛) 귀는 소를 닮다
④ 목사귀(目似鬼 : 兎의 오기) 눈은 귀신(토끼)을 닮다	⑤ 항사사(項似蛇) 목은 뱀을 닮다	⑥ 복사신(腹似蜃) 배는 조개를 닮다
⑦ 린사어(鱗似魚) 비늘은 물고기를 닮다	⑧ 조사응(爪似鷹) 발톱은 매를 닮다	⑨ 장사호(掌似虎) 발바닥은 호랑이를 닮다

(3) 《광아》와 《이아익》 : 9사(九似)

중국 위나라(魏, 220~265) 시기의 한학자인 장읍(張揖)이 《설문해자》를 참고하고 《이아(爾雅)》를 증보한 한자 자전인 《광아(廣雅)》에서는 용의 9가지 모습에 대해, "머리(頭)는 낙타(駝)와 비슷하고, 뿔(角)은 사슴(鹿), 눈은 토끼(兎), 귀(耳)는 소(牛), 목덜미(項)는 뱀(蛇), 배(腹)는 큰 조개(蜃), 비늘(鱗)은 잉어(鯉), 발톱(爪)은 매(鷹), 주먹(掌)은 호랑이(虎)와 비슷하다."고 하였다. 《용경》과 비교하면, 다른 점이 눈(目)에 대해 《용경》은 귀신, 《광아》는 토끼라고 하였고, 비늘에 대해 《용경》은 물고기, 《광아》는 잉어라고 하였다.

① 두사타((頭似駝), 머리는 낙타를 닮다	② 각사록((角似鹿) 뿔은 사슴을 닮다	③ 이사우(耳似牛) 귀는 소를 닮다
④ 목사토(目似兎) 눈은 토끼를 닮다	⑤ 항사사(項似蛇) 목은 뱀을 닮다	⑥ 복사신(腹似蜃) 배는 조개를 닮다
⑦ 린사리(鱗似鯉) 비늘은 잉어를 닮다	⑧ 조사응(爪似鷹) 발톱은 매를 닮다	⑨ 장사호(掌似虎) 발바닥은 호랑이를 닮다

남송(1127~1279)의 이부상서를 지낸 나원(罗愿, 1136~1184)은 《이아익(爾雅翼)》에서 용의 9가지 모습에 대해 "뿔은 사슴을 닮고(角似鹿), 머리는 낙타를 닮고(头似驼), 눈은 토끼를 닮고(眼似兔), 목은 뱀을 닮고(项似蛇), 배는 조개를 닮고(腹似蜃), 비늘은 물고기를 닮고(鳞似鱼), 발톱은 매를 닮고(爪似鹰), 발바닥은 호랑이를 닮고(掌似虎), 귀는 소를 닮았다(耳似牛)."고 하여 순서는 바뀌었지만 《용경》과 《광아》와 같은 견해를 보이고 있다.

(4) 《본초강목》 : 9사(九似)

중국 명나라 때의 본초학자인 이시진(李時珍, 1518~1593)이 엮은 약학서 《본초강목(本草綱目)》에서도 용의 9가지 모습에 대해 묘사하였는데, 여타의 기록과 순서와 글자만 바뀌었을뿐 "머리는 낙타와 비슷하고(头似驼), 뿔은 사슴과 비슷하고(角似鹿), 눈은 토끼와 비슷하고(眼似兔), 귀는 소와 비슷하고(耳似牛), 목은 뱀과 비슷하고(项似蛇), 배는 조개와 비슷하고(腹似蜃), 비늘은 잉어와 비슷하고(鳞似鲤), 발톱은 매와 비슷하고(爪似鹰) 발바닥은 호랑이와 비슷하다(掌似虎)."고 하였다.

(5) 용의 모습

용의 9가지 모습과 함께 용이 갖춘 여러 형상들이 있다. 《용경》에는 그 형상에 대해 "비늘은 81개가 있고, 턱에는 구슬을 머금고, 소리는 뿔이 맡는다. 머리에는 박산(博山)이 있는데 척목(尺木)이라고 부른다. 목덜미 아래에는 길이가 지름 1자(30cm)가 되는 비늘이 있는데 거꾸로 박혀 있어 역린(逆鱗)이라고 한다."

含珠在頷, 司聽以角 ; 头上如博山者曰尺木, 喉下长径尺者曰逆鱗

함주재합, 사청이각 ; 두상여박산자왈척목, 후하장경적자왈역린

《본초강목》의 기록에도 "머리에는 박산(博山)이 있는데 척목(尺木)이라고 부른다. 목덜미 아래에는 길이가 지름 1자(30cm)가 되는 비늘이 있는데 거꾸로 박혀있어 역린(逆鱗)이라고 한다." 《광아》의 기록도 비슷한데, "등 위에는 양수(陽數)의 최고 숫자인 81개의 비늘이 있고, 용의 울름소리는 구리로 만든 쟁반(銅盤)이 울리는 소리와 같고, 입의 주위에는 긴 수염이 있고, 턱 밑에는 명주(明珠)가 있고, 목 아래에는 거꾸로 박힌 비늘(逆鱗)이 있으며, 머리 위에는 박산(博山 : 공작의 꼬리 무늬같이 생긴 용이 지닌 보물)이 있는데 척목이라고 한다. 용에게 척목이 없으면 승천을 하지 못한다. 숨을 내뿜으면 구름이 되는데 물로 변할 수도 있고, 불로 변할 수도 있다."고 하였다.

其背有八十一鱗, 具九九阳数. 其声如戛铜盘. 口旁有须髯, 頷下有明珠, 喉下有逆鱗. 头上有博山, 又名尺木, 龙无尺木不能升天. 呵气成云, 既能变水, 又能变火(기배유팔십일린, 구구구양수. 기성여알동반. 구방유수염, 합하유명주, 후하유역린. 두상유박산, 우명척목, 용무척목불능승천. 가기성운, 기능변수, 우능변화)

3. 용의 아들, 용생구자(龍生九子)

《용경》에는 용의 아들이 모두 아홉(9)이 있다고 말한다. 각각 좋아하는 성향에 따라 이름이 불리워진다. 《용경》에서는 용의 아들이 어떤 모습을 하는지는 기록하지 않았다. 보통은 이들을 합하여 용생9자(龍生九子)라 한다.

① 수우호음(囚牛好音)	② 산예호좌(狻猊好坐)	③ 애제호살(睚眦好殺) 역왈실척(亦曰蟋蜴),
수우는 음악을 좋아한다	산예는 앉기를 좋아한다	애제는 죽이기를 좋아한다
④ 조풍호험(嘲風好險) 역왈도설(亦曰蚪蛥)	⑤ 포뢰호명(蒲牢好鳴) 역왈도뢰(亦曰徒牢)	⑥ 폐안호송(狴犴好訟) 역왈헌장(亦曰憲章)
조풍은 험한 것을 좋아한다	포뢰는 울기를 좋아한다	폐안은 송사를 좋아한다
⑦ 비희호문(贔屭好文) 역왈만전(亦曰蠻蛇)	⑧ 패하호부중(覇下好負重) 역왈팔하(亦曰蚍蝮)	⑨ 치문호탄(蚩吻好吞) 역왈치미(亦曰鴟尾)
비희는 글을 좋아한다	패하는 짊어지길 좋아한다	치문은 먹기를 좋아한다

경복구 근전정의 정(鼎)

용의 아들이라고 불리우는 서수(瑞獸)는 궁궐의 곳곳에 배치되어 있다. 경복궁 근정전의 좌우에 있는 세 발 달린 솥인 정(鼎)의 다리에는 산예가 있고, 추녀 마루의 끝에는 조풍이 머리를 내밀고 있으며, 다리의 수구에는 패하가 자리잡고 있다.

4. 군왕과 용(龍)

세종 시기에 만들어진 《용비어천가》에서는 조선을 개국한 태조와 그의 계승자인 태종, 그리고 이성계의 4대조인 추존왕 목조, 익조, 도조, 환조를 해동육룡(海東六龍)이라 하여 천명을 받은 정통성을 상징하였다.

동아시아의 한자 문화권에서는 천자(天子)를 용(龍)에 비유하여 얼굴은 용안(龍顔), 품덕은 용덕(龍德), 지위는 용위(龍位), 의복은 용포(龍袍)라 하였고, 군주가 앉는 평상은 용상(龍床), 수레는 용가(龍駕), 또는 용거(龍車), 배는 용가(龍駕), 군주의 눈물은 용루(龍淚), 두 마리의 용이 서로 얽힌 모양의 깃발은 용기(龍旗), 자손은 용종(龍種)이라 하였고, 잠저는 용흥(龍興)이라 하였다.

용안(龍顔)	용덕(龍德)	용위(龍位)	용포(龍袍)
용상(龍床)	용가(龍駕)/용선(龍船)	용거(龍車)/용연(龍輦)	용루(龍淚)
용종(龍種)	무량전(無梁殿)	용기(龍旗)	용흥궁(잠저)

5. 궁궐에서 만나는 용(龍)

궁궐에서 가장 높은 지위를 갖는 용(龍)은 군주이고, 그다음이 용종(龍種)이라 불리우는 군주의 가족들이다. 건물의 추녀마루와 용마루 등에서도 서수(瑞獸)와 잡상(雜像)이란 이름의 용의 가족들이 거주한다. 또한 담장의 무늬와 현판에도 용의 그림자가 어른거린다.

용의 모습은 수라간의 그릇에서도 나타나고, 사복시에서 관리하는 군주의 기물(器物), 내금위와 같은 궁궐 수비대의 깃발에도 용이 꿈틀거린다. 조선시대의 군주와 궁궐은 용의 백화점이고, 용의 세계를 이해하는 백과사전이라고 할 수 있다.

SBS 사극 〈육룡이 나르샤〉

7

잡상(雜像), 궁궐의 모든 곳을 지키다

잡상은
추녀마루에 앉아 궁궐을 지키는 수호천사이다.

한 문장으로 읽는 〈잡상〉 _____

우리나라의 궁궐이나 종묘 등 주요 시설물의 추녀마루에는 잡상이라고 부르는 토우(土偶)가 자리잡고 있다. 중국의 경우에는 보통 규모가 큰 건물이나 문루의 추녀마루에 잡상과 같은 기능을 하는 첨상구수(檐上九獸), 선인주수(仙人走獸)를 설치하였다.

조선시대의 대표적 국가 기록인 《승정원일기》, 《일성록》, 《조선왕조실록》에서는 모두 추녀 위의 석수상을 '잡상(雜像)'이라 통칭하고 있다. 잡상은 중국의 기록에는 보이지 않고 조선이 주로 사용한 개념이다.

7

잡상(雜像), 궁궐의 모든 곳을 지키다

글 : 안두옥

우리나라의 궁궐이나 종묘 등 주요 시설물의 추녀마루에는 잡상이라고 부르는 토우(土偶)가 자리잡고 있다. 중국의 경우에는 보통 규모가 큰 건물이나 문루의 추녀마루에 잡상과 같은 기능을 하는 첨상구수(檐上九獸), 선인주수(仙人走獸)를 설치하였다.

1. 잡상(雜像)의 어원

잡상은 보통 잡스러운 석수상이란 개념으로 통용되지만 여기에서 잡(雜)

은 모으다, 전체의 뜻을 가졌다. 따라서 잡상은 추녀마루의 여러 석상을 모두 일컫는 개념이란 걸 알 수 있다.

잡(雜)은 갑골문에서 3마리의 새가 합해진 합자(合字)이다. 여기에서 3은 여럿이란 의미이다. 새 추(隹)와 새 조(鳥)는 본래가 같은 어원이다. 전자(篆字)에 이르러 나무 위에 새가 앉는 모습에 부수로 새 추가 더해졌다.

2. 기록상의 잡상(雜像)

조선시대의 대표적 국가기록인 《승정원일기》, 《일성록》, 《조선왕조실록》에서는 모두 추녀위의 석수상을 '잡상(雜像)'이라 통칭하고 있다. 잡상은 중국의 기록에는 보이지 않고 조선이 주로 사용한 개념이다. 중국에서는 선인주수(仙人走獸), 또는 첨상구수(檐上九獸)라고 부른다.

> 《조선왕조실록》 정조 2년 무술(1778) 윤6월 2일(경신)

내가 이르기를,
"봉심한 결과 원릉(元陵) 및 여러 능에 모두 탈이 없던가?"
하니, 이진형이 아뢰기를,
"원릉을 먼저 봉심했더니 능 위와 전(殿) 안이 모두 탈이 없었고, 물길을 간심하니 특별히 탈이 난 곳이 없었습니다. 여러 능을 차례로 봉심했더니, 현릉(顯陵)은 정자각(丁字閣) 세 군데와 비각(碑閣) 한 군데가 비가 샜습니다. 왕후의 능의 동편 곡장(曲墻) 1칸 남짓이 무너졌습니다. 휘릉(徽陵)은 정자각 세 군데와 비각 한 군데에 비가 샜으며, 숭릉(崇陵)은 정자각 세 군데에 비가 샜습니다. 혜릉(惠陵)은 정자각 한 군데에 비가 샜고, 추녀 위의 잡상(雜像)과 기와 10여 장이 낡아서 깨졌고, 비각 한 군데에 비가 샜습니다. 그 밖에 능들은 모두 탈난 곳이 없었습니다."

3. 추녀마루의 구조와 명칭

추녀마루는 추녀를 따라 형성된 경사진 지붕마루를 말하는데, 지붕의 사각 귀퉁이에서 용마루로 이어지는 합각마루가 해당된다. 추녀마루와 용마

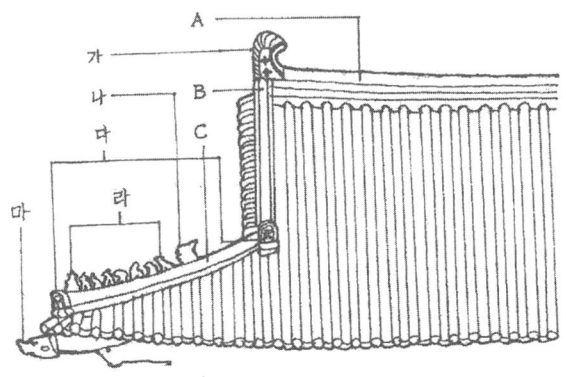

가: 치미(취두), 나: 용두, 다: 귀면와, 라: 잡상, 마: 토수
A: 용마루, B: 내림마루(합각마루), C: 추녀마루(귀마루)

〈추녀마루의 구조와 명칭〉,《한국화도록》(이재화 편저, 신도출판사, 31~32p)

루가 만나는 지점에 치미(취두)를 두고, 내림마루와 추녀마루의 끝에는 귀면와를, 지붕의 네 귀 처마끝에는 토수를, 잡상의 끝에는 용두를 배치하고, 추녀마루에 잡상을 얹는다.

취두(鷲頭)는 용마루의 양 끝에 설치한 석수인데 그 모양이 독수리 같다고 하여 붙혀진 이름이고, 조선시대의 취두는 대부분 용 모양이다. 용두는 내림마루 기와가 미끄러지지 않기 위한 시설이며 궁궐건축 이외에 양반 가옥이나 서민 가옥에서도 사용하는데, 길상과 벽사의 의미도 지닌다. 토수(吐首)는 목조 건물의 네 귀 추녀 끝에 끼워 감싸는 용두, 또는 귀면형 장식 기와를 말한다. 궁궐의 토수는 용의 아홉 아들 가운데 하나인 조풍으로 본다.

조풍으로 마감한 토수	귀면와로 마감한 토수
경복궁 근정전	법주사 팔상전
창경궁 명정문	창덕궁 수강재

4. 추녀마루 잡상의 역할

추녀마루에 언제부터 잡상이 올려졌는지 그 여부를 알 수 있는 문헌적 기록은 없지만, 고려시대 건축물에는 잡상이 만들어졌기 때문에 이 시기부터 잡상은 나름대로 제 역할을 하였을 것이다. 잡상을 올리는 이유에 관해서는 기능적인 것, 주술적인 것, 미학적인 것, 정치적인 것 등을 들 수 있다. 다른 면에서는 건축물이 생활의 영역에서 건축기술의 측면, 건축미학적 다양성이 발현된다는 것이다.

정치적	주술적	미학적	기능적
건물의 웅장성 건물의 신성성	토우의 상징성 벽사의 기능성	추녀마루의 미학 토우의 해학성	추녀마루의 보호 시야의 안정성

5. 전통시대 벽사의 상징물

벽사를 뜻하는 여러 가지 상징물이나 장식품, 무덤의 진묘수(鎭墓獸)나 토우(土偶), 새를 얹힌 솟대, 마을 입구의 목장승이나 석장승, 그리고 귀면와(鬼面瓦)로 불리우는 와당 등은 고조선시대부터 이미 존재하였다. 이런 조형물들은 기본적으로 종교적 주술이나 부족의 상징성(토템)과 관련된 것이다.

| 무령왕릉 진묘수 | 나주 불회사 석장승 | 농경문 청동기 솟대 | 경주 안압지 귀면와 |

6. 중국 건축물의 추녀마루 잡상

중국 건축물에서는 추녀마루 위에 유리 유약을 바른 고급스런 짐승 모양의 상징물을 첨상구수(檐上九獸,) 또는 선인주수(仙人走獸)라고 부른다. 제일 앞에 있는 기조선인(騎鳥仙人)을 제외하고 등급 규정에 따라 아홉 개를 배치한다.

다만 청나라 정전인 태화전(太和殿 : 일명 금란전金鑾殿)과 곡부(曲阜)에 있는 공묘(孔廟)의 정전에는 9개의 짐승 다음으로 원숭이(猴)인 행십(行什)을 배치하여 기조선인을 포함한 11개의 잡상이 있다. 보통 건축의 등급에 따라 기수(奇數)인 7, 5, 3, 1개를 배치한다.

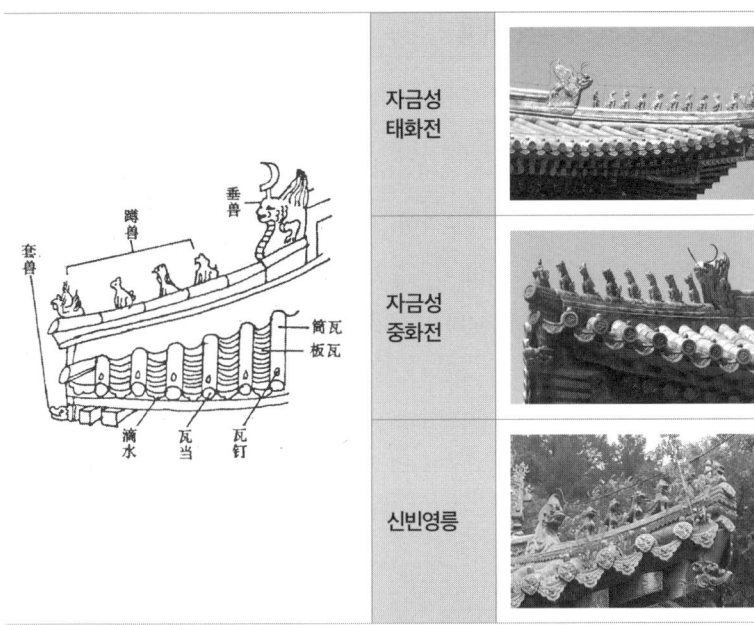

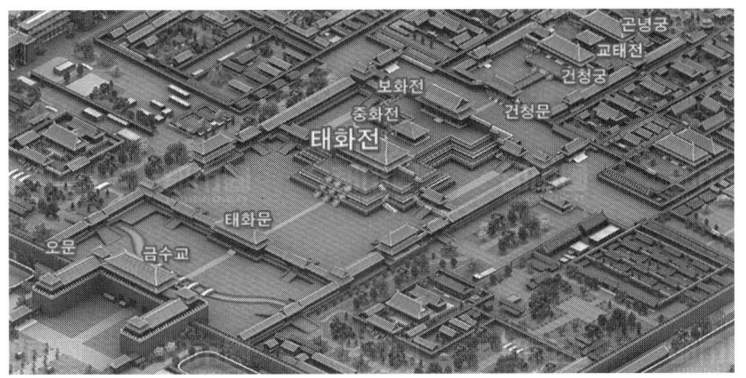

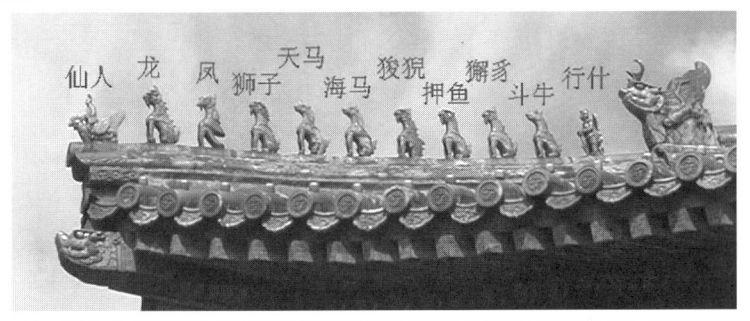

7. 잡상(雜像), 궁궐의 모든 곳을 지키다 / 127

7. 중국 잡상의 명칭과 역할

중국 잡상에서 가장 중요한 순서는 기조선인, 용, 봉, 사자이다. (1) 기조선인(騎鳥仙人)이다. 전국시대에 제민왕이 전쟁에서 패하여 도망갈 때 뒤에는 추격병이, 앞에는 큰 강이 가로막혀 진퇴양난에 빠졌는데 커다란 새가 나타나 제민왕을 태우고 무사히 추격을 따돌리게 하였다는 전설에 따라서 흉(凶)을 길(吉)로 바꾸는 영물로 받들어졌다.

(2) 용(龍)은 물에 사는 모든 동물의 우두머리로 구름을 일으키고 비를 모으며, (3) 봉(鳳)은 모든 새의 우두머리로 성스러운 인덕과 위엄을 상징하

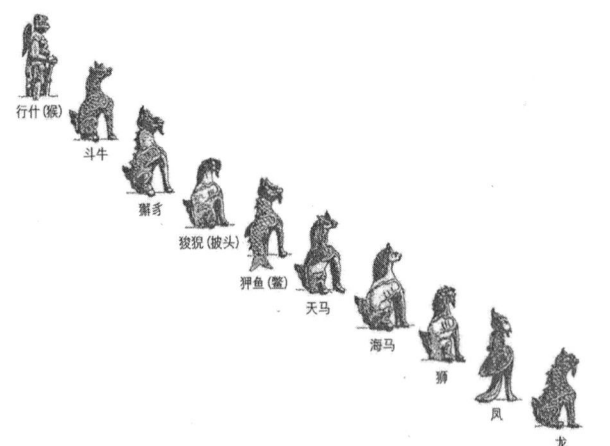

〈첨상9수〉,《중국목건축》(조광초 지음, 상해과학기술출판사, 101p)

며, (4) 사(獅)는 모든 짐승의 우두머리로 용맹과 위엄을 대표한다.

다음으로 (5) 천마(天馬)는 하늘에 사는 말(馬)의 일종으로 길상을 상징하며 재앙을 없애고 사악한 것을 누르는 능력을 가졌으며, (6) 해마(海馬)는 바다에 사는 말(馬)의 일종으로 길상을 상징하며 재앙을 없애고 사악한 것을 누르는 능력을 가졌다.

(7) 산예(狻猊)는 불을 좋아하여 화재를 예방하는 동물로 본다. 일설에는 용의 아들 아홉 중의 다섯째로서 모습이 사자 같고 불을 빨아드리는 것을 좋아하며 앉아 있기를 좋아한다. 그래서 주로 그것의 머리를 향로의 다리에

첨상 9수 : 왼쪽부터 기봉선인, 용, 봉황, 사자, 천마

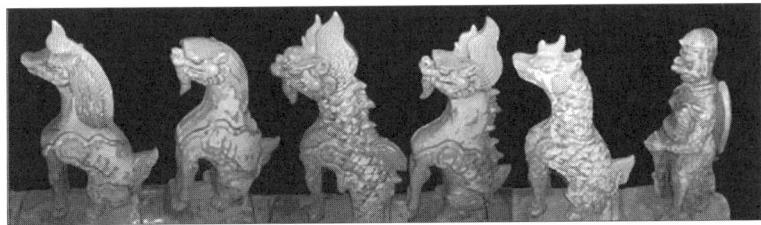

첨상 9수 : 왼쪽부터 해마, 산예, 압어, 해치, 두우, 행십

기대도록 만들어서 연기와 안개를 먹도록 기원한다. 일설에는 상서로운 동물로 알려진 기린(麒麟)을 배치한다고도 한다.

그 뒤로 격이 낮은 것으로 (8) 압어(押魚)는 바다에 사는 동물로 구름을 부르고 비를 내리는 능력을 가졌으며 보통 아어(牙魚)라고도 하며, (9) 해치(獬豸)는 한 개의 뿔이 있고, 사람이 싸우면 끼어들어 옳지 못한 사람을 물고, 논쟁이 붙으면 바르지 못한 사람을 깨물어 옳고 그름을 판단하는 능력을 가졌다.

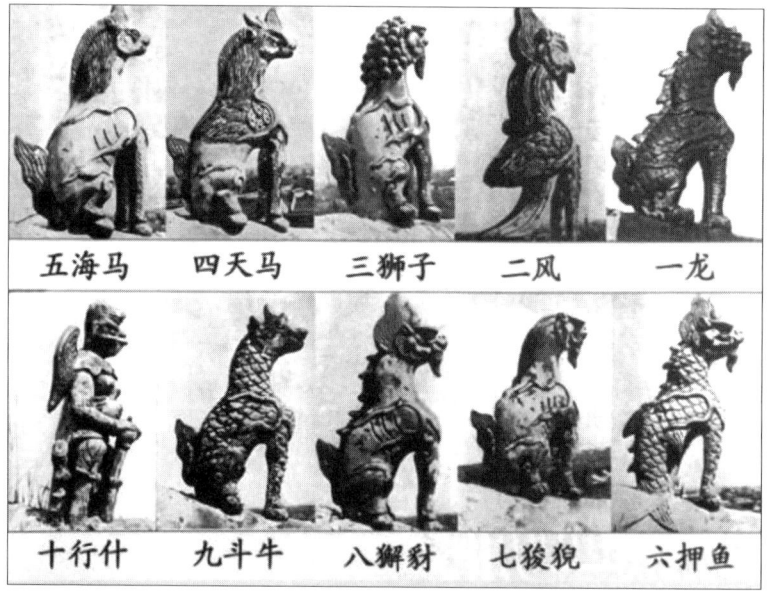

북경 고궁 태화전의 첨상구수

(10) 두우(斗牛)는 규리(虯螭)의 일종으로 비를 뿌리고 안개를 일으켜 불을 가라 앉히는 능력을 가졌다. 후(吼)라고도 한다. 끝으로 (11) 행십(行什)은 원숭이(猴)의 하나이며, 그 의미는 미정이다.

8. 《상와도(像瓦圖)》의 잡상

어우당 유몽인(柳夢寅, 1559~1623)이 1622년에 편찬한《어우야담(於于野談)》에 신참 관리들이 부임하면 추녀마루의 잡상을 순서대로 바르게 10번을 외우게 하는 신참례가 있었다고 전한다.

이능화의《조선도교사》(1959년, 영인본)에도 서유기의 주인공들을 잡상으로 보는 견해를 피력하였고, 1920년대에 저술된《상와도》에는 잡상의 이름이 모두 나오는데 나토두의 그림은 결본되어 전해지지 않는다.《상와도》의 잡상도는 가장 오래된 문헌자료이다.

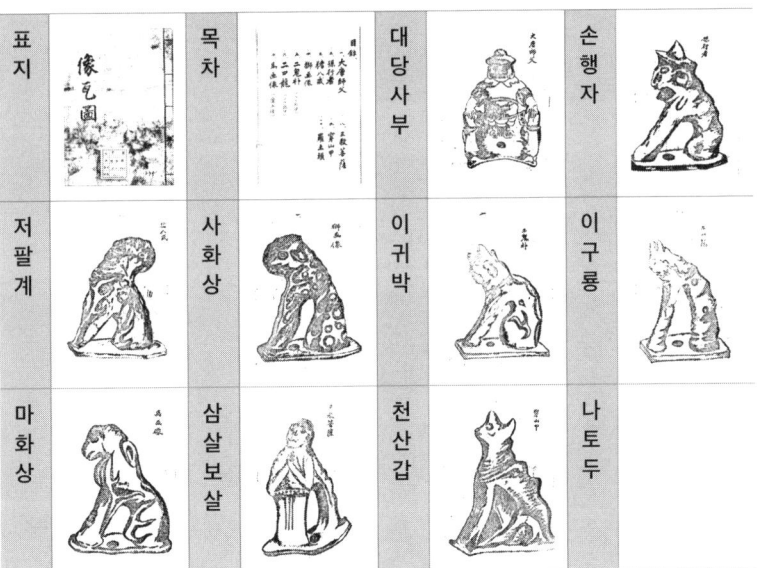

《상와도》, 1920년대

9. 《한국화 도록》의 잡상과 명칭

1980년에 출간된 《한국화 도록》에는 잡상의 그림을 처음으로 기록하였다. 이름과 순서 등은 《상와도》와 다르지만 시도를 하였다는 측면에서 선구자적 업적이라 하겠다.

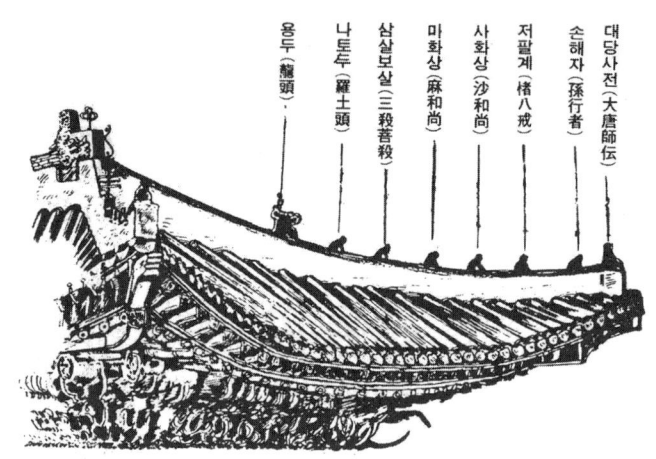

〈잡상의 명칭〉, 《한국화 도록》(이재화 편저, 신도출판사, 31p)

구분	현재의 잡상	『화성성역의궤』	『상와도』	중국의 잡상
순서 1		雜像		
이름	대당사부 (창경궁통명전)	잡상(雜像)	대당사부 (大唐師父)	선인(仙人)
순서 2		又		
이름	손행자 (창덕궁돈화문)	우(又)	손행자(孫行者)	용(龍)

10. 잡상, 궁궐의 모든 곳을 지키다

궁궐의 추녀마루에 앉아 있는 잡상은 시대에 따라, 장소에 따라, 제작자에 따라 형태와 자세가 약간씩 다르지만 전체적으로는 통일성을 갖는다. 제일 앞에 앉아 있는 잡상의 인물은 (1)대당사부(大唐師父)라고 해서 《서유기》의 삼장법사를 상징하며, 두 번째는 (2)손행자(孫行者)로 《서유기》의 주연배우인 손오공(孫悟空)이다. 세 번째는 탐욕이 넘치는 멧돼지 저팔계(豬八戒)이고, 네 번째는 사화상(獅畵像)이라 하는데, 《서유기》의 사오정(沙悟淨)을 상징한다.

다섯 번째부터는 《서유기》에 나오지 않는 잡상인데 속가에서 널리 알려진 (5)즐거움을 추구하는 욕망을 상징하는 이귀박(二鬼朴), 여섯 번째는 (6)입이

영화 〈서유기〉

〈날아라 슈퍼보드〉

《마법천자문》

두 개가 있는 이구룡(二口龍), 일곱 번째는 (7)말의 형상인 마화상(馬畵像), 여덟 번째는 (8)세살(歲煞) 겁살(劫煞) 재살(災煞) 등의 재앙을 막아주는 삼살보살(三殺菩薩), 아홉 번째는 (9)포유동물인 천산갑(穿山甲), 그리고 마지막으로 열 번째는 (10)작은 용이나 검붉은 곰의 형태인 나토두(羅土頭)이다.

잡상은 벽사의 기능과 더불어 기와와 추녀를 보호하는 역할도 하지만, 전체적인 건물의 미학을 돋보이게 하는 시각적 효과도 높다. 또한 추녀에 앉아 있는 잡상의 숫자와 크기에 따라 건물의 중요도를 알 수 있게 하여준다. 궁궐의 수호천사인 잡상은 한국의 궁궐미학을 돋보이게 만드는 문화유산이다.

8

궁궐,
《주역》의 원리가
펼쳐지다

 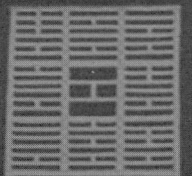 

궁궐은
전통적인 역학 원리가 숨쉬는 철학의 공간이다.

한 문장으로 읽는 〈주역과 궁궐〉

동아시아의 세계관 형성에 막대한 영향을 끼쳐온 철학적 텍스트는 《주역》이다. 《주역》에서는 천지를 커다란 생명의 총체로 본다. 《주역》의 세계는 음과 양의 조화와 변화에 의해 만물이 생성하고 소멸하는 세계이며, 변화와 움직임의 세계이다. 이러한 《주역》의 세계관은 유교 문화권인 우리의 삶 속에도 긴밀하게 스며들어 건축물에 그대로 반영되었다.

조선 궁궐 조영의 시작은 천리(天理)를 이 땅에 구현하겠다는 인식에서 출발했다. 조선은 고려와는 달리 성리학으로 무장한 개혁적 인물들이 개국했다. 그들은 성리학의 이상을 실현하는 주재자(主宰者)인 임금이 천하의 중심이라는 것을 경복궁 건축물 곳곳에 상징으로 형상화하였다.

8

궁궐, 《주역》의 원리가 펼쳐지다

글 : 김은영

《주역》은 《역경(易經)》이라고도 하며 《시경(詩經)》, 《서경(書經)》과 함께 유교 경전 중 삼경(三經)에 포함된다. '역(易)'이란 말은 변역(變易), 즉 '변한다'·'바뀐다'는 뜻으로 끊임없이 변화하는 우주 만물과 자연현상의 원리를 설명하고 해석한 것이다. 그래서 《주역》을 〈The Book of Changes〉, 곧 '변화의 책'이라고 영역한다. 이 변화의 원리는 인간의 삶을 이끌어 주는 경전의 하나가 되었다.

부연하면, 《주역》은 양(陽)과 음(陰)의 이원론으로 이루어진다. 우주 만물은 모두 양과 음으로 되어 있는데, 모든 자연현상과 우주 만물이 발생하고 소멸하는 원리는 양과 음의 두 부호로 표시하고 설명할 수 있다. 하늘은 양·땅은 음, 해는 양·달은 음, 강한 것은 양·약한 것은 음, 높은 것은 양·낮은 것은 음 등 상대되는 모든 사물과 현상들을 양·음 두 가지로 구분한다. 그리고 그 위치나 생태에 따라 이루어지는 끊임없는 변화는 이 양과 음의 운동원리로 규명할 수 있다.

이처럼 《주역》에서는 다양하고 복잡하게 전개되는 세상의 모든 현상을 음과 양의 두 운동으로 보고, 이 음과 양의 운동을 64괘라는 틀 안에 정형화시킨다. 세상에 수많은 일이 발생하고, 수많은 물건들이 있지만 이를 유형별로 나누면 64개로 축약된다는 것이 《주역》의 핵심 원리이다.

우주 만물의 변화 원리를 담은 이 책을 《주역》이라고 부르는 것은 중국 고대 왕조인 주(周)나라에 와서 형성되었기 때문이다. 전설에 따르면 아득한 상고시대에 복희씨가 삼라만상을 대표하는 여덟 가지 자연 물상을 추상하여 양(陽)을 나타내는 효(爻)와 음(陰)을 나타내는 효(爻)를 셋씩 중첩하여 팔괘(八卦)를 그려서 자연의 변화 원리를 파악하였다고 한다.

그 뒤 주나라의 기틀을 닦은 문왕(文王)과 주공(周公)이 여덟 괘를 중첩하여 64괘를 만들고 384효에 뜻과 풀이를 달아 《주역》을 이루었다. 여기에 공자가 《주역》을 해석하는 지침이 되는 열 가지 해설서인 '십익(十翼)'을 붙여서 오늘날과 같은 《주역》이 완성되었다.

1. 《주역(周易)》과 건축

건축은 인간이 머물고 살아가는 장소인 건물을 짓는 일이다. 따라서 건축의 구조물에는 인간의 존재방식과 가치관이 반영되어 나타나지 않을 수 없다. 건축에는 그 시대 인간의 존재방식이었던 역사와 가치관인 철학이 가장 잘 형상화되어 있다고 할 수 있다. 예컨대 성리학(유교)의 나라 조선의 경우 인, 의, 예, 지, 신이라는 유교 철학의 주요 덕목을 한양도성의 건축물인 사방 대문과 중앙의 보신각에 구현하여 놓았다.

동아시아의 세계관 형성에 막대한 영향을 끼쳐온 철학적 텍스트는 《주역》이다. 《주역》에서는 천지를 커다란 생명의 총체로 본다. 《주역》의 세계는 음과 양의 조화와 변화에 의해 만물이 생성하고 소멸하는 세계이며, 변화와 움직임의 세계이다. 이러한 《주역》의 세계관은 유교 문화권인 우리의 삶속에도 긴밀하게 스며들어 건축물에 그대로 반영되었다.

《주역》의 세계관은 한국 전통 건축, 특히 궁궐 건축에서 찾아볼 수 있다. 전통 건축은 인간이 머물기 위한 주거 공간이기에 앞서 무엇인가를 설명하는 매개체(방편)이다. 따라서 전통 건축에서는 그 건축물이 담고 있는 '의미'가 가장 중요하다. 이 '의미'라는 것은 건축물을 영건하는 배후가 되는 사상을 말하는데, 그것을 '건축조영사상'이라고 한다. 실용성이라든가 미적인 것은 '의미' 다음의 문제인 것이다.

예컨대 경복궁의 경회루가 그러그러한 건물 구조로 이루어진 것에는 그것의 배후가 되는 '건축조영사상'인 《주역》이 있기 때문이다. 광화문의 팔괘장식이나 교태전과 그 부속 건물들의 이름이 그러그러한 것 또한 마찬가지 이유이다.

2. 《주역》의 핵심 내용과 경복궁

(1) 하도낙서(河圖洛書)-하도용마(河圖龍馬), 신구낙서(神龜洛書)

하도(河圖)와 낙서(洛書)는 태극과 팔괘의 효시가 되는 그림이다. 이것은 자연의 변화와 이치, 우주의 변화를 파악하기 위한 생존 도구였다고 할 수 있다. 하도는 복희씨가 천하를 다스릴 때 중국 황하에서 나왔다는 신비한 그림이다. 머리는 용이고 몸은 말의 형상을 한 신비한 짐승이 황하에서 출현하였는데, 등에는 55개의 점이 그려져 있었다. 이 점을 그림으로 옮긴 것을 하도라고 한다. 그것에서 우주 만물의 생성과 조화의 원리를 밝혀내게 되었다.

이 그림이 가지고 있는 상징은 하도의 오행과 팔괘, 수(數)의 배치도 외에도 상상적 동물인 용으로 하늘을 상징하고, 실재하는 말로 땅을 상징하여 천지의 이치가 하도에 있음을 강조하고 있다. 이것을 바탕으로 복희씨가 선천팔괘를 만들었다.

낙서(洛書)는 하우씨가 순임금의 명을 받아 9년 동안 치수할 당시에 중국 낙수(황하의 지류)에 나타난 신령스러운 거북이에서 유래한다. 등에는 45개의 점이 그려져 있었는데, 이를 그림으로 옮긴 것이 낙서이다. 그것에는 우주 만물 변화의 원리, 천지 운행의 원리가 담겨 있었다. 하우씨는 이것에서 신묘한 이치를 깨달아 치수사업에 성공하였다고 전한다. 이것을 바탕으로 주나라의 문왕이 후천팔괘(문왕팔괘)를 만들었다.

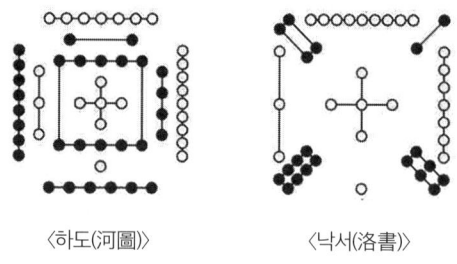

〈하도(河圖)〉　　〈낙서(洛書)〉

하도와 낙서의 그림은 이후 수천 년 동안 동아시아 사상가들의 지적인 탐구 대상이 되었다. 이 두 그림은 태극, 음양, 오행의 원리와 아울러 만물의 현상과 특성을 설명하고, 앞날을 예측할 수 있는 전지전능한 무기가 되었다.

경복궁의 근정전의 건축 구조에는 낙서의 원리가, 경회루의 건축 구조에는 하도의 원리가 적용되어 있다. 이것은 뒤에 자세하게 설명하도록 하겠다.

(2) 선천팔괘(先天八卦)와 후천팔괘(後天八卦)

팔괘(八卦)는 중국 상고시대 복희씨가 만들었다고 전하는 기호체계이다. 자연계와 인간계의 모든 현상을 여덟 가지 상(象)으로 나타낸 것이다. 팔괘는 건(乾☰), 태(兌☱), 리(離☲), 진(震☳), 손(巽☴), 감(坎☵), 간(艮☶), 곤(坤☷)을 기본으로 하며 각각 하늘, 연못, 불, 번개, 바람, 물, 산, 땅이라는 자연현상을 상징한다.

하도를 선천팔괘, 낙서를 후천팔괘라고 하는데, 후천팔괘는 문왕이 선천팔괘의 괘를 다르게 배열하여 만든 것이다. 기본적으로 후천팔괘는 춘하추동 4계절의 변화에 따라 괘를 배열한 것이라고 한다. 괘의 배열 차이로 인해 두 개의 팔괘가 서로 다른 의미와 특성을 지니게 된다.

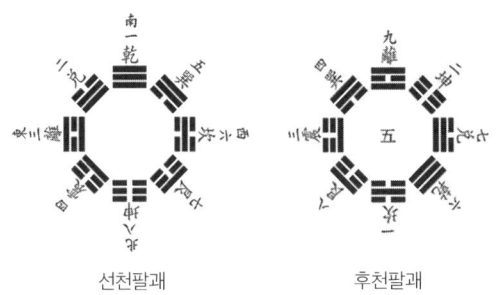

선천팔괘　　　　　후천팔괘

하도가 만물의 '생성원리'를 설명하고 있다면 낙서에서는 천지의 '운행원리'를 설명하고 있다. 복희씨의 선천팔괘가 우주와 만물의 생성원리를 설명하는 체(體)에 해당한다면, 문왕의 후천팔괘는 우주 만물의 변화원리를 설명하는 용(用)에 해당한다.

하도가 하늘과 땅의 공간적 모습을 형상하고 있다면, 낙서는 하늘과 땅 사이의 변화의 모습을 그림으로 나타내고 있다고 할 수 있다. 이 괘 두 개씩을 겹쳐 육십사괘를 만들었다. 이 후천팔괘는 경복궁 광화문 문루의 여장에서 볼 수 있다.

3. 음양오행론(陰陽五行論)-강녕전에 구현된 상생과 상극의 원리

동아시아 세계관에서는 우주 만물을 생성·변화하게 하고, 온갖 현상을 만드는 근원으로 음(陰)과 양(陽)이라는 개념을 상정한다. 음과 양은 상호연관성을 갖고 서로 대립, 보완, 순환한다. 이 음양((陰陽)의 변화를 통해 자연의 탄생, 성장, 소멸의 과정을 설명하는 것이 음양론(陰陽論)이다. 그리고 오행(五行)인 목(木), 화(火), 토(土), 금(金), 수(水) 다섯 가지의 상호작용으로 우주 만물의 모든 현상을 해석하는 논리체계가 오행론(五行論)이다. 이 음양론과 오행론은 각기 다른 시대와 환경 속에서 형성되어 오다가 춘추전국시대와 한대(漢代)를 거치며 '음양오행론'으로 통합되었다.

이렇게 성립된 음양오행론의 논리체계는 동양의 모든 학문 분야에 가장 기본이 되는 논리적 근거로 적용되어 이후 동양의 정치, 사회, 문화 등 각 분야에 전반적인 영향을 끼쳐왔다.

음양론(蔭陽論)은 음(陰)과 양(陰)의 조화를 중시한 반면, 오행론(五行論)에서는 목(木), 화(火), 토(土), 금(金), 수(水) 5가지 요소 중 서로 도와주거나 서로 싸우는 것이 있다. 이를 각각 상생(相生)과 상극(相克)이라고 한다. 상생끼리 있는 것은 좋지만 상극끼리는 좋지 않다는 것이다. 오행(五行) 간의 상생과 상극은 다음과 같다.

상생이란 목, 화, 토, 금, 수의 다섯 가지 요소에서 서로 상대를 살리고 서로 도움이 되는 좋은 관계를 말한다. 예를 들면, 나무와 나무를 비비면 불이 일어난다. 그래서 '목생화(木生火)'이다. 물건이 타면 그 뒤에 재가 남고, 재는 흙이 되므로 '화생토(火生土)'이다.

흙은 금속을 만들어내므로 '토생금(土生金)'이다. 습도가 높을 경우 금속의 표면에 작은 물방울이 생기므로 '금생수(金生水)', 모든 식물은 물에 의해서 자라나므로 '수생목(水生木)'이라는 관계가 된다. 이처럼 목, 화, 토, 금, 수라는 순환은 무한하게 반복해 간다.

상극은 목, 화, 토, 금, 수의 다섯 가지 기운 간에 상대를 방해하거나 상처를 입히는 관계이다. 그러나 상대의 과하거나 부족함을 제어할 때도 작용한다. 예를 들면, 나무는 땅속에 뿌리를 뻗어서 흙을 파고들어가 아프게 하므로 나무는 흙을 극하는 관계 '목극토(木克土)'가 된다. 그러나 흙은 나무가 있어서 쓸려 내리지 않고 자기 자리를 지킬 수 있다.

흙은 물을 막기 때문에 '토극수(土克水)'이다. 물은 넘쳐흐르려고 하는데 그 물을 억제하는 것은 항상 흙이다. 홍수나 침수의 피해가 일어났을 때, 수해를 막기 위해 쌓아 올리는 것은 흙이다. 물이 불을 억누르고 꺼지게 하므로 '수극화(水克火)'가 된다. 그러나 너무 센 불을 적당하게 제어하는 것도 물이다.

불이 금속을 녹이므로 '화극금(火克金)'이다. 금속은 다섯 기운 중에서 가장 강하고 딱딱하다. 그 금속이 상대적으로 약한 것은 단 하나 불이다. 아무리 딱딱한 금속일지라도 고온의 불을 만나면 간단히 녹아버리기 때문이다. 그러나 금속을 쓰임새 있게 만들려면 불로 제련해야 한다.

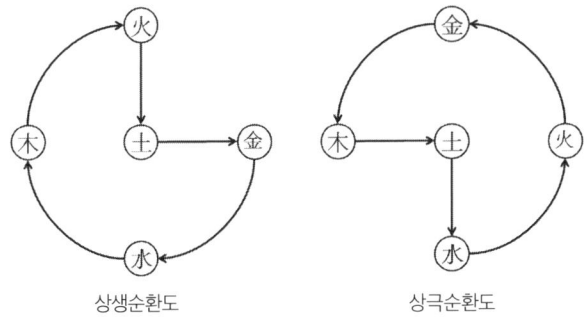

상생순환도   상극순환도

8. 궁궐, 《주역》의 원리가 펼쳐지다

금속은 나무를 이긴다. '금극목(金克木)'이다. 수백 년씩 된 큰 나무도 도끼 한 자루에 의해서 쓰러진다. 나무를 자르는 톱은 금속으로 만든다. 그러나 나무를 높게 자라게 하기 위해 가지치기를 하려면 톱이라는 금속 성분이 필요하다.

경복궁에는 이러한 음양오행의 원리가 곳곳에 적용되어 있는데, 대표적인 경우가 강녕전 영역이다. 중앙의 강녕전은 토(土)이고 이를 중심으로 연생전이 목(木, 봄, 동쪽), 연길당이 화(火, 여름, 남쪽), 경성전이 금(金, 가을, 서쪽), 응지당이 수(水, 겨울, 북쪽)이다. 강녕전은 이러한 네 기운이 흩어지지 않도록 흙처럼 감싸안으며 가운데서 중심을 잡는다. 동시에 오행의 작동원리인 상생상극의 중심 고리 역할도 함께 한다.

상생의 작용을 보면, 생명은 봄에 동쪽에서 시작된다. 강녕전 영역에서는 연생전이 이에 해당된다. 강녕전 영역의 상호순환작용은 연생전(木)에서 시작되어 여름에 해당되는 연길당(火)으로 이어지고, 다시 중앙의 강녕전(土)으로 이어진다. 이때 중심에 해당되는 강녕전은 생명 작용이 절정에 달하는 성하(盛夏)다. 이는 강녕전에 필요한 '양'의 기운, 남성성, 음양의 생명 작용 등이 가장 왕성하다는 뜻이다. 이렇게 절정에 이른 뒤 가을과 서쪽에 해당되는 경성전(金)에서 결실을 맺어 생산과 수확의 기쁨을 누린다. 마지막으로 겨울과 북쪽인 응지당(水)에서 생명의 힘을 비축한 순환 고리는 다시 연생전(木)으로 이어져 생명의 순환 작용을 새롭게 시작한다.

상극 작용을 보자. 중앙 강녕전(土)의 생명 작용이 아주 활발하면 이번에는 나무의 기운을 상징하는 연생전(木)이 나서서 이를 소멸시킨다. 소멸의 기운이 아주 세서 응지당(水)의 겨울이 오래 계속되면 흙의 기운인 강녕전(土)이 이를 억누른다. 다시 연길당(火)의 여름 기운이 아주 세지면 이번에는 응지당(水)의 겨울 기운이 나서서 이를 소멸시킨다. 양극단의 널뛰기 끝에 경성전(金)의 가을 기운이 무르 익으면 연길당(火)의 여름 기운이 나서서 억누른다.

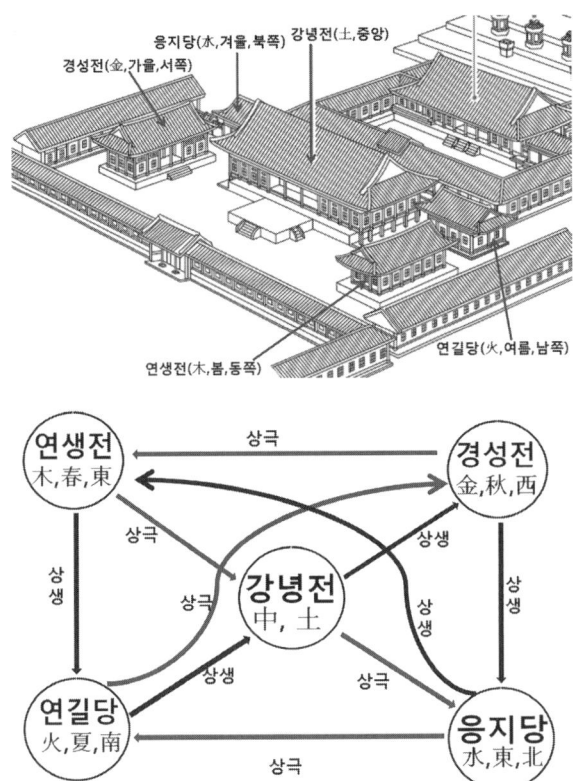

강녕전에 반영된 오행의 상생상극 작용

4. 경복궁에 담긴 《주역》의 원리

(1) 광화문에 담긴 《주역》의 원리

① 광화문 문루 여장에 새겨진 팔괘와 64괘

광화문은 경복궁 남문이다. 처음에는 일반적으로 남문을 일컫는 이름인 '오문(午門)'이라 불렸다. 오(午)는 십이지 중 일곱 번째 지지로서 시간으로는 오전 11부터 오후 1시 사이다. 그래서 낮 12시를 정오(正午)라 부른다. 정오를 기준으로 오전과 오후가 나누어진다. 방위로는 남쪽이다.

이 광화문의 문루 여장에는 팔괘 문양이 장식되어 있다. 여기에 장식된 팔괘 문양 배치는 문왕팔괘도(후천팔괘도)이다. 팔괘 문양은 정면의 오른쪽부터 시계 방향으로 손(巽☴)괘, 정면 중앙에 리(離☲)괘, 곤(坤☷)괘, 서쪽에 태(兌☱)괘, 뒤쪽에 건(乾☰)괘, 감(坎☵)괘, 간(艮☶)괘, 동측에 진(震☳)괘가 장식되어 있다. 특히 정면 중앙에는 남쪽과 불을 뜻하는 리괘를 배치했다.

광화문 정면 중앙의 리괘 - 남쪽과 불을 상징

또한 광화문 문루의 여장은 검정색 벽돌로 띠처럼 둘렀는데 그 표면에 8개의 사각 틀을 만들고, 그 안에 팔괘의 구성 요소를 하나씩 삽입하였다. 자세히 들여다보면 사각 틀을 9등분으로 세분한 뒤, 중앙에는 소성괘를 배치하고 외곽의 8군데에는 대성괘를 배치하였다. 경복궁의 정문에 팔괘와 64괘가 장식되어 있는 것이다. 이 팔괘 문양은 유교적 이상사회를 꿈꾸는 조선조 궁궐의 특성을 잘 반영하고 있다. 유교 원리의 근간이 되는 팔괘와

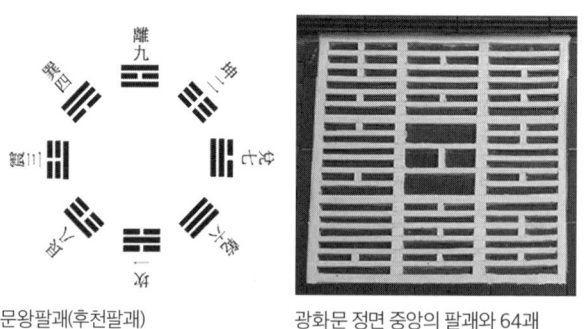

문왕팔괘(후천팔괘)   광화문 정면 중앙의 팔괘와 64괘

64괘를 궁궐의 정문에 장식하여 국가의 정체성과 통치이념을 대내외에 상징적으로 과시하였다.

② 광화문의 홍예문 천장에 담긴 하도낙서-《경복궁영건일기》의 기록

광화문 석축부에는 세 개의 홍예문을 내고 가운데 어칸으로는 임금이, 좌우의 좌협문과 우협문으로는 왕세자와 신하들이 드나들었다. 그동안 어칸과 좌협문, 우협문의 천정에 그려진 그림들에 대해 여러 가지 견해들이 있었다. 그러나 최근 《경복궁영건일기》가 번역, 발간됨(2019.6.17)으로써 이 논쟁에 종지부를 찍게 되었다. 《경복궁영건일기》에는 "광화문의 어칸에는 쌍봉(雙鳳), 서협문에는 낙귀부서(洛龜負書, 洛水의 神龜가 洛書를 지다), 동협문에는 하마부도(河馬負圖, 黃河의 龍馬가 河圖를 지다), 건춘문은 쌍룡(雙龍), 신무문은 쌍귀(雙龜), 영추문은 쌍린(雙麟)"이라고 기록되어 있다.

현재 광화문 홍예 천장에는 어칸에 두 마리의 봉황, 동쪽에 두 마리의 용마, 서쪽에 두 마리의 거북이가 그려져 있다. 어칸의 쌍봉황은 사신 중 남쪽을 상징하는 주작으로 알려지기도 하였으나 《경복궁영건일기》를 통해 봉황이라는 정확한 명칭을 알 수 있게 되었다.

낙귀부서와 하마부도는 하도낙서(河圖洛書)를 형상화한 것이다. 광화문 여장에는 팔괘를 각 방향에 맞춰 벽돌로 쌓아 놓아 여장과 천장의 그림이 위아래로 주제가 같다는 것을 알 수 있다.

(2) 근정전에 담긴 《주역》의 원리
① 천지사방의 중심 근정전에 적용된 황극수 "5"

왕도정치의 지침인 세상의 큰 규범 '홍범구주' 중 5조는 황극이다. 황극은 임금이 세운 정치의 법도로서 어느 편에도 치우침이 없는 공명정대한 정치의 경지를 말한다. '5'를 황극수라고 하는데, 이는 홍범구주 가운데 다섯 번째가 황극이기 때문이다. '5'는 또한 낙서(洛書)에서 유래된 구궁도(九宮圖)의 중앙에 위치하고 있는 수이기도 하다.

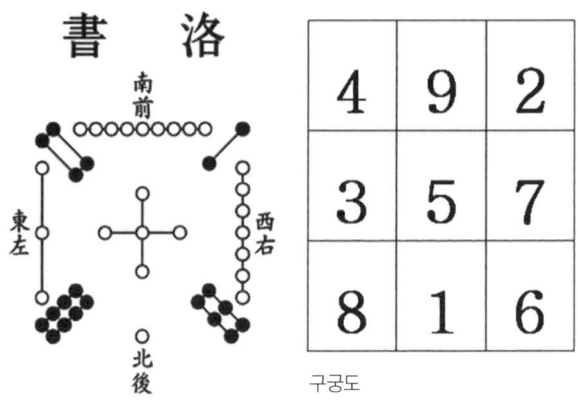

구궁도

구궁도는 천지 변화의 이치와 질서를 수로 표시한 것이다. 여기서는 상하좌우, 대각선 등 어느 쪽으로 합해도 15가 되며 모두 중앙의 '5'를 포함한다. 또 10을 사용하지 않는 대신 중앙의 5를 빼면 모두가 10이 된다. '5'는 1과 4라는 양수와 음수의 합에 의해 태어난 수로 음양 기운을 다 지니고 있어서 '중수(中數)'라고 한다.

또한 5는 1과 9의 중간에 위치한 수로서 중심과 조화, 균형을 의미하고 생명과 우주의 질서에서 비롯되는 '역동적인 자연의 리듬'을 나타낸다. 그래서 '5'를 중앙의 지극한 조화 기운으로 보고 5토(土)라고 한다. 5토는 만물을 낳고 기르는 생장의 전체 과정을 주도하는 역할을 하기 때문에 5황극(皇極)이다. 예로부터 이 중앙 5황극은 천자, 왕, 임금을 의미했다.

이러한 특별한 의미를 갖는 황극수 '5'가 경복궁의 정전인 근정전 건축에 적용되었다. 근정전은 정면 5칸, 측면 5칸의 건물로서 우리 궁궐 건물 중 유일한 5칸 건물이다. 이는 근정전을 공명정대한 왕도정치의 중심, 천지사방의 중심에 올려 놓기 위한 묘책이었고, 또한 공명정대한 왕도정치를 실현하겠다는 의지의 표현이었다.

② 근정전의 정(鼎)에 새겨진 팔괘

근정전의 정(鼎)에는 특별한 것이 있다. 정의 윗부분 테두리에 시계 방향으로 돌아가면서 새겨진 문왕팔괘가 그것이다. 두 귀 가운데 근정전에서 내다보는 시각, 곧 북에서 남으로 볼 때 왼쪽에 있는 귀 부분에 진괘가 있다. 괘를 확인할 때는 정의 밖에서 안쪽으로 보아야 한다. 이를 시작으로 시계 방향으로 문왕팔괘가 배치되어 있다.

정의 좌향은 곧 근정전의 좌향이다. 근정전은 정남향으로 앉아 있다. 정은 근정전의 주인인 임금이 백성들을 잘 먹고 잘살도록 보살피는 존재임을 과시하는 상징물이며 근정전의 좌향이 남면임을 드러내는 표지이다.

팔괘에는 하늘과 땅의 이치와 인간의 도리가 포함돼 있다. 왕권을 상징하는 정(鼎)의 문양으로는 팔괘보다 의미깊고 적절한 문양은 없을 것이다. 국가 의식의 시작과 마침을 선포하는 향로의 문양으로서 팔괘는 매우 의미있고 적절한 문양이라고 할 수 있다.

(3) 경회루(慶會樓)에 담긴 《주역》의 원리-경회루는 물의 바다

'경회(慶會)'란 군신이 서로 덕으로써 화합하는 경사스러운 만남이라는 뜻이다. 훌륭한 신하를 선발해 활용할 줄 아는 임금의 지혜를 의미한다. 즉, 덕이 있는 인재와 임금이 함께 오직 백성을 위한 정치를 하는 만남이 임금과 신하의 경회이다.

고종 때의 대신이었던 정학순은 임진왜란 때 불에 타 폐허로 남아 있던 경회루 터의 주춧돌을 자세히 살펴보고 《경회루전도》와 범례로 《경회루삼

십육궁지도》를 저술하였다. 경복궁이 중건되기 시작한 1865년에 제작된 이 책에는 경회루의 건축원리가 잘 기록되어 있다.

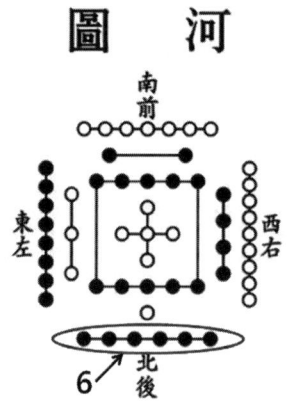

이 책에서는 경회루의 평면과 세부 형태를 《주역》의 원리로 설명하고 있다. 경회루는 《주역(周易)》의 원리에 따라 경복궁의 불을 제압하려는 목적으로 조성되었기 때문에 경회루의 모든 구성은 숫자 '6'으로 이루어졌다는 것이다. 즉 음양오행으로 보아 음(陰)은 물(水)을 말하는데, 그 음(陰)의 대표적인 숫자가 '6'이다. '6'은 물을 상징하는 수이다. '6'은 〈하도(河圖)〉에서 북쪽에 찍혀 있는 점 6개를 말한다.

경회루를 짓는데 적용된 《주역》 원리는 '육육양제법(六六禳除法)'에서 찾을 수 있다. 육육양제법이란 '6'이라는 숫자의 가감승제에 의해서 펼쳐지는 신비스런 원리를 말한다. 육육양제법에서 나온 6곱하기 6은 36궁을 의미하는 것인데 이것은 경회루의 칸 수를 설명하는 것이다. 팔괘 효의 총합은 36이다. 8괘 즉, 일건(一乾), 이태(二兌), 삼이(三離), 4진(震), 5손(五巽), 6감(六坎), 7간(七艮), 8곤(八坤)을 모두 합하면 36이 된다. 또한 팔괘의 괘 하나를 이루는 효의 수(양효 1, 음효 2)를 합해도 36이 된다. ☰3, ☱4, ☲4, ☳4, ☴5, ☵5, ☶5, ☷6을 모두 합하면 36이다.

이 36이라는 숫자에 맞추어 경회루 전체의 칸 수가 정면 7칸·측면 5칸 총 35칸 (7×5=35)으로 정해진다. 육육양제법에 의하면 36칸이어야 하는데 35칸인 이유는 제외된 1칸은 '허일(虛一)'로서 만물의 근원인 태극이라고 한다.

윗층 중궁을 둘러싸고 있는 헌(軒)의 12칸은 동북쪽 모서리 칸의 정월로부터 시계 방향으로 돌아가면서 1년 열두 달이 배정되어 있다. 한편 바깥쪽에 둘러서 있는 24개의 사각 기둥은 십이지와 24절기를 상징한다. 기둥은 8개인데 이는 8괘를 뜻한다. 먼저 십이지를 살펴보면, 북쪽 회랑 중앙 칸의 왼쪽 기둥이 자(子)가 되고, 여기서부터 시계 방향으로 기둥 하나씩 건너뛰면서 '축(丑), 인, 묘'… 순으로 24절기 24를 나타낸다.

아랫층은 전돌 바닥을 딛고 48개의 기둥이 윗층 다락을 떠받치고 있다. 바깥쪽의 24개는 사각기둥이며, 안쪽의 24개는 원형기둥이다. 이는 천원지방(天圓地方)사상과 24절기, 24방의 상징으로 해석된다.

경회루는 건물의 칸수, 기둥 수, 창호의 수에 각기 특정한 수가 적용되어 있다. 경회루의 누각 아래 기둥은 48개, 임금이 좌정하는 상석이 있는 중궁은 3칸, 중궁을 감싸안은 마루는 12칸, 회랑 바깥기둥은 24개, 분합문은 64개, 이렇게 경회루에는 3, 12, 24, 48, 64 등 '6'과 관련된 수가 적용돼 있음을 볼 수 있다. 다른 전각이 양수 '5'와 관련된 구조인데 반해 경회루는 물을 상징하는 음수 '6'과 관련된 구조인 것이다.

(4) 교태전 권역에 담긴 《주역》의 원리 - 양의문, 교태전, 원길헌, 함홍각, 승순당

교태전은 왕비의 침소로 세종의 왕비인 소헌왕후가 첫 주인이었다고 한다. 교태전이라는 이름은 《주역》 지천태(地天泰) 괘의 대상전(大象傳)에서 따왔다. "하늘과 땅의 기운이 서로 통하는 것이 태(泰)다. 왕후는 그것으로 천지의 도를 이룩하고 천지의 마땅함을 보필하여 백성을 좌우한다(天地交泰 后以 財成天地之道 輔相天地之宜 以左右民)."라는 대목에서 '교태(交泰)'를 인용한 것이다.

지천태, 곧 태괘(䷊)는 《주역》 64괘 중 11번째에 있는 기호로 가장 이상적인 대길운으로 친다. 음(陰)의 상괘(위 세 개의 효☷)와 양(陽)의 하괘(아래 세

태괘

개의 효≡)로 이루어진 괘이다. 위에서 땅의 기운이 내려오고 아래서 하늘의 기운이 상승하는 모양으로, 이것은 상하, 혹은 음양이 화합하여 하나로 뭉쳐짐을 상징하는 것이다. 이처럼 태괘는 곤괘와 건괘로 이루어져 있는데, 곤은 땅·왕비·어머니·여성·유순함 등을 상징하고 건은 하늘·왕·아버지·남성·머리 등을 상징한다.

태괘와 건괘, 이 두괘의 화합인 태괘에서 비롯한 '교태전'이라는 전각의 명칭은 왕과 왕비가 정을 나눌 때 하늘의 기운과 땅의 기운이 막힘없이 통해 훌륭한 세자의 잉태를 기원하는 마음이 담겨 있다.

한편 교태전에는 정문인 양의문을 비롯하여 사방으로 다섯 개의 협문이 있는데, 모두 《주역》의 내용을 인용하여 현판에 적용하였다.

① 양의문(兩儀門)
교태전 남쪽 행각의 중앙에 위치한 문으로 교태전으로 들어가는 문이다. 이 문의 편액 역시 《주역》의 내용을 원용한 것이다. '양의(兩儀)'는 양효와 음효의 두 기운을 의미한다. '양의'란 양과 음, 하늘과 땅, 임금과 왕비, 남자와 여자 등의 뜻을 지닌다. 이 문의 이름에는 음양의 조화를 통해 훌륭한 후손이 태어나기를 염원하는 의미가 담겨있다.

이 '양의'라는 말의 출처는 《주역》의 〈계사상전〉이다. 여기에서 "易有太極 是兩生儀 兩儀生四象 四象生八卦 八卦定吉凶 吉凶生大業 을 풀이하면 역(易)에 태극(太極)이 있으니, 태극이 양의(兩儀)를 낳고 양의가 사상(四象)을 낳고 사상이 팔괘(八卦)를 낳으니, 팔괘가 길흉(吉凶)을 정하고 길흉이 큰 사업(事業)을 낳는다."라고 하였다.

② 원길헌(元吉軒)

원길헌은 교태전의 동쪽(우측)에 붙어 있는 소침전이다. '원(元)'은 '크게 선하다'는 뜻이므로 '원길(元吉)'은 '크게 선하여 길하다'는 의미가 된다. 이는 《주역》의 태괘, 곤괘에서 유래하는데, 왕비의 마음가짐과 태도에 대한 가르침을 담고 있지 않을까 생각된다.

태괘의 육오(六五) 효사(爻辭)에 '원길'과 관련된 내용이 나오는데, 육오를 "제을(帝乙)이 여동생(어린 딸)을 시집보내는 것이니, 이것으로 복을 받을 것이며 크게 선(善)하여 길(吉)할 것이다."라고 설명한다.

곤괘 육오 효사에서도 '원길(元吉)'과 관련된 내용이 나온다. "황상원길(黃裳元吉), 즉 황색(黃色) 치마이니 크게 선(善)하여 길(吉) 하다."라고 하였다. 곤괘는 신하의 도(道)이고, 처(妻)의 도이기 때문에 상의인 저고리가 아니라, 하의(下衣)인 치마를 택한 것이다. 황색은 토(土)의 색이어서 어떤 색과도 잘 어울린다는 의미이고, 치마를 입는다는 것은 아래에서 유순하게 하늘의 이치를 따르는 것, 자신을 낮춰 숨기는 것을 의미한다.

③ 함홍각(含弘閣)

함홍각은 교태전의 서쪽(좌측)에 붙어 있는 소침전이다. '함홍(含弘)'은 '함홍광대(含弘光大)'에서 온 말로, '포용력이 있고 너그럽다'는 뜻이다. 《주역》의 곤괘(坤卦)에서 유래한다.

송나라 정이가 유가의 윤리적 성격에 근거하여 《주역》의 의미를 해석한 《정전(程傳)》에서는 곤(坤)의 도(道)는 "함(含)·홍(弘)·광(光)·대(大) 네 가지이다. 건괘(乾卦)의 강(剛)·건(健)·중(中)·정(正)·순(純)·수(粹)와 같다. 함(含)은 포용함, 홍(弘)은 너그러움, 광(光)은 밝게 빛남, 대(大)는 넓고 두터움이다. 이 네 가지가 있으므로 만물이 모두 형통하게 이루어지는 것이다."라고 설명하였다.

④ 승순당(承順堂)

승순당은 교태전 양의문 동편에 있는 당의 이름이다. 양의문을 사이에 두고 보의당(輔宜堂)과 짝을 이룬다. '승순(承順)'은 '받들어 순종한다'는 뜻이다. 순(順)은 곤괘의 덕인 유(柔)·순(順)·중(中)·정(正) 가운데 두 번째의 것인데, 부인에게 유순함을 장려하려는 의미에서 이같이 이름지은 것으로 보인다.

《주역》의 곤괘에 대해 〈단전(彖傳, 공자가 주역 64개 괘사에 대해 설명한 것)〉에서는 곤의 덕을 암말에 비유하여 설명한다. 암말은 곤덕에 속하는 부류의 것이어서, 무한한 힘을 지니고 대지 위에 산다. 암말처럼 유순하고 순종하면서 정절있는 자세를 가져야 한다. 유순한 덕을 체득하지 못하고 나서길 좋아한다면 그가 걷는 길은 혼미할 뿐이다. 유순함은 군자라면 지켜 나가야 할 덕이다.

⑤ 건순각(健順閣)

건순각은 왕비의 산실(産室)로 추정되나 이 곳에서 왕비가 출산하였다는 기록은 없다고 한다. 건순은 건건곤순(乾建坤順)의 줄인 말로《주역》건괘의 특성과 곤괘의 특성을 압축한 것이다. 하늘은 굳세고 땅을 유순하다는 뜻이다. 곤괘(坤卦)에 관해서는 〈문언전(文言傳)〉의 '곤도기순호(坤道基順乎)'에서

건순각

가져온 것으로 '건강하고 유순하다'는 의미이다. '건순각'이라는 작명에는 건강한 아이를 순산하라는 염원이 담겨 있다고 짐작할 수 있다.

5. 건축 조영 사상으로서의 《주역》, 그리고 경복궁

조선 궁궐 조영의 시작은 천리(天理)를 이 땅에 구현하겠다는 인식에서 출발했다. 조선은 고려와는 달리 성리학으로 무장한 개혁적 인물들이 개국했다. 그들은 성리학의 이상을 실현하는 주재자(主宰者)인 임금이 천하의 중심이라는 것을 경복궁 건축물 곳곳에 상징으로 형상화하였다. 성리학으로 세운 나라 조선의 법궁이었으니 그 이면에 얼마나 많은 사상적 배경과 건축적 의도와 이야깃거리가 있었겠는가.

조선을 건국하고 경복궁을 창건하는 데는 첨예한 사상적 논쟁이 있었다. 보통은 전쟁을 통해 나라를 먼저 세운 뒤에 정통성 부여를 위해 건국 사상(이념)을 갖다 붙이거나 혹은 나라를 세우는 과정에서 사상이 개입하게 된다.

조선의 경우는 사상 논쟁이 먼저 시작되고 이것을 기준으로 온건, 급진의 편이 갈려 새로운 사상 쪽에 사람들이 모이면서 역성혁명을 성공시킨 경우다. 경복궁은 이런 새로운 사상을 가장 명료하게 현실에 구현한 실체이다. 그러므로 경복궁에는 조선 건국 세력의 사상적 배경인 성리학의 내용들이 모두 반영되어 건물 배치나 건물의 이름 속에서 그 존재감을 드러내고 있다. 이런 의미에서 경복궁은 성리학으로 꾸며진 한 권의 건축책이며, 하나의 세계이다.

성리학의 기본 경전은 사서삼경이다. 4서(《논어》, 《맹자》, 《대학》, 《중용》)와 3경(《시경》, 《서경》, 《역경》)은 인간세계에 대한 철학적 규명에 있어 인간세계의 범위를 뛰어넘어 끊임없이 순환하는 자연세계의 지평 안에서 깊게 사유한 결과물이다. 이것들 중 특히 《주역》은 우주의 존재 원리와 운행의 이치를 설명해 놓은 책이다. 성리학은 이러한 자연현상의 이치를 따르고 순응하는 것이 인간의 도리라고 여겼다.

이 글에서는 이러한 《주역》의 원리가 건축 조영 사상으로서 성리학의 나라 조선의 법궁인 경복궁에 어떻게 구현되었는지 살펴보았다. 문왕팔괘의 광화문, 낙서의 근정전, 하도와 육육양제법의 경회루, 지천태괘의 교태전 등에 대한 고찰의 과정을 통해 경복궁이라는 건축물이 갖는 내재적 의미에 한 걸음 더 가까이 갈 수 있었다.

9

왕의 오례, 유교의 이상을 실천하다

왕의 오례는
조선이 의례의 나라이고 제도의 나라이고
유교적 질서의 나라라는 것을 보여준다.

한 문장으로 읽는 〈왕의 오례〉

궁궐은 유교의 의례가 가장 많이 행해지고 철저히 지켜지고 구현된 공간이기도 했다. 또한 어느 곳 보다도 종교시설이 많은 곳도 궁궐이다. 예문관, 혼전, 빈전, 항실, 선원전 등 그런 의미에서 신전국가라고도 말할 수도 있을 것 같다.

《국조오례의》는 조선의 초기 국가 전례인 오례를 최초로 집대성한 책으로 오례는 국가의 다섯 가지 예로 길례, 흉례, 빈례, 군례, 가례를 말하며 중국 고대의 의례서인 《주례》에서 비롯되었다.

9

왕의 오례, 유교의 이상을 실천하다

글 : 조정옥

궁궐은 유교의 덕목을 실천하는 의례공간이고, 정치공간이고, 제례공간이고, 철학공간이다. 이 중에서 국왕이 주도하는 오례(五禮)는 국가의 의례이며, 공식적인 정치행위였다. 따라서 오례를 이해하는 것은 유교의 이념과 궁궐의 정치문화를 파악하는 가장 중요한 요소의 하나라고 할 수 있다.

1. 예(禮)란 무엇인가?

공자는 예를 인(仁)의 실천 방법으로서 자신을 극복하고 예법을 회복하는 것 극기복례위인(克己復禮爲仁)이라고 했다. 그리고 맹자는 예를 사양(辭讓)하는 마음이라고 했다. 지금으로 말하면 양보하고 예를 지키며 더불어 사이좋게 사는 것이 아닐까?

유가의 스승, 〈공자〉 영화 포스터

예절은 우리가 정해 놓은 생활방식이고 또한 관습이다. 일정한 생활문화권에서 오랜 생활습관을 통해 하나의 공통된 생활방식으로 정립되어 관습으로 행해지는 사회계약적인 생활규범인 것이다. 사회생활이란 혼자 살지 않고 남과 어울려 사는 것이고, 어울린다는 것은 대인관계를 갖는다는 말이기 때문에 대인관계가 원만하려면 서로 상대방의 생활방법을 이해하든지 아니면 생활방법이 같아야 한다. 그래서 예절은 사람이 인간으로서의 자기관리와 사회인으로서의 대인관계를 원만히 하기 위해서 행하여야 하는 것이다.

예의 어원적 의미는 제사의례(祭祀儀禮)에서 찾아 볼 수 있다. 유교의 근원적인 예는 바로 종교의 실천 행위로서 제의를 의미한다. 유교에서 예는 형이상학적인 근본 개념으로 이해되면서, 그 실제는 구체적인 현실에 관여한다. 주자는 예를 하늘 이치의 절도 있는 문채요, 인간 사무의 본이 되는 행동 규범이라고 정의하였다.

실제로 예는 인간 삶의 중대한 일(관혼상제)에서부터 이웃과의 일상적 교제에 이르기까지 음식, 의복과 앉고 일어나며 나아가고 물러나는 모든 동작을 규정하는 등 생활 전반에 걸쳐 핵심적 기능을 수행한다. 따라서 유교사회의 통치 기능과 더불어 유교 문화의 특징을 예교문화(禮敎文化)로 규정짓기도 한다.

2. 조선 궁중에서 오례의 정치 문화적 의미는?

조선은 억불숭유를 주장하며 유교적 통치를 바탕으로 국가를 운영하려고 했고 ,성리학을 국학(國學)으로 채택한 만큼 예치(禮治)를 강조하였다. 유교는 정치를 명실상부하게 운영하기 위해 정명사상(正名思想)을 제시하고 있다. 정명이란 명분과 사실이 일치함을 말한다. "임금(君)은 임금답고, 신하

(臣)는 신하다우며, 부모(父)는 부모답고, 자식(子)은 자식다워야 한다." 이것이 뒤바뀌면 기강이 무너지고, 기강이 무너지면 백성이 살 수 없게 된다. 라고도 했었다.

이렇게 유교를 바탕으로 시작한 조선, 그중에서도 궁중의 오례는 더욱더 실천적이었다. 즉 백성들보다 더 유교의 이념을 실현하기 위해서 엄격할 수밖에 없었다.

궁궐에서의 유교는 학문적 이념만이 아니고 종교의 성격이 아주 강하였다고 봐야 할 것이다. 아니 종교라고 보는 것이 맞을 것이다. 조선은 종교의 례에 많은 노력을 기울였는데 유교가 충, 효를 중시하는 조선에서의 통치방법임과 동시에 사대부들의 지지를 얻는 방법이었기 때문이다. 궁궐에 유교는 음사문화도 많았고 기복문화도 많았다.

궁궐은 유교의 의례가 가장 많이 행해지고 철저히 지켜지고 구현된 공간이기도 했다. 또한 어느 곳보다도 종교시설이 많은 곳도 궁궐이다. 예문관, 혼전, 빈전, 향실, 선원전 등 그런 의미에서 신전국가라고도 말할 수도 있을 것 같다. 그리고 궁궐은 왕이 유교의례를 잘할 수 있도록 도와주는 사람들과 기관들도 많은 곳이다. 조선 중종 이전에는 독자적 예를 따랐으나 중종 때에는 스스로 명나라의 제후국을 자처하며 확실한 유교 국가가 되었다. 그러므로 조선의 왕실과 유학자들 이라면 반드시 지켜야 하는 것이 예(禮)였던 것이다.

《국조오례의》에 나와 있는 내용은 사실상 법률과 같았고, 예를 지키지 않는 것은 《경국대전》을 어기는 것과 똑같을 정도로 법의 위력을 가지고 있고 오례를 보면 조선의 문화를 알 수 있다고 해도 과언이 아닐 것이다.

3. 오례와 관련된 문헌들은 어떤 것들이 있을까?

북한에서 국역한 오례의

(1) 《세종실록 오례의》

《세종실록 오례의는 조선 초기의 국가전례(國家典禮)인 오례(五禮)를 최초로 집대성한 책이다. 오례는 국가의 다섯 가지 예(禮)인 길례(吉禮), 흉례(凶禮), 빈례(賓禮), 군례(軍禮), 가례(嘉禮)를 말하며, 그 기원은 중국 고대의 예(禮)라는 고전이다.

길례는 나라의 제사에 관한 예이고, 흉례는 나라의 상사(喪事)에 관한 예, 빈례는 외교에 관한 예, 군례는 군사의식에 관한 예, 가례는 혼례 등 왕실행사에 관한 예를 말한다. 《세종실록 오례의》는 태종이 허조(1369~1439)에게 명령하여 편찬한 길례서례(吉禮序例)와 길례, 그리고 세종이 정척과 변효문을 시켜서 편찬한 가례, 빈례, 군례, 흉례를 합쳐서 1454년(단종2)에 만든 것으로, 당시 조선에서 행하던 전고(典故)와 당(唐), 송(宋)의 구례(舊禮) 및 중국의 제도를 참고하였다. 오례의는 모두 8권으로 《세종실록》에 지(志)의 형태로 수록되었다.

(2) 춘관지

조선시대 예조의 관장 사항에 관한 준거가 되는 법례(法例)와 사례를 모아 편찬한 책으로 3권 3책이다. 1744년(영조20) 왕명에 따라 예조좌랑 이맹휴(李孟休)가 편찬하였으나, 내용이 너무 소략해 1781년(정조5)에 이가환(李家煥) 등이 다시 증보해 완성했다. 체재는 계제사(稽制司), 전향사(典享司), 전객사(典客司) 등 삼사(三司)로 구분되었다.

책머리의 범례에 언급되어 있듯이, 편집 시에 《예조등록》을 요약하려 했으나 등록 자체가 하급이속(下級吏屬)에 의해 작성되었기 때문에 소략하고, 체계적으로 구성되지 못한 한계를 지녔으나, 예조가 관장하는 길례(吉禮), 흉례(凶禮), 군례(軍禮), 빈례(賓禮), 가례(嘉禮)의 연혁이나 내용, 일본과의 교린에 관한 문서 등이 있어 중요한 의례서로 평가받는다.

(3) 《국조오례의》

《국조오례의》는 1447년에 신숙주(申叔舟), 정척(鄭陟) 등이 왕명을 받아 오례의 예법과 절차 등을 그림을 곁들여 편찬한 책으로 국가의 기본 예식인 오례, 즉 길례(吉禮), 가례(嘉禮), 빈례(賓禮), 군례(軍禮), 흉례(凶禮)에 대해 규정한 예전(禮典)이다.

법제처에서 국역한 《춘관지》

《국조오례의》의 구성은 예종별(禮種別)로 되어 있는데, 길례는 권1에 30개조, 권2에 26개조로 되어 있고, 가례는 권3에 21개조, 권4에 29개조로 되어 있으며, 빈례는 권5에 6개조로 구성되었고, 군례는 권6에 7개조로, 흉례는 권7에 59개조, 권8에 32개조로 되어 있다.

예전은 하나의 기본법과 같은 성격으로 예(禮)가 사회생활의 기본질서로 인식되었던 유교사회에서는 일종의 법과 같은 효력을 가지고 있어서 마땅히 준수되어야 할 것으로 인식되었다.

4. 오례의 종류에는 어떤 것들이 있을까?

(1) 길례(吉禮)

길례란 천지신명(天地神明)에게 올리는 모든 제사를 아울러 가리키는 말로, 《주례》에 의하면 나라의 귀신(鬼神)을 섬기는 것이라고 하였다. 역대 왕조의 시조나 왕가의 조상들인 인격신들이다. 이러한 내용으로 보아 우리나라의 인격신을 제외하고는 거의 대부분이 중국으로부터 들어온 신들이라고 하겠다. 그리고 그 규모에 따라 다음과 같이 대사(大祀), 중사(中祀), 소사(小祀), 기고(祈告), 속제(俗祭)의 5종류로 나누고 있다. 이 가운데에서 속제는 다른 제향에서는 변, 두, 보, 개와 같은 특수한 제기를 사용하는 것과는 달리, 제기를 일반적인 것으로 사용한다는 점에서도 구분되고 있다.

사직단에서 거행되는 사직대제

그렇다면 제례를 길례라고 한 이유는 무엇일까? 제례는 신과 인간의 만남으로 생각했다. 나라와 사람에게 복을 가져다주는 상스러운 일로 간주되었다. 제례절차는 희생물과 술, 음식을 준비해 신에게 바치고, 바램과 감사의 뜻을 전달하는 봉헌과 신의 축복을 받는 절차인 하사(暇辭), 신에게 바친 술을 받아 마시는 음복(飮福)이 이어진다. 이처럼 제례는 복을 받는 행위인 기복문화이다. 유교가 종교성이 있다는 증거이다. 그리고 종묘제사는 왕의 권위는 오직 혈통에서 나오기 때문에 종묘제사는 왕에게는 필수적인 의례이다.

유교신의 특징은 인간 생존에 필요한 것을 주는 신, 백성의 삶을 풍요롭게 한 신이나 인물, 나라에 공을 세운 인물 등이 제의 대상이다. 즉 유교는 인간 중심적이고 악신이 없다. 또한 유교에서 관리는 성직자와 같았다.

(2) 가례(嘉禮)

가례는 오례(五禮)의 하나로, 경사스러운 예식을 말하나 협의로는 왕실 가족의 혼례를 말하였다. 가례(嘉禮)는 왕비, 왕세자, 왕세자빈의 책봉(冊封), 왕세자와 왕세손의 관례(冠禮), 국왕과 왕세자의 혼례, 왕실 가족에게 존호를 올리거나 축하 잔치를 여는 등의 행사가 포함되었다. 그러나 협의의 가례는 왕실 가족의 혼례를 가리키며, 이를 위해 가례도감(嘉禮都監)이 설치되었고 혼례가 끝난 다음에는 가례도감의궤(嘉禮都監儀軌)가 작성되었다.

《국조오례의(國朝五禮儀)》를 보면, 왕실 가례는 국왕이 왕비를 맞이하는 납비의(納妃儀), 왕세자가 왕세자빈을 맞이하는 왕세자납빈의(王世子納嬪儀), 왕자가 신부를 맞이하는 왕자혼례(王子婚禮), 왕녀가 신랑을 맞이하는 왕녀하가의(王女下嫁儀) 등 네 가지가 있다.

왕실 가례의 본 의식은 육례(六禮)라 불리는 여섯 가지 절차로 구성되며, 왕자와 왕녀의 혼례에서는 그중에서 고기(告期)와 책봉 절차가 없었다. 《국조오례의》에 규정된 가례 절차는 조선시대 전 시기를 통해 큰 변화가 없이 지속되었다.

김포문화재단에서 재현한 궁중가례

운현궁에서 재현하는 명성왕후 가례의식

그리고 국왕이 왕비를 맞이할 때 처음에는 사신(使臣)을 파견하여 왕비를 맞이하는 봉영례(奉迎禮)를 거행하였지만 후대에는 국왕이 직접 맞이하는 친영례(親迎禮)로 바뀌었다.

아울러 조선 왕실의 가례 절차는 예비 의식, 본 의식, 식후 의식으로 구분하여 볼 수 있다. 예비 의식에는 금혼령(禁婚令), 삼간택(三揀擇), 별궁(別宮)에서의 수업이 있었다. 금혼령은 왕실 가례가 있을 때 민간의 혼사를 금지하는 명령으로, 혼인을 허락하는 범위와 처녀단자(處女單子)를 들이는 기한을 명시하였다. 처녀 단자에는 처녀의 출신 지역과 성명, 생년월일시, 사조(四祖)의 이름, 나이, 부친 이름이 기록되고, 왕실의 가까운 친척은 대상에서 제외되었다.

삼간택은 세 차례에 걸쳐 왕비나 왕세자빈을 선발하는 절차였다. 왕실의 어른인 왕대비나 국왕이 처녀 단자를 바탕으로 후보자를 가렸으며, 초간택에서 6명, 재간택에서 3명, 삼간택에서 최종 1명의 후보를 선발하였다.

별궁에서의 수업은 삼간택에 선발된 왕비나 왕세자빈이 가례 날까지 별궁에 머물면서 국모(國母)로서 갖추어야 할 교양을 익히는 것이다. 별궁은 태평관, 어의궁, 운현궁, 안국동 별궁 등이 이용되었다.

본 의식에는 납채(納采), 납징(納徵), 고기(告期), 책비(册妃) 혹은 책빈(册嬪), 친영(親迎), 동뢰(同牢) 등 여섯 가지 절차가 있었다. 이 절차를 통해 신부의 지위는 왕비나 왕세자빈이 되었다. 친영은 신랑이 별궁으로 가서 기러기를 전달한 뒤 신부를 맞이하여 궁으로 돌아오는 것이다. 신랑이 기러기를 전달하면 신부의 부모는 신부에게 경계의 말을 하였고, 신랑은 신부와 함께 궁으로 돌아왔다. 조선 왕실은 세조 대의 혼례에서 음악을 연주하였지만 성종대 이후로는 음악을 연주하지 않았다

(3) 빈례(賓禮)

　빈례는 오례의 하나로, 외국에서 온 사신을 접대하는 국가의례이다. 빈례는 중국의 명(明)과 청(淸), 일본, 유구국(琉球國)에서 온 사신을 접대하는 예를 말한다.

　빈례는 외국 사신을 위해 베푸는 연향 의례가 주를 이룬다. 특정 목적을 띠고 우리나라에 찾아온 중국의 사신을 위해 왕이나 왕세자, 종친 등이 베풀어 주는 잔치와 일본이나 유구국(流球國)의 서폐(書幣)를 받은 후 베푼 잔치의 의례가 빈례에 포함되었다. 이 의례에는 왕세자연조정사의, 종친연조정사의, 수린국서폐의, 연린국사의 등의 의례가 있다. 국가 외교에서 외국 사신을 접대하는 의례는 매우 중요한 부분을 차지하였다.

오례를 설명한 《국조오례의》

(4) 군례(軍禮)

　군례는 오례(五禮)의 하나로 군대의 의식과 예절이다. 군대의 규모, 실정과 병마(兵馬) 등을 검열하는 열병의식, 무술을 조련하는 강무의식(講武儀式), 싸움터에 나가는 출정의식, 적을 죽이고 귀나 목을 잘라 임금에게 바치는 헌괵의식(獻馘儀式), 전쟁의 승리를 알리기 위하여 베나 비단에 글씨를 써서 매다는 노포의식(露布儀式) 등의 예절과 수렵·축액 등이 포함된다.

　군례는 대사지례(大師之禮), 대균지례(大均之禮), 대전지례(大田之禮), 대역지례(大役之禮), 대봉지례(大封之禮)의 다섯 가지로 규정되고 있다. 이 다섯 가지 형태의 군례는 당대(唐代)에 이르러 23개의 의칙으로 발전하였다.

(5) 흉례(凶禮)

흉례는 오례(五禮)의 하나로, 상장(喪葬)에 관한 의례이다. 오례 중 가장 까다로운 내용과 방대한 분량의 의례가 흉례였다. 1745년(영조21) 영조가 예조 정랑 이맹휴(李孟休)에게 명하여 예조가 담당하는 업무 전반을 정리하도록 한 《춘관지(春官志)》의 범례(凡例)에, '흉례는 오례의(五禮儀) 중 가장 큰 의절(最大節也)'이라고 표현되어 있다.

《주례(周禮)》는 길례, 가례, 빈례, 군례도 모두 중요하고 긴요하지만 그중에서도 흉례를 가장 큰 의례로 정의하고, 그 안에 다섯 범주가 있다고 하였다. 첫째는 사망을 애도하는 상례(喪禮), 둘째는 해(害)가 있는 사람과 물건(人物)을 애도하는 황례(荒禮), 물과 불의 재난을 애도하는 조례(弔禮), 동맹국이 재화를 모아 포위되어 어려움을 겪고 있는 나라를 돕는 회례(禬禮), 나라 안팎으로 일어난 군대의 반란을 애도하는 휼례(恤禮)였다. 조선의 국가 전례서에는 그중 상례만 포함되었다.

5. 궁궐에서 만나는 오례

궁궐의 정전과 빈전, 혼전, 육조대로 등에서는 다양한 의식 들이 거행되었다. 이 중에서 가장 큰 오례는 국왕의 가례, 국왕의 상장례 등이라 할 수 있는데, 그중에서 유교 국가인 조선의 미래를 담당할 왕세자의 입학례, 그리고 군주의 권위와 권능을 관시하는 헌괵례를 살펴본다.

(1) 왕세자 입학례

조선시대에 왕세자나 왕세손, 왕자군이나 종친이 성균관에 입학할 때 행하는 의례. 입학례는 조선시대에 왕세자나 왕세손, 또는 왕자군(王子君)과 종친 등이 성균관에 입학할 때 거행하는 의례를 말한다. 입학례는 통칭이며,

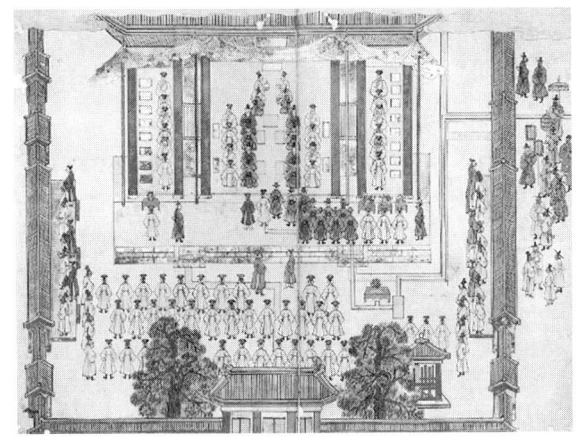
왕세자 성균관 입학례

의례로서 정확한 명칭은 '입학의(入學儀)'이다.

입학례는 조선시대 최고 교육기관인 성균관에 나아가 문묘(文廟)에 배향하고 배움을 청하는 의례이다. 왕세자나 왕세손, 왕자군 등은 별도의 교육기관인 시강원(侍講院)이나 강서원(講書院), 종학(宗學) 등에서 배웠지만, 입학례는 성균관에서 치루었다. 성균관에 입학함으로써 세자 등에 대한 교육의 모범이 문묘의 공자를 비롯한 유학에 있음을 상징적으로 보여 주는 것이었다.

왕세자를 기준으로 볼 때 입학례는 세자를 책봉(册封)하는 책례(册禮), 일종의 성년 의식인 관례(冠禮)와 비슷한 시기에 거행되었다. 대체로 책례가 거행된 된 이후에 입학례와 관례가 거행되었으며, 입학례를 치른 후에 관례가 거행되었다. 입학례는 크게 출궁(出宮), 작헌(酌獻), 왕복(往復), 수폐(受幣), 입학(入學), 수하(受賀)의 순서로 진행되었다.

(2) 영조 대 남대문 헌괵례

조선시대 남대문은 서울의 정문으로 기능하며 각종 의례가 시행되는 곳이었다. 따라서 앞 시기에는 사형이나 처벌이 시행되지 않았다. 영조 대에 남대문은 이전 왕들의 시기와 구분되는 장소성을 가지고 있었다. 이곳에서 헌괵례와 각종 처벌이 시행되었기 때문이다.

1728년 무신란 때에 남대문에서 헌괵례가 실시되었다. 영조는 이곳에서 난이 진압되었음을 알리는 승리의식을 거행했다. 이때의 남대문은 그의 건재함과 통치가 지속될 것임을 알리는 권위의 공간이었다. 이후 《국조속오례의》에 정리되면서 헌괵의 장소로 지정되었다. 1755년 을해옥사와 임오화변이 있던 1762년 윤구연사건을 거치면서 남대문은 권위의 공간에서 권력의 장소로 변화한다.

영조는 남대문에서 직접적인 사형과 처벌을 실시하면서 권력을 행사하게 되었다. 이제 남대문은 사형의 장소로, 그리고 상징적 처벌을 통해 국왕의 통치를 구현하는 장소가 되었다. 영조는 그의 권위가 실추될 때마다 헌괵의 장소에서 형을 집행하는 것을 통해 그의 권력을 직접적으로 드러냈다. 그리고 재위 후반으로 갈수록 역모뿐만 아니라 금주령이나 범야 등을 저지른 범법자를 이곳에서 처벌했다. 영조는 남대문에서 상징적 처벌을 시행하고 이를 통해 백성들에게 경각심을 일깨우는 통치방식을 보여주고 있다.

6. 오례의를 마치며…

오례의에 의거하여 실행하였던 오례(五禮)는 조선이 동아시아의 정치질서인 유교 국가의 전범(典範)임을 보여주는 사례이다. 아울러 도덕국가를 지향한 사대부들은 국가의 오례를 지역의 의례와 연결하여 예치(禮治)의 도덕적 근거로 삼고자 하였다. 따라서 오례는 의례행위이자 도덕행위이고 정치행위로 조선 5백년을 지배한 이념과 그것의 표현이다.

10

품계훈작, 관리의 이력서를 들여다보다

품계훈작은 관리들의 등급과 경력과 신분을 나타내는 공식적인 이력서이다.

한 문장으로 읽는 〈품계훈작〉

품(品)은 관직제도에서 가장 먼저 보이는 지위의 고하를 표시하는 수단으로 삼국 시기 조위(曹魏)의 9품관인법(九品官人法)이라고 하는 관리선발제도가 시원이다. 계(階)는 품급과 관계가 있는 관급으로, 품급에서 파생된 등급 제도로 당대(唐代)에 형성되었다.

훈(勳)은 계급(계관)과 유사한 성격의 관호로서 위진남북조(221~589) 시기에 형성되었다. 작(爵)은 고대의 역사에서 자주 보이는 일종의 귀족이나 고위관리에게 내린 등급 제도이다.

10
품계훈작, 관리의 이력서를 들여다보다

글 : 전수진

품계훈작(品階勳爵)은 고대사회에서 지배권력을 상징하는 개념이다. 귀족과 관료들은 품계훈작이라는 공식적인 호칭과 직위를 통해 권력과 권위를 지니고 신분과 혈연을 계승하였다. 따라서 품계훈작은 관리들의 등급과 경력과 신분을 나타내는 공식적인 이력서이다.

고대사회에서 관료(官僚), 직관(職官)과 관련된 한자로는 관(官), 직(職), 이(吏) 등 3가지가 기본이다. 이것이 조합되어 관직, 직관, 관리 등의 용어가 나오기에 품계훈작의 발생과 변화 등을 이해하기 위해서는 그 한자의 원류를 파악하는게 중요하다.

고려 서희 묘비

1. 관(官)과 이(吏)

직관(職官)과 관련된 한자로는 관(官), 직(職), 이(吏) 등 3가지가 기본이다.

이것이 조합되어 관직, 직관, 관리 등의 용어가 나오기에 그 원류를 파악하는게 중요하다. 관(官)은 어떤 형벌 기구나 사냥 도구를 쥔 모습으로 관리 관(官), 스승 사(師), 군사 수(帥), 뒤쫓을 추(追)가 같은 뿌리에서 나온 글자로 보고 있다. 직은 깃발이 있는 관청에서 명령을 하거나 백성들의 소리를 듣는 모습이다

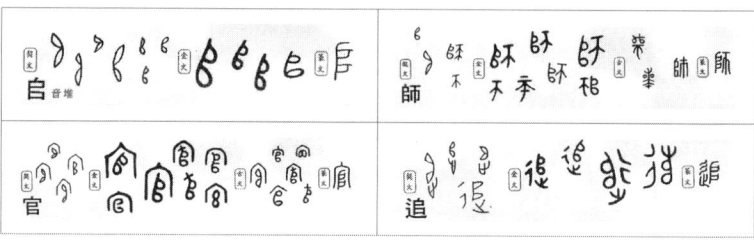

이(吏)는 붓을 쥐고 글씨를 적고 있는 모습으로, 사관을 뜻하는 사(史), 사신의 뜻을 가진 사(使)는 동일한 원류를 가진다. 이를 통해 추리한다면 관(官)이 우위에서 사냥이나 형벌을 주관하는 무(武)이고, 이(吏)는 문서를 관장하고 역사를 기술하는 직책에서 시작되었다는 것을 유추할 수 있다.

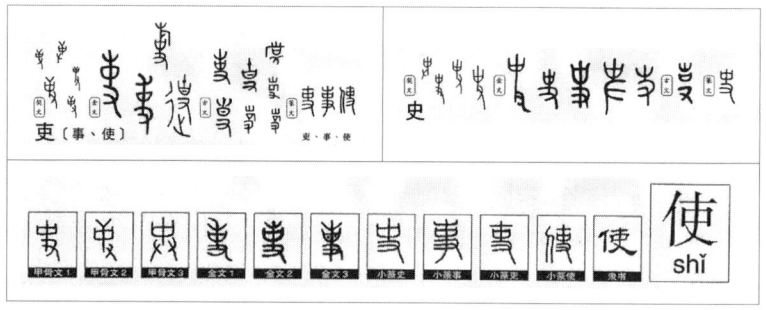

조선시대에 관(官)은 일반적으로 정1품에서 종9품까지 공식적으로 품계를 받은 관료를 뜻한다. 이(吏)는 품계를 받지 않고 여러 관청에 근무하는 하급 관료를 뜻한다. 우리가 보통 말하는 이방, 호방은 바로 이속(吏屬)을 말한다.

2. 품계훈작

 품계훈작은 관리들의 공식적인 이력서이다. 《자치통감》을 저술한 사마광(司馬光)은 송신종(宋神宗)에게 바친 진서표(進書表)에서 자신의 관함(官銜)을, 단명전 학사 겸 한림시독학사 태중대부 제거 서경숭산 숭복궁 상주국 하내군 개국공 식읍 이천육백호 실봉 일천호 신 사마광(端明殿學士 兼 翰林侍讀學士 太中大夫 提擧 西京 嵩山 嵩福宮 上柱國 河內郡 開國公 食邑 二千六百戶 實封 一千戶 臣 司馬光)이라 하였다.

단명전학사	문관에 대한 예우, 명예성 명칭	한림 시독학사	황제경연관, 한림원 서열3위
태중대부	종4품 송나라 문관 계급	제거 숭복궁	도관(숭복궁)의 임시 고급관직
상주국	송나라 12급 훈급증 제1급	하내군 개국공	송나라 작급 제3급
식읍 1천호	식읍 2천6백호는 명예성 녹봉, 실제수령 녹봉은 1천호의 조세에서 충당		

 여기에서 품은 태중대부의 종4품을 확인할 수 있으며, 계는 종4품의 태중대부이고, 훈은 상주국이며, 작은 하내군 개국공이며, 녹봉은 하내군에 속한 2,600호에서 나오는 소출이고, 실제로 받는 급료는 1천호의 소출이라는 의미이다. 고대 관료의 묘비석에는 무덤의 주인을 나타내는 품계훈작이 새겨져 있다.

(1) 품(品)

 품(品)은 관직제도에서 가장 먼저 보이는 지위의 고하를 표시하는 수단으로 삼국 시기 조위(曹魏)의 9품관인법(九品官人法)이라고 하는 관리선발제도가 시원이다. 북위(北魏) 효문제(孝文帝) 시기에 9품은 더욱 발전하여 매 품(品)을 정(正)과 종(從)으로 나누어 정1품, 종1품, 정2품, 종2품과 같은 순서를 정하였다. 이것은 품계제도(品階制度)의 중요한 발전이었다.

청대(淸代)를 예로 든다면, 내각대학사(內閣大學士)는 정1품, 6부 상서(尙書)는 종1품, 총독(總督)은 종1품, 순무(巡撫)는 정2품, 포정사(布政使)는 종2품, 좌부도어사(左副都御史)는 정3품, 태복시경(太僕寺卿)은 종3품, 도원(道員)은 정4품, 지부(知府)는 종4품, 직예주(直隸州)의 지주(知州)는 정5품, 산주(散州)의 지주(知州)는 종5품, 천총(千總)은 정6품, 한림원(翰林院) 수찬(修撰)은 종6품, 지현(知縣)은 정7품, 주판(州判)은 종7품, 현승정(縣丞正)은 정8품, 부주현학훈도(府州縣學訓導)는 종8품, 주부(主簿)는 정9품, 순검(巡檢)은 종9품의 순서이다. 무릇 종9품 이상의 관원은 모두 입류(入流)의 유내관(流內官)이다. 종9품 이하의 관품(官品)이 없는 전사(典史), 역승(驛丞)은 미입류(未入流)한 유외관(流外官)으로 이(吏)라고 부르며 관(官)은 아니다.

(2) 계(階)

계(階)는 품급과 관계가 있는 관급으로, 품급에서 파생된 등급 제도로 당대(唐代)에 형성되었다. 일찍이 계급(階級)은 한대(漢代) 이래 원로중신(元老重臣)과 공로가 있는 신하들에게 실제로 맡고 있는 관직 이외에, 다시 실직(實職)과 책임(責任)이 없는 순수 명예직의 한산관호(閑散官號)를 부여하였는데, 이것은 실제상으로 그 사람의 공로의 크기와 신분의 고하를 표시하는 명예성격의 허함(虛銜)이었다.

주로 문관직에게는 대부(大夫)라는 계급을 주고 무관직에게는 장군(將軍)이라는 계급을 부여하였다. 문관의 계급에서 가장 높은 것이 개부의동삼사(開府儀同三司)이다. 특별한 계급 중에 특진(特進)이 있는데 조선시대 봉조하(奉朝賀)와 같은 것으로 전한 말기에 사용을 하였던 가관(加官)의 일종으로 은퇴하여 집에 머물게 된 고위관리로 하여금 조정에서 특별한 위치를 유지시켜 국가 대사에 참여하는 반열에 특별하게 나아갈 수 있게 한 것이다.

당나라 시기에 유내(流內)의 문관직은 모두 9품 30급이었는데, 정1품은 보통 수여를 받지 아니하여 실제로는 9품 29급이었다. 이에 따라 상응하는 29개의 계관(階官)의 호칭이 생겨났다. 당대의 문관직의 계관 29급의 명칭은 다음과 같다.

계급(階級)은 늘 품급(品級)과 연동되어 받았기 때문에 일반적으로 품계(品階)라는 명칭이 관리의 등급을 표시하는 개념으로 형성되었고, 조선시대에 들어와 실제적인 훈작(勳爵)은 거의 명예성으로 남고, 품계만이 관리의 권력과 신분을 나타냈다.

종1품 개부의동삼사(開府儀同三司)		정2품 특진(特進)
종2품 광록대부(光祿大夫)	정3품 금자광록대부(金紫光祿大夫)	종3품 은청광록대부(銀靑光祿大夫)
정4품 상계 정의대부(正議大夫)	정4품 하계 통의대부(通議大夫)	종4품 상계 태중대부(太中大夫)
종4품 하계 중대부(中大夫)	정5품 상계 중산대부(中散大夫)	정5품 하계 조의대부(朝議大夫)
종5품 상계 조청대부(朝請大夫)	종5품 하계 조산대부(朝散大夫)	정6품 상계 조의랑(朝議郎)
정6품 하계 승의랑(承議郎)	종6품 상계 봉의랑(奉議郎)	종6품 하계 통직랑(通直郎)
정7품 상계 조청랑(朝請郎)	정7품 하계 선덕랑(宣德郎)	종7품 상계 조산랑(朝散郎)
종7품 하계 선의랑(宣議郎)	정8품 상계 급사랑(給事郎)	정8품 하계 정사랑(征事郎)
종8품 상계 승봉랑(承奉郎)	종8품 하계 승무랑(承務郎)	정9품 상계 유림랑(儒林郎)
정9품 하계 등사랑(登士郎)	종9품 상계 문림랑(文林郎)	종9품 하계 장사랑(將仕郎)

품급에 따라 관직을 주는데, 관직의 숫자와 내용에 문제가 많을 경우 허직(虛職)으로 계급을 내리고, 실제의 직책은 맡지 않고 명예성만 갖는 것을 계관이라고 하며, 다른 용어로는 산관(散官)이라고도 한다.

계관 중에서 가장 높고 알려진 것으로 개부의동삼사를 해석의 예로 삼으며, 한(漢)나라 시기에 3공(公), 곧 전한 시기의 승상(丞相), 태위(太尉), 어사대부(御史大夫), 후한 시기에는 3공을 3사(司)로 바꾸었는데 곧 태위, 사도(司徒), 사공(司空)과 무관직인 대장군(大將軍)은 자기 막하에 막료와 관속을 두고 부(府)를 열어 다스릴 수 있었다. 이를 일반적으로 개부(開府)라고 하였다. 그리고 행사와 체제 등을 3사와 같게 한다고 해서 의동3사(儀同三司)라고 부른다.

청나라 시기의 문무 계관 18급

정1품 - 광록대부(光祿大夫), 건위장군(建威將軍)
종1품 - 영록대부(榮祿大夫), 진위장군(振威將軍)
정2품 - 자정대부(資政大夫), 무현장군(武顯將軍)
종2품 - 통봉대부(通奉大夫), 무공장군(武功將軍)
정3품 - 통의대부(通議大夫), 무의도위(武義都尉)
종3품 - 중의대부(中議大夫), 무익도위(武翼都尉)
정4품 - 중헌대부(中憲大夫), 소무도위(昭武都尉)
종4품 - 조의대부(朝議大夫), 선무도위(宣武都尉)
정5품 - 봉정대부(奉政大夫), 무덕기위(武德騎尉)
종5품 - 봉직대부(奉直大夫), 무덕좌기위(武德佐騎尉)
정6품 - 승덕랑(承德郞), 무략기위(武略騎尉)
종6품 - 유림랑(儒林郞), 무략좌기위(武略佐騎尉)
정7품 - 문림랑(文林郞), 무신기위(武信騎尉)
종7품 - 정사랑(征仕郞), 무신좌기위(武信佐騎尉)
정8품 - 수직랑(修職郞), 분무교위(奮武校尉)
종8품 - 수직좌랑(修職佐郞), 분무좌교위(奮武佐校尉)
정9품 - 등사랑(登仕郞), 수무교위(修武校尉)
종9품 - 등사좌랑(仕佐郞), 수무좌교위(修武佐校尉)

(3) 훈(勳)

훈(勳)은 계급(계관)과 유사한 성격의 관호로서 위진남북조(221~589) 시기에 형성되었다. 훈급은 완전한 영예, 명예 성격의 등급으로 녹봉 등의 실질적인 이익과는 무관하며, 주로 전쟁에 공을 세운 여러 신하들에게 수여하였다. 상주국(上柱國), 상호군(上護軍) 등이 훈급의 일종이다. 훈급도 품급과 같은 대우를 받아 시품(視品), 비품(比品)이라 한다.

당나라 시기의 12전 훈급(무관직에 수여됨)

12전(轉) 상주국(上柱國)	시(視)정이품	비(比)정이품	정2품
11전(轉) 주국(柱國)	시(視)종이품	비(比)종이품	종2품
10전(轉) 상호군(上護軍)	시(視)정삼품	비(比)정삼품	정3품
9전(轉) 호군(護軍)	시(視)종삼품	비(比)종삼품	종3품
8전(轉) 상경거도위(上輕車都尉)	시(視)정사품	비(比)정사품	정4품
7전(轉) 경거도위(輕車都尉)	시(視)종사품	비(比)종사품	종4품
6전(轉) 상기도위(上騎都尉)	시(視)정오품	비(比)정오품	정5품
5전(轉) 기도위(騎都尉)	시(視)종오품	비(比)종오품	종5품
4전(轉) 효기위(驍騎尉)	시(視)정육품	비(比)정육품	정6품
3전(轉) 비기위(飛騎尉)	시(視)종육품	비(比)종육품	종6품
2전(轉) 운기위(雲騎尉)	시(視)정칠품	비(比)정칠품	정7품
1전(轉) 무기위(武騎尉)	시(視)종칠품	비(比)종7품	종7품

훈급은 작급보다 지위와 처지가 낮지만, 범죄를 저질렀을 경우 훈급을 대신하여 죄를 면할 수 있고, 각종 행사나 대우를 품계에 비교하여 받을 수 있었다. 《신당서》〈번흥전(樊興傳)〉에 보면 '번흥은 이정(李靖)이 토욕혼을 공격할 때 종군하여 적수도 행군총관(赤水道 行軍總管)이 되었는데 군기(軍期)에 늦고 병사들이 많이 죽었고 무기도 잃어버렸는데, 훈급으로 죽음을 면하였다'고 하였다. 명나라 시기에 이르러 문관에게도 훈급이 주어졌다.

명나라 시기의 문무 12급 훈급		
품급	문훈(文勛)	무훈(武勛)
정1품	좌우주국(左右柱國)	좌우주국(左右柱國)
종1품	주국(柱國)	주국(柱國)
정2품	정치상경(政治上卿)	상호군(上護軍)
종2품	정치경(政治卿)	호군(護軍)
정3품	자정윤(資正尹)	상경거도위(上輕車都尉)
종3품	자치소윤(資治小尹)	경거도위(輕車都尉)
정4품	찬치윤(贊治尹)	상기도위(上騎都尉)
종4품	찬치소윤(贊治小尹)	기도위(騎都尉)
정5품	수정서윤(修正庶尹)	효기위(驍騎尉)
종5품	협정서윤(協正庶尹)	비기위(飛騎尉)
정6품		운기위(雲騎尉)
종6품		무기위(武騎尉)

(4) 작(爵)

작(爵)은 고대의 역사에서 자주 보이는 일종의 귀족이나 고위 관리에게 내린 등급 제도이다. 작급도 품계와 훈급에 맞추어 동급의 대우를 하였는데, 고대 봉건제에서는 지역과 행정, 군사적 자치권을 가졌고, 중앙집권제 이후에는 일정한 토지의 생산물과 민에 대한 통제권을 가졌다.

《예기(禮記)》〈왕제(王制)〉에 보면 작위는 공, 후, 백, 자, 남의 5등이 있고, 봉건제가 폐지되고 군현제가 형성된 이후 진(晉 : 265~316) 대에 이르러 황제(皇帝)의 아래에 왕, 공, 후, 백, 자, 남의 6등급을 부여하였다. 보통 황제의 아들에게는 왕을 붙이고, 관리들에게는 지역명이 있는 군현향정(郡縣鄕亭)과 중앙행정에 속하는 관내(關內)의 뒤에 작급을 더하였다. 고려시대 이규보의

수(隋)	국왕, 군왕, 국공, 군공, 현공, 후, 백, 자, 남 : 9등급
당(唐)	왕, 군왕, 국공, 군공, 현공, 현후, 현백, 현자, 현남 : 9등급
송(宋)	왕, 사왕(嗣王), 군왕, 국공, 군공, 개국공, 개국군공, 개국현공, 개국후, 개국백, 개국자, 개국남 : 12등급
원(元)	왕, 군왕, 국공, 군공, 군후, 군백, 현자, 현남 : 8등급
명(明)	전기 : 공, 후, 백, 자, 남(5등급) / 중후기 : 공, 후, 백(3등급)

경우에는 작급이 한음백(漢陰伯)이었다.

청나라 시기에 이르러 작급과 훈급을 하나로 합쳐서 공, 후, 백, 자, 남, 경거도위, 기도위, 운기위, 은기위(恩騎尉)를 두었다.

3. 궁궐의 품계석

조선의 궁궐인 경복궁, 창덕궁, 창경궁, 경희궁, 덕수궁에는 모두 품계석이 세워져 있다. 품계석에 관한 기록은 정조실록에 등장한다. 실록의 기록에 따르면 1777년(정조1) 9월 6일(무진)에 '인정전(仁政殿) 뜰에 품계석(品階石)을 세웠다. 조하(朝賀) 때의 반차(班次)가 매양 문란졌으므로 품계에 따라 돌을 세워 반열(班列)의 줄을 정하도록 명한 것이다'라고 하였다. 이때의 품계석이 조선에서 처음으로 세워진 것인지 여부는 논란이 있지만 기록상으로는 처음이다.

또한 순조 임금 시기인 1804년에 품계석 기록이 나오는데, 이에 따르면 《신증동국여지승람》〈경도(京都)조〉에 '인정전(仁政殿)은 궁중(大內) 서쪽에 있는데, 조정 하례를 받는 정전이다. 순조 4년(1804)에 화재로 타서 중건하였다. 서영보(徐榮輔)가 현판 글씨를 썼다. 겹처마에 넓이가 5칸, 세로가 4칸이며, 앞 계단이 3층이고, 동쪽과 서쪽 뜰에는 문반과 무반의 품계석(品階石)

창덕궁 인정전 품계석

을 벌여 세웠다'라고 하였다. 오늘날 인정전에서 볼 수 있는 품계석은 정조와 순조 시기에 세운 품계석일 가능성이 높다.

4. 맺음말

품(品), 계(階), 훈(勳), 작(爵)은 동아시아 봉건체제의 산물이고, 귀족제와 관료제의 오랜 역사를 담은 관직 등급 제도라고 할 수 있다. 고대사회의 인문적 지식과 이해를 위해서는 품계훈작에 대한 칭호와 규정을 알아야 하는 이유가 여기에 있다.

역사는 결국 인물(人物)에 의해 진행이 되는 것이고, 그 인물을 이해하기 위해서는 그 인물의 삶의 여정을 파악하는게 우선이다. 이때 만나는게 그 인물의 품계훈작이다. 따라서 품계훈작은 과거의 신분과 혈연에 의한 등급을 표시하는 유산이지만, 시대를 읽고 역사를 만나는 길목에서 반드시 알아야 하는 문화유산도 되는 것이다.

11

정전,
하늘의 법칙을
실현하다

궁궐의 정전(正殿)은
궁궐에서 가장 상징적인 공간으로, 중심적인 위치를 차지한다.

한 문장으로 읽는 〈궁궐의 정전〉

궁궐의 정전은 왕만이 사용하는 왕의 공식 공간이다. 천명을 구현하는 왕의 업무는 곧 정전에서 실현된다고 볼 수 있다. 조선시대 정전은 경복궁의 근정전, 창덕궁의 인정전, 창경궁의 명정전, 경희궁의 숭정전, 경운궁의 중화전 등 다섯 곳이 있다. 이 중에서 법전에 해당되는 정전은 경복궁의 근정전뿐이다.

정전은 궁궐 중에서도 가장 중심이 되는 건물로서 왕이 공식적으로 의식이나 연회를 주관하는 국정 공간이었다. 이곳에서 의례가 집행되는 순간, 정전의 공간적 특성은 왕과 신하의 영역을 구분하기 위한 경계가 형성된다는 점이다.

11

정전, 하늘의 법칙을 실현하다

글 : 장경실

국가 건설에 있어 가장 중요한 요건이 도성과 궁궐이라 할 수 있으며, 도성에서 핵심 시설은 왕이 사는 궁궐(宮闕)이다. 왕이 개인적인 생활은 물론 국가의 통치자로서 일하는 공간을 궁이라 하고, 궐은 궁을 둘러싼 담이나 문, 누대가 있는 망루(望樓)를 뜻하는 말이다. 이를 합해 궁궐(宮闕)이라 일컫게 되었다. 궁궐이란 용어가 처음 등장한 문헌은 《사기》〈고조본기(高祖本紀)〉로 그 내용에 "한고조 유방(서기전 202~195)이 외정을 나갔다가 돌아와서 보니 궁궐이 지나치게 장대하여 매우 화를 냈다(高祖还, 见宮闕壯甚, 怒)."는 기록에서 찾아볼 수 있다.

1. 법궁과 정궁, 천명과 통치의 중심을 세우다

(1) 궁궐, 사상을 구현한 공간

조선왕조의 궁궐은 법전의 역할을 하는 궁궐과 왕의 여러 경영 목적에 따라 법궁, 정궁, 별궁, 이궁, 행궁, 잠저 등으로 불렀다. 보통 조선 전기에 법궁과 정궁의 역할을 경복궁이 하였고, 조선 후기에는 양궐 체제에 의해 창덕궁과 경희궁이 하였으며, 대한제국 시기에는 덕수궁이 법궁이었다. 창경궁은 창덕궁에 딸린 동궐 또는 이궁의 기능을 하였다.

법궁	법통성과 정통성을 상징하는 궁궐(경복궁)
정궁	왕이 거처하면서 정사를 돌보던 핵심 궁궐(경복궁, 창덕궁, 경희궁, 덕수궁)
이궁	화재나 전염병에 대해 또는 정치적 이유로 건축된 궁궐(창덕궁)
별궁	왕실의 혼례나 치병, 사신의 숙소 등 특별한 목적의 공간이나 거처(남별궁)
행궁	왕이 왕릉에 제향을 가서 머물거나, 지방에 행차를 나갔을 때 쉬는 공간(온양행궁, 화성행궁)
잠저	왕이 되기 전에 태어난 집이나 생활한 거처(강화의 용흥궁, 서울의 운현궁)

| 창덕궁(이궁) | 남별궁 | 온양행궁 | 용흥궁 |

조선시대의 궁궐은 고대 중국의 《주례(周禮)》〈고공기(考工記)〉에 기록된 원리를 기본으로 하였으나, 우리의 지형에 맞게 변용하여 조영하였다. 궁궐의 명칭이나 위치 등은 유교적 이상주의를 담은 이름을 부여해 조선 건국 통치이념을 건축에 담았다. 가능하면 동쪽에 종묘를 세우고 서쪽에 사직단을 세우는 좌묘우사의 원리나 관청을 궁궐의 앞쪽에 배치하고 침전을 뒤쪽으로 두는 전조후침을 따르고 있다.

그렇지만 조선의 궁궐 조성은 대체로 좌우대칭이나 전후대칭 등에서 자유롭게 벗어나 있고, 자연적인 지형과 산천의 지세를 살펴서 그에 맞게 이용하는 풍수기법과 별자리에 따라 건물을 배치시키는 조영 원리 등 조선의 독창적인 건축 미학이 합치되어 구성되었다. 조선 궁궐의 독자적인 변용은 바로 우주자연과 인간사회에 부합하는 건축 형태를 통해 사상철학의 구현을 이루고 있는 특징이 있다.

(2) 법궁과 정궁, 천명과 통치의 공간

1392년 조선을 건국한 태조 이성계는 조선의 국시인 유교적 이념을 바탕으로 새 국가의 수도를 한양으로 정하고, 가장 으뜸이 되는 위치에 경복궁(태조4, 1395년 9월)을 세웠다. 태조 이성계부터 선조 때까지 법궁과 정궁으로 사용되었던 경복궁은 동으로는 타락산(駝酪山, 낙

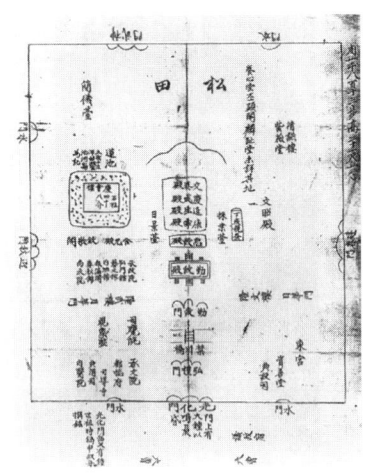

세종 시기의 경복궁 구조

산), 서로는 인왕산(仁王山), 남으로는 목멱산(木覓山, 남산), 북으로는 백악산(白岳山, 북악산)으로 둘러싸여 있는 비교적 평탄한 지형에 자리 잡고 있다.

새 궁궐이 조영되자 정도전은 태조의 명을 받고 '길이길이 큰 복을 누린다'는 의미로 경복궁(景福宮)이라는 궁호를 지어 올렸다. '경복'은 《시경(詩經)》〈주아(周雅)편〉의 '이미 술에 취하고(旣醉以酒) 이미 덕에 배부르니(旣飽以德) 군자만년(君子萬年) 그대의 큰 복을 도우리라(介爾景福)'는 구절에서 따온 말이다.

경복궁의 배치는 중심 전각과 주변 행각으로 구성된 여러 개의 권역으로 구성되는데 광화문, 홍례문, 근정문, 그리고 정전인 근정전, 편전인 사정전, 침전인 강녕전 등 좌우 대칭의 일직선상에 주요 문과 건물을 나란히 배열함으로써 의례적인 질서와 위엄을 표현하고 있다.

조선왕조를 상징하는 최초의 법궁(法宮)이자 정궁(正宮)은 경복궁이다. 법궁을 짓는 일은 하늘의 법도를 실천하여 나라의 기틀을 완성하는 일종의 제도적 정비라 할 수 있다. 법(法)이란 칙(則)과 더불어 통치의 이념을 상징한

다. 경복궁에 해치(獬豸)와 정(鼎)을 놓아 장식한 것은 천명의 뜻을 실천하여 지상의 백성을 다스리는 법궁이라는 의미를 담고 있다. 여기서 '법(法)'은 선악과 곡직을 구분하는 '해치'로 상징하고 있고, '칙(則)'은 세발 달린 솥 '정'으로 통치권을 상징한다.

경복궁은 '예'를 구현하는 음양오행, 천문, 8괘 등이 형상화되는 대표적인 궁궐이다. 여기서 '예'는 하늘의 법도를 말한다. 법궁의 정전에서 의례를 거행한다는 것은 왕이 하늘의 원리를 지상에 제대로 구현하고 있다는 뜻이 담겨 있다. 이 때문에 궁궐에서도 의례를 행하는 정전(正殿)은 매우 중요한 위치를 차지한다. 경복궁의 근정전과 창덕궁의 인정전 등의 정전이 궁궐의 가장 핵심적인 존재 이유가 되는 것이다.

경복궁은 태조 때에 완성을 이루었지만 태종에서 세종 그 이후를 거치면서 새로운 의례 행위를 담을 수 있는 전각들이 계속 지어지고 보완되었다. 조선 창건과 함께 국가 통치의 방향이 경복궁을 통해 구현되었고, 경복궁은 그 자체로 격이 가장 높은 법궁이 되어 조선왕조를 상징하는 궁궐이 되었다. 그런데 태종이 1405년(태종5) 이궁 창덕궁을 새로 짓게 되고 그곳에서 정무를 보게 되면서 법궁과 이궁의 양궐체제가 시작됐다.

　조선의 수도였던 한양에는 5대 궁궐이 있다. 경복궁을 중심으로 해서 동쪽에는 창덕궁과 창경궁이, 서쪽에는 경희궁과 경운궁(덕수궁)이 위치한다. 조선 최초의 법궁이자 정궁이었던 경복궁에 비해 이궁에 지나지 않았던 창덕궁은 임진왜란 이후 그 위상이 달라졌다. 임진왜란(1592)으로 궁궐들이 모두 소실되었는데, 먼저 중건 공사가 이루어진 궁궐은 경복궁이 아니라 창덕궁(1611, 광해군3)이었다.

　조선의 법궁, 경복궁의 복구는 풍수와 재정적인 문제 등으로 미뤄지면서 무려 270여 년간 폐허로 방치되었다. 이후 창덕궁은 약 260여 년 동안 조선왕조의 법궁 역할을 수행하게 된다. 이곳에서 왕의 즉위식이 거행되었고, 신하들의 하례와 외국 사신의 접견 등 주요한 국가적 의식이 치러졌다. 창덕궁이 법궁 역할을 대신한 대표적인 정궁이 되었던 것이다.

　법궁과 정궁은 궁궐을 의미하는 대표적인 개념이다. 법궁이 천명의 상징이라면, 정궁은 통치의 상징이라고 할 수 있다. 왕이 주로 머물면서 정사를 돌보던 핵심 궁궐을 정궁(正宮)이라 한다. 여기서 정(正)은 정치를 바르게 하여 세상의 잘못된 것을 질서 있게 만든다는 의미이다.

　정(正)이 정치의 의미(政)로 사용된 것은 《논어》〈안연편〉에서 찾아볼 수 있다. 계강자가 정치에 관해서 묻자 공자는 "정치란 바로잡는 것입니다. 선생이 바름으로써 본을 보인다면 누가 감히 바르지 않겠습니까(季康子問政於孔子, 孔子對曰：政者, 正也. 子帥以正, 孰敢不正)."라고 대답했다고 한다. 법궁인 경복궁은 당연히 정궁이 되는 것이었고, 영조와 정조가 거처하면서 정치를 했던 경희궁도 정궁이라고 부를 수 있게 된다. 그런 선상에서 창덕궁은 역대 임금들이 기거하며 정사를 돌봤던 대표적인 정궁이라 할 수는 있지만 원칙적으로 법궁은 아닌 셈이다.

1592년 임진왜란 이후 초토화된 경복궁을 바라보면서 많은 임금들은 경복궁의 중건을 꿈꾸어왔다. 조선 창건과 함께 법궁으로 사용되었던 경복궁은 왕도정치의 이상을 펼치고자 하는 왕권의 상징이었다. 법궁 재건의 꿈은 고종 아버지 흥선대원군에 의해 이루어졌다. 그동안 외척의 세도에 밀려 왕권이 한없이 추락된 상황에서 왕실의 존엄과 권위를 회복하기 위해서는 경복궁의 재건이 절대적으로 필요했던 것이다. 270여 년 만에 제 모습을 찾은 경복궁(1869, 고종6)으로 드디어 왕이 거처를 옮기게 되자 경복궁은 다시 법궁의 지위를 되찾게 된다.

우리 역사가 근대사로 이행하는 과정에서 궁궐 역시 정치적인 격변이 그대로 반영되었다. 을미사변(1895) 이후 신변에 위협을 느낀 고종은 이듬해 2월 11일 러시아 공사관으로 옮겨 약 1년간 거처했다. 그 후 러시아의 영향에서 벗어나려는 고종의 의지는 경복궁이 아닌 경운궁(지금의 덕수궁)으로 환궁(1897년 2월 20일)을 단행하게 되는데, 경운궁 주위에는 러시아, 영국, 미국 등 강대국의 공사관이 있어 위험에 처했을 때 보호를 요청할 수 있다는 점이 크게 작용했다.

사실 경운궁은 법궁의 체제를 갖추지는 못했지만 법궁의 지위는 갖는다. 그 이유는 고종이 이곳에서 조선이 아닌 대한제국(1897년 8월 14일)을 선포했기 때문이다. 경운궁이 이 시기에 대한제국의 법궁이자 정궁이 되었지만 뭔가 부족한 느낌을 지울 수 없는 것은 그곳에서 왕실의 권위와 존엄이 유린되고 국가의 정체성이 훼손되었던 비운의 궁궐이었기 때문으로 생각된다.

2. 정전, 국정의 중심을 세우다

(1) 왕의 공적 공간, 국가 확립 표방

정전(正殿)은 궁궐에서 가장 상징적인 공간으로 중심적인 위치를 차지한다. 조선시대 정전의 규모는 일반적으로 정면 5칸이다. 정전의 내부 구조는 모두 북벽 중앙에 어좌를 설치하고 내부와 외부공간이 유기적으로 연계될 수 있도록 되어 있다. 그리고 정전 전면에 놓인 넓은 월대(月臺), 정전 주위를 둘러 싼 행랑(行廊), 정전의 마당인 전정(殿庭, 조정), 정전의 주 출입문인 전문(殿門, 근정문, 인정문), 어도(御道), 품계석(品階石) 등이 정전의 범주에 포함된다.

정전은 하늘의 법도를 실현하는 곳이자 통치의 공간이며, 국가의 공식적인 의례공간으로 기능하는 곳이다. 특히 조선의 의례는 정치, 종교, 윤리, 법률적 요소가 모두 포함된 제도였기 때문에 국가의 공식적인 의례는 정전에서 행해진다. 정전은 법전으로도 불리며, 이곳에서 조회를 비롯하여 국왕의 즉위식, 신하들의 하례, 책봉, 외국 사신 접견, 과거 등 큰 국가 행사가 치러졌다.

궁궐의 정전은 왕만이 사용하는 왕의 공식공간이다. 천명을 구현하는 왕의 업무는 곧 정전에서 실현된다고 볼 수 있다. 조선시대 정전은 경복궁의 근정전, 창덕궁의 인정전, 창경궁의 명정전, 경희궁의 숭정전, 경운궁의 중화전 등 다섯 곳이 있다. 이 중에서 법전에 해당되는 정전은 경복궁의 근정전뿐이다.

경복궁 근정전	창덕궁 인정전	창경궁 명정전	경희궁 숭정전

정전의 건축 양식은 궁궐의 위계나 운영 방식에서 칸수나 기둥의 배열 방식 등 약간의 차이가 있지만 형태상으로는 공통적인 모습을 보인다. 왕의 즉위식이 열리거나 순행을 나갈 때 사용하는 정전의 전문(殿門)이 있고, 담을 끼고 사방으로 '행랑'이 설치되며 바닥은 박석으로 깐 '조정'이 만들어진다. 조정 중간에는 '어도'와 '층계'가 마련되고, 그 위로 높은 단을 쌓아 평지를 만든 '당(堂)'이 펼쳐진다.

그리고 건축물의 내부 공간인 '전실(殿室)'이 형성되면 정전의 주인인 왕이 앉는 어좌가 자리 잡는다. 이때 품계석이 정렬한 조정은 신하들의 공간이 되고, 층계 위쪽인 당(堂)과 전(殿)은 왕의 영역이 된다. 정전 가운데에 놓여 있는 어도(御道)는 왕만이 다닐 수 있는 길이고, 이 어도 위를 지날 수 있는 것은 여(輿)뿐이다. 이처럼 정전에 장치하고 있는 모든 기물들은 왕과 신하를 엄격히 구분하여 상하의 위계를 뚜렷이 보여주고 있다.

(2) 정전의 공간적 특성, 왕과 신하 사이의 경계

정전은 궁궐 중에서도 가장 중심이 되는 건물로서 왕이 공식적으로 의식이나 연회를 주관하는 국정 공간이었다. 이곳에서 의례가 집행되는 순간, 정

문(門)	랑(廊)	정(庭)	로(路)
계(階)	당(堂)	실(室)	좌(座)

전의 공간적 특성은 왕과 신하의 영역을 구분하기 위한 경계가 형성된다는 점이다. 일반적으로 왕과 신하의 경계 구분은 기능과 위치, 그리고 형태에 따라 문(門), 랑(廊), 정(廷), 로(路), 계(階), 당(堂), 실(室), 좌(座)로 나눌 수 있다.

(3) 전문(殿門), 왕의 즉위식

궁궐의 문은 내외(內外)의 경계를 구분 짓는 의미가 강하며, 법칙적으로 남문이 정문이 된다. 조선 전기 《조선왕조실록》을 살펴보면 법전의 정문인 근정문에서는 출입의 기능 이외에 즉위식, 조참, 사신 접견, 책봉 등 각종 의식이 이루어지는 공간임을 알 수 있다. 그중에서 대표적인 의식은 왕의 즉위례라 할 수 있다. 천명의 계승자가 되는 왕의 즉위는 정전의 정문에서 행하는 것이 예법이었다.

조선 전기에는 경복궁 근정문, 조선 후기에는 창덕궁 인정문에서 주로 즉위식이 거행되었다. 특히 궁궐 정전의 문(전문, 殿門)은 여타의 다른 문과 달리 특별한 의미를 지닌다. 즉위하기 전에는 이 문이 경계가 되어 공식적으로 들어갈 수 없게 되어 있지만, 왕의 행례가 문 안으로 들어오는 순간 법적인 왕이 되었음을 선포하는 의미를 담고 있다.

즉위할 때 왕은 문 앞에서 의식을 거행한 후 안으로 들어가 신하들의 축하를 받는다. 정전의 문은 공통적으로 정전의 앞쪽 문과 좌우의 문을 표기하고 있다. 근정문으로는 왕만이 통행할 수 있으며 동쪽의 일화문으로는 문관이, 서쪽의 월화문으로는 무관이 출입하도록 하였다. 동서쪽으로는 각각 밖으로 돌출한 용문루와 융무루가 있다. 근정문의 남쪽에는 영제교와 홍례문 그리고 정문인 광화문이 일직선상에 놓여 있다. 근정문은 궁궐 정전의 남문 중 유일하게 중층 지붕의 건물이며, 행랑도 다른 건물과 달리 복랑으로 구성되어 법궁으로서의 위엄을 살렸다.

즉위 의례를 정전이 아닌 전문(殿門)에서 행한 것은 선왕에 대해 위계를 낮추는 의미를 지니고 있다. 창덕궁의 인정문도 왕의 즉위 하례를 받는 공간이었다. 문(門)의 즉위 하례는 새 국왕이 문무관원에게 가까이 다가가서 자신이 천명의 계승자임을 공표하는 자리였다.

정상적인 상황에서 왕의 즉위식은 근정전이 아닌 근정문(임진왜란 이후에는 인정문)에서 해야 한다. 선왕이 승하하여 장례를 치르는 중에 승계되는 왕의 즉위식은 국장을 다루는 〈흉례〉의 일환이었다. 성복례(成服禮)를 마친 왕은 사위례(嗣位禮, 왕의 계승 의례)를 치르고 즉위 교서를 반포한다. 이때 사위의식을 치르는 장소가 바로 근정문이다.

그런데 조선 전기에는 '단종'만이 〈흉례〉에 의해 근정문에서 즉위례가 펼쳐졌다. 태조 이성계는 조선을 건국한 왕이므로 당시 고려의 수도였던 개경의 수창궁에서 즉위를 했고, 정종, 태종, 세종은 상왕이 물러나 있는 상황에서 즉위했기 때문에 근정문이 아닌 근정전에서 즉위식을 가졌기 때문이다.

단종 즉위년(1452) 5월 18일
근정문에서 즉위하고 교서를 반포하다
노산군(후일 단종으로 복위됨)이 근정문에서 즉위하고, 반교하기를, …(후략)…

(4) 행랑(行廊), 열주의 미와 실용의 공간

일반적으로 궁궐의 행은 전각의 외곽을 두르는 담을 끼고 설치된 지붕 있는 복도를 말한다. 행을 미학적으로 보면 길게 늘어선 기둥이 열주(列柱)를 이루며 원근의 미를 창출하는데, 행랑은 숙소, 창고, 물품 보관, 수라간 역할 등 다양한 용도로 사용된다. 특히 법전에 위치한 행랑은 의례와 연회의 공간으로도 활용되었다.

행랑은 방위에 따라 위계가 달리 나타난다. 먼저 동랑은 외국 사신들을 대접한 공간으로 사용되었다. 서쪽과 남쪽의 행랑은 일본의 사신이나 조정의 신하들을 위한 연회공간으로 사용되었다. 이를 통해 동랑이 서랑·남랑보다 위계가 높았음을 알 수 있다. 연회공간의 용도가 있었기 때문에 경복궁 창건 초기부터 이미 근정전의 행랑에는 수라간 4칸이 배치되어 있었다고 한다.

(5) 조정(朝廷), 문무백관의 도열

　법전의 앞마당을 조정(朝庭), 전정(殿庭)이라 부르는데, 조정의 정(廷)은 뜰 정(庭)과 같은 뜻을 지닌 단어이다. 품계석으로 늘어선 조정은 조참례, 조하례, 중국 황제에 대한 망궐례 등과 같은 국가의 공식적인 의례, 왕세자의 책봉식, 왕비 책봉례 등 각종 행사와 생일과 같은 연회가 행해지는 공간이다. 이때 정전 앞의 조정은 문무백관들의 영역이 된다. 동쪽의 품계석에는 문신들이, 서쪽 품계석에는 무신들이 도열했다. 조정에 설치된 품계석은 1품부터 9품까지의 품계를 표시했다. 1품부터 3품까지는 정과 종을 구분했고, 4품부터 9품까지는 정만 세웠다. 동서 양쪽에 모두 12개씩의 품계석을 세웠다.

근정전 쇠고리

　근정전 조정에는 미끄럼 방지와 복사열을 분산시킬 수 있는 박석이 깔려 있고, 품계석 주변의 박석에는 동그란 모양의 쇠고리가 박혀 있다. 이것은 행사를 위해 차양막을 치려면 먼저 기둥을 세워야 하고, 그 기둥이 잘 버틸 수 있도록 줄을 매는 고리였다.

　쇠고리의 위치는 정2품과 종2품 품계석 사이에 고정되어 있는데 그 이유는 차양막을 쳤을 때 정2품까지만 천막 안으로 들어오게 한 것이다. 또한 배수를 위해 북쪽이 남쪽에 비해 약 70cm 더 높게 경사를 만들었다.

(6) 어로(御路), 왕이 밟는 길

왕의 길, 어로는 좌우의 뜰과 구분될 수 있는 경계를 지닌다. 어로 위를 지날 수 있는 것은 왕의 보행과 더불어 왕을 태우는 가마 뿐이다. 궁궐 권역에서 특별하게 주변의 평지보다 높게 하고 박석이나 반듯하게 다듬은 돌로 만든 길은 왕의 전용로이다. 법전의 어로, 종묘의 어로, 종묘 정전의 신로, 능묘의 어로와 신로 등이 이에 해당된다. 특별하게 종묘의 정문에는 세자로도 놓여져 있다.

| 경복궁 근정전 어로 | 종묘의 어로 | 정전의 신로 |

(7) 계단(階段), 왕과 신하의 경계

층계는 뜰과 당을 나누는 경계로 상하의 구별을 뚜렷이 하는 동시에 위에 있는 공간을 이상화한다. 궁궐 전각에서 층계는 왕과 신하를 구분 짓는 상징적인 공간이다. 층계 위의 공간은 누구도 거주하거나 위치할 수 없다. 층계 위 당(堂)과 전(殿)은 오직 왕만의 행위가 일어나는 공간이 된다.

위층 계단의 당상에 자리를 잡을 수 있는 품계는 당상관(정3품 상계 통정대부 이상), 아래층 계단의 당하(堂下)에 머무는 품계는 당하관(정3품 하계 통훈대부 이하 종 6품까지)으로 구분한다. 즉 당상관은 당에 올라 왕을 가까이 모실 수 있는 관원을 말한다. 황제를 호칭하는 '폐하(陛下)'라는 말도 감히 황제를 직접 지칭하지 못하고 계단 아래 서 있는 호위병을 부른 것에서 시작된 것이라 한다.

(8) 당(堂), 의례 거행

계단 위의 공간인 전실(殿室) 바깥을 보통 당(堂)이라 부른다. 왕이 직접

당 아래로 내려가 신하들을 대면하는 경우는 없다. 왕은 오직 당 위에서만 의례를 거행할 수 있으며, 당 아래 신하들과의 만남은 간접적인 방식으로 이루어진다. 일반적으로 당에 천막을 치고 자리를 깔아 의례를 행하게 된다. 조선시대는 중국의 명나라에 망궐례를 행하는데, 이때 전각을 따로 건축하지 않고 이곳 당에서 망궐례를 거행하였다.

(9) 전실(殿室), 왕의 언행과 행사 기록

전실(殿室)은 전각의 내부공간으로 근정전의 경우에는 공식행사를 이곳 실(室)에서 시행하였다. 왕은 이때 어좌에 앉고, 당상관과 종친들이 배석을 하게 된다. 그리고 특별히 사관이 입실하여 왕의 언행과 행사 등을 기록하였다.

사관의 입실 : 《조선왕조실록》〈태조실록〉 태조 1년, 1392.9.14

예문춘추관(藝文春秋館)에서 세 가지 일을 상언(上言)하였다.
"1.매양 정전(正殿)에서 만기(萬機)를 재결(裁決)하고 신료(臣僚)들을 접견할 때에는, 원컨대, 사신(史臣)으로 하여금 좌우에 입시(入侍)하게 하여 일이 크고 작은 것을 논할 것 없이 모두 참여해서 듣도록 하소서.
1.겸관(兼官)으로서 수찬(修撰) 이하의 관직에 충당된 사람은, 원컨대, 각기 보고 들은 바를 기록하여 사초(史草)로 만들어서 모두 본관(本館)으로 보내게 하소서.
1.본관으로 하여금 서울과 지방의 크고 작은 아문(衙門)에 직접 공첩(公牒)을 보내어, 무릇 시행한 것이 정령(政令)에 관계되고 권계(勸戒)에 전할 만한 것은 명백히 공문서로 보내게 할 것이며, 또 도평의사사(都評議使司)와 검상조례사(檢詳條例司)로 하여금 매양 그 달의 마지막 날에 조례(條例)를 모두 써서 본관으로 보내어 기록에 빙고(憑考)하게 하고, 이것을 일정한 법식으로 삼게 하소서." 임금이 이를 모두 허락하였다.

---

(10) 어좌(御座), 왕의 자리

높은 기둥들이 줄지어 선 근정전 내부에는 왕의 권위와 위엄을 극대화하기 위하여 화려한 당가(唐家, 어좌 위에 만들어 다는 장식)가 설치되었고, 그 중앙에 왕의 자리인 어좌가 높은 대 위에 마련되었다. 어좌 위로는 화려한 장식의 닫집(보개, 寶蓋)이 설치되었다.

근정전 옥좌

유교 국가의 군주남면(君主南面) 원칙 때문에 어좌는 반드시 남쪽을 향해서 설치된다. 어좌를 감싸듯 펼쳐진 곡병을 함께 두고 어좌 뒤편으로는 하늘을 뜻하는 일월(日月)과 지상의 영토를 표하는 오악(五嶽)이 그려진 〈일월오악도(혹은 일월오봉도)〉가 펼쳐진다. 오악은 중앙의 산과 그 산을 동서남북에서 둘러싼 네 산을 함께 일컫는 말이다. 조선시대에는 금강산(동), 묘향산(서), 지리산(남), 백두산(북), 북한산(삼각산, 중앙)이 오악으로 설정돼 있었다.

어좌는 전면에 구름 속을 나는 용문양을 금으로 그려 넣고, 모서리에는 황금색 용머리 조각을 장식하여 왕의 위엄과 격식을 갖추었다. 보통 어좌는 옥좌(玉座), 용상(龍床) 등으로도 부른다. 옥좌는 법적 상징성이 있는 자리이고, 어좌는 통치행위, 그리고 용상은 일반적 자리를 의미한다. 예컨대 근정전에서 특별한 행례에 자리하는 어좌만이 옥좌라 부를 수 있다.

또한 전실(殿室)의 어좌는 고정식이 아니라 이동식, 또는 조립식으로 수조의례(受朝儀禮, 임금이 신하들로부터 조회를 받던 일) 등이 있을 때만 자리를 잡는 것으로 파악하고 있다.

3. 근정전, 예제의 미학을 읽다

(1) 의례의 미학, 하늘의 원리를 지상으로

경복궁 근정전은 유교 원칙에 따라 좌우대칭과 중심축선을 강조하여 궁궐 중앙부에 배치하였다. 경복궁 외전의 중심이 되는 정전, 근정전(勤政殿)은 이름(부지런할 勤, 정사 政)에서부터 왕이 부지런히 정사에 임해야 한다는 유교적 의미를 담고 있는 전각이다. 정전에서는 왕의 즉위식이나 문무백관의 조회, 외국 사절의 접견 등 국가의 의례 중에서도 가장 규모가 크고 격식이 있는 의례가 행해졌다.

근정전에서 의례가 행해질 때는 왕의 위엄을 과시할 수 있도록 가장 장엄하고 화려한 의전 행렬을 마련했다. 정전의 문 안팎에서는 호위 무사들을 정렬시켰고, 조정의 좌우에는 문무백관을 참석시켰으며, 악공의 풍악이 울려 퍼졌다.

경복궁 근정전 전경
넓고 높은 이중 기단 위에 세워진 정전 주위를 행랑이 둘러싸고 있어 정전으로서 위엄과 권위가 돋보인다.

근정전은 정면 5칸, 측면 5칸 규모의 평면으로 되어 있다. 지붕 구조물을 받치는 공포(栱包)는 다포(기둥 위 받침대 모양의 장식) 형식이며 팔작지붕으로 된 중층 건물이다. 칸수에 적용된 5라는 수는 상수(象數)에서 중앙이라는 특별한 의미를 가진다. 중(中)이란 상하, 남북의 대극선이 통과하는 그 일점을 가리키는 것이므로 중점이라 할 수 있다.

근정전 칸수에 5의 수를 적용한 것은 근정전의 위치를 천지 사방의 중심 위치에 올려놓기 위함이었다. 근정전은 곧 하늘의 명령을 실천하는 법전이다. 그 천명의 뜻을 표명하기 위하여 건물 칸수에 상수 5를 적용했고, 위치 또한 궁의 사대문인 건춘문, 광화문, 영추문, 신무문, 담 밖으로는 낙산, 인왕산, 목멱산, 북악산을 사신(四神)으로 삼는 명당을 중앙에 두었던 것이다.

근정전은 주변이 행랑으로 둘러싸여 장엄한 공간을 형성한다. 행랑으로 둘러싸인 조정은 근정전과 연결되어 있다. 상하 2층 월대 위에 자리하고 있는 근정전은 조정에서 바라보면 시각적으로 우러러보게 되어 있는 반면에, 근정전 어좌에서 바라보면 근정문, 홍례문, 광화문이 펼쳐져 있어 근정전의 자태를 더욱 웅장하고 장엄하게 만든다. 또한 왕의 권위를 돋보이게 하기 위해 왕을 상징하는 용이 건물의 안팎으로 가장 많이 장식되어 있고, 해치를 비롯해 사방신과 십이지신을 통해 조선왕실의 번영을 기원하고 있다.

근정전의 처마는 겹처마로 되어 있고, 처마의 곡선은 안산인 백악산, 우백호인 인왕산과 조화를 이루고 있다. 처마 밑 건물 앞면 좌우 모서리 부분에는 청동으로 만든 정을 배치하였으며 하월대 동서쪽 계단 옆에는 드므를 배치하였다.

근정전 넓은 마당에는 얇은 돌의 박석이 깔려 있고, 마당 가운데 있는 어로 좌우로 돌을 깎아 세운 품계석이 있다. 정1품에서 정9품까지의 품계석을 각각 12개씩 배열하였으며 조회나 행사가 있을 때 예복으로 갈아입은 대소 관료들이 품계에 따라 자신의 위치에 도열하였다.

(2) 정전의 권위, 존엄의 상징

(가) 법전의 석상, 동물 파수꾼

근정전 계단을 오르면 이중의 월대 모서리와 계단 위아래에 다양한 동물이 배치되어 근정전 일곽을 성스러운 공간으로 연출하고 있다. 2층 월대 계단의 동서남북으로 청룡, 백호, 주작, 현무의 사방신이 자리하고 있고, 가장자리 난간 기둥에는 12지에 해당하는 동물상들이 짝을 이루어 조화를 이루도록 했다.

근정전 석물 배치도

사방신과 12지신의 배치는 근정전의 주인인 왕을 공간과 시간의 중심에 두어 조선왕조의 영원한 번영을 기원한 것이라 하겠다. 12지신 중에서 개, 돼지, 용은 빠져 있는데, 용은 왕을 상징하고 개와 돼지는 상스러운 동물이기 때문에 만들지 않은 것으로 추정된다. 사방신과 12지신 이외에도 월대 모서리와 계단 등에는 사자상과 서수(瑞獸, 상스러운 짐승)가 조형되어 법전을 철통 방어하고 있다.

(나) 답도, 성군의 출현의 기원

근정전 월대를 오르는 계단 가운데에는 구름 속에 노니는 봉황을 새긴 답도가 있다. 어계에 설치된 답도 위를 지나는 여(輿, 뚜껑이 없는 가마의 일종)는 왕의 행차에 상서로움을 더하였다. 답도의 양쪽에는 해치가 조각되어 있고 챌판(계단의 수직면)에는 '명협(蓂莢, 당초라고도 함)문양'을 새겨 놓았다. 해치는 법과 정의를 수호하는 왕의 영역임을 분명히 하는 의미이고, 명협은 고대 요 임금의 상서를 상징하는 풀(서초, 瑞草)로 왕의 덕망과 위신력을 칭송하기 위한 것으로 볼 수 있다.

근정전 상월대의 답도

봉황은 성군이 출현하여 나라가 태평하면 나타난다는 상상 속의 영물이다. 봉황은 머리에 덕(德), 목에 의(義), 등에 인(仁), 마음에 신(信), 날개에 예(禮), 발에 문(文), 꼬리에 무(武)를 지녀 왕이 가져야 하는 덕목을 대변했다. 왕이 밟는 길에 봉황을 새겨 놓았다는 것은 성군의 출현을 기원하는 마음이 담겨져 있다. 제후인 왕의 궁궐에는 봉황 문양 답도를, 황제의 궁궐에는 용 문양 답도를 새긴 듯하다. 경운궁에 가면 용 문양 답도가 놓여 있다.

(다) 용의 격, 왕권의 상징

근정전에는 왕을 상징하는 용이 가장 많이 장식되어 있다. 용의 각 부분은 뿔은 사슴, 몸통은 뱀, 발톱은 매, 귀는 소, 주먹은 호랑이 등 여러 동물을 닮은 것으로 알려져 있다. 남쪽의 상월대와 하월대의 계단 난간 아래에

근정전 내부 천장

좌우 두 마리씩, 총 네 마리의 용이 왕의 법전임을 알리고 있다.

근정전 내부 천장의 중앙에는 두 마리의 용이 하나의 여의주를 놓고 희롱하는 형상이 조각되어 있는데 발톱이 7개나 된다. 용 발톱의 수는 그 용의 격을 드러낸다. 발톱이 다섯인 것은 오조룡이라 하여 왕을 뜻하고, 일곱인 것은 칠조룡이라 하여 황제를 뜻한다.

조선의 왕은 중국 황제보다 적은 발톱만을 사용할 수 있었다. 하지만 경복궁을 중건한 흥선대원군은 왕권을 강화하고 조선왕조의 위용을 다시 찾고 싶은 의도로 일곱 개의 발톱을 가진 칠조룡을 새겨 넣은 것으로 추정된다.

(라) 통치권의 상징 정(鼎)

근정전 정면 좌우 모서리를 보면 세발 달린 솥 '정(鼎)'이 놓여 있다. 정은 왕의 통치권을 상징하는데, 옛 사진을 보면 원래는 둥근 뚜껑과 긴 손잡이 같은 것이 달려 있었다. 고대 중국에서 정은 권력의 정당성을 부여하는 상징물이었고, 덕이 있는 왕조만 소유할 수 있다고 여겨졌다. 그래서 '구정을 빼앗다'는 천자의 자리를 빼앗다, '구정을 옮기다'는 왕권이 옮겨지다 등으로 쓰였다. 조선시대에는 정이 왕실용 제기와 향로로 사용되었다고도 한다. 향을 피우는 행위는 왕이 천명을 구현한다는 의미로 해석할 수 있다.

(마) 화재 예방책, 드므

1층 월대 모서리에는 무쇠로 만든 넓적하게 생긴 '드므(순우리말)'를 두었다. 드므의 어원은 '두무(頭無)'로 뚜껑이 없는 가마솥을 일컫는데, 부정한 액을 막기 위해 팥죽을 쑬 때 사용했다고 한다. 궁궐에서는 화마를 막기 위한 벽사의 의미를 담았다.

과거 무학대사가 궁궐 자리를 택할 때 배산이 되는 북악산의 높이가 남쪽

정(鼎)   드므

에 있는 관악산보다 낮아 궁궐에 불이 자주 날 수 있다고 생각했다. 그래서 관악산에서 불어오는 화마를 막기 위해 광화문 앞에 불을 쫓는 해태를 두었고, 그것도 모자라 근정전을 비롯한 각 궁궐의 정전 앞에는 드므를 두어 화재를 막고자 하였다.

드므에 항상 물이 차 있으면 화마의 액운이 물에 비친 자신의 흉측한 모습을 보고 놀라 숨거나 도망간다는 주술적 의미가 들어가 있다. 이는 조선 궁궐에서도 불교와 민간신앙의 영향을 엿볼 수 있는 부분이다.

4. 조회, 조정에 들다

(1) 왕과 신하가 '예'로 만나다, 정치적 공간의 위상

조선왕조에서 의례는 천명을 받은 왕을 드러내는 의식이다. 조정 의례 중에서 최고의 권위를 갖는 의식은 정전에서 이루어지는 '조회'이다. 조회 의식은 조하·조참·상참으로 구분되며 모두 해와 달이라는 천도의 변화에 맞추어 시행되었다.

가장 규모가 큰 조하(朝賀)는 정월 초하루와 동지, 그리고 국왕의 탄신일에 거행하는 축하의식으로

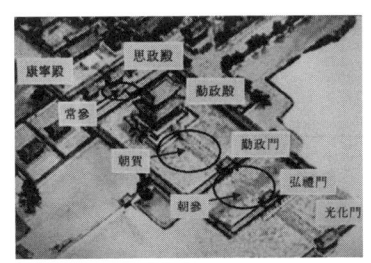

조하·조참·상참 그림

정전인 근정전에서 시행하고, 조참(朝參)은 매월 5일, 11일, 21일, 25일 등 4차례로 정전의 정문인 근정문에서 시행하도록 규정되었다. 매일 아침 시행하는 상참(常參)의 경우에는 왕과 신하가 더 가깝게 정무를 논의할 수 있도록 편전인 사정전을 사용했다.

조회는 왕과 신하들이 만날 수 있는 기회였다. 신하들은 왕에게 충성의 뜻을 표하고 왕은 유교적 왕도정치를 실현하기 위해 노력하는 의례행위였다. 특히 근정전에서 거행되는 조회는 군신 간의 질서를 구현하고 이를 통해 국정운영을 실행하는 정치적 공간의 상징이었다.

모든 신하들이 참석하는 조하와 조참은 왕에게 하례하는 의례적 측면이 강했다. 상참(약식 조회)에는 조회를 받는 수조(受朝)와 정사를 듣는 청정(聽政)이 행해지는 자리이기도 하여 조계(朝啓)라 하였는데, 의정부와 육조 등 주요 관원만 참석할 수 있었다.

또 윤대(輪對, 국왕의 질문에 응대)라는 것이 행해졌는데, 동반 6품 이상과 서반 4품 이상의 관원이 각각 관아의 차례에 따라 매일 참석하도록 했다. 하루 윤대 인원을 5명으로 제한하여 업무 보고와 현안에 대해 논의하는 자리가 마련되었다.

조회 의식에서 중요한 것은 신하의 왕에 대한 '예'였다. 조회를 통해서 군신 관계가 표현되고 왕이 정사를 돌보는 의식을 정형화한 것이 바로 조회이다. 《태조실록》(태조 4년 11월)을 보면 "민정(民情)이 막히지 않고 정사에 잘못이 없게 될 것."이라는 내용이 기록되어 있다. 왕이 조회를 시행하여 여러 신하들의 진언을 직접 듣는 모습에서 자연스럽게 통치자의 통합적 리더십을 전하는 의미도 담고 있다.

《조선왕조실록》〈태조실록〉 4년 11월 무자

대개 임금은 깊은 궁궐 속에서 팔짱을 높이 끼고 있어 세세한 온갖 일을 두루 알지 못합니다. 반드시 누구를 인견하여 물어보고서 그 득실을 알게 된 뒤에야, 민정(民情)이 막히지 않고 정사에 잘못이 없게 될 것입니다. 우리 조정에서 한 달에 여섯 번 조회를 하는 법은 한갓 여러 신하들의 조알(朝謁)만을 받으려 하는 것이 아니라, 대개 조정의 나라 다스리는 일을 듣고서 결정하려는 것입니다.

또한 조회에는 다분히 정치적 고려도 주요한 요소이며, 성삼문(1418~1456)이 단종에게 진언한 내용 역시 이러한 맥락으로 이해할 수 있다.

《조선왕조실록》〈단종실록〉

옛날에 주공(周公)이 성왕(成王)을 업고서 제후의 조회를 받은 것은 천하의 마음을 정하려 했기 때문이었습니다. 지금 주상께서 어리신데 궁중에 깊이 거처하면서 여러 신하들을 한 번도 만나지 않으시니, 인심이 정하여지지 않을까 두렵습니다. 청컨대, 초하루와 16일에 흰옷을 입고서 근정문에 납시어 여러 신하들의 조참을 받으시면, 뭇 신하들이 용안을 뵈올 수 있어 인심이 정해질 수 있을 것입니다.

여기서 조회는 조참으로 언급되어 있고, 시행 날짜는 초하루와 16일이었다. 조회의 장소가 근정문이었던 것으로 보아 특정한 조회와 관련되어 있다는 것을 짐작할 수 있다.

성삼문은 이 조회가 '깊은 궁중에 거처하는 임금이 신하들에게 나타남으로써 군신의 마음을 정해지게 할 수 있는 것'이라고 언급하고 있다. 곧 어린 왕을 받아들이고, 신하들의 뜻을 정하는 정치적 효과를 조회에서 찾고 있는 것이다.

조선의 조회는 유교적 군주상에 이념적 바탕을 두고 있다. 왕들에게 조회는 의무이자 권리였다. 일의 사안이나 시기에 따라서 규모가 다른 조회가 실시되었는데 어떠한 형태든 매일 조회를 실시하는 것이 원칙이었다.

왕은 매일 정사에 근면해야 하며, 그러한 근면의 실천은 새벽부터 일어나서 수조, 청정하는 것으로 인식되었다. 태종은 '특별한 일이 없다면, 매일 조회를 보겠다'고 언급하기도 하였지만, 매일 조회는 왕과 신하 모두에게 번거로운 일이었다.

모든 조회에서 국왕은 가장 안쪽의 강녕전(침전)에서 출발하여 해당 의식이 진행되는 지점(사정전-근정전-근정문)으로 이동하였다. 근정문에서의 조회 후 국왕은 사정전으로 들어가는데 사정전은 업무를 논하는 조계의 장소였다. 조참에 참여한 관원들은 근정문 앞에서 왕에게 예를 행하였다. 사정전과 근정문 사이에는 근정전 및 근정전 마당이 가로놓여 있었다. 조참에 이어서 조계가 시행되는 것이 매우 불편한 구조였다.

조회를 거행하는 시간은 새벽이었다. 세조는 일출 전에 시행하던 조회를 일출 후 5각(1각이 15분)에 시행하는 것으로 수정했다. 그 이유는 원로대신이 이른 시각에 조회에 참석하다가 병이 생길지 염려된다는 것이었다. 사헌부에서는 상참 후 식사를 하므로 일출 후에 상참하면 업무에 지장을 초래할 수 있다고 하자, 세조는 "상참이 너무 이르면 늙은 군주는 힘이 부쳐 할 수 없고 게으른 군주는 엄두를 못낼 것이다."라고 답변하였다. 조회 시간을 조정하는 이러한 세조의 결정은 조회 시행의 감소로 이어졌다. 이에 대한 의정부의 비판이 제기되자 결국 새벽 시간으로 다시 환원되었다.

조회에 사용되는 음악, 참석자의 복색 및 자세, 의장 등은 세종 대에 대대적인 정비가 이루어졌다. 세종 22년에 이르러 조하는 정전에서, 아일 조회는 근정문에서 실시하기로 결정하였다. 즉 이는 조회의 위계성을 공간적으로 부

근정전 정전의 모습

여하기 위한 조처로 보인다. 이후 세조 대의 정비기간을 거쳐 성종 대에 와서 조참은 근정문, 상참은 사정전에서 갖는 모습이 갖추어지게 되었다.

조회 의례는 유교적 이념에 입각하여 왕은 북쪽에 위치하여 남면하고 있으며, 신하들은 북쪽을 향하여 배례(拜禮)를 시행하였다. 왕은 의례 공간에서 자신이 천명을 받은 존재임을 드러내었다. 신하는 왕에게 공손히 절을 하면서, 자신이 조선의 질서 체제를 수용하고 있음을 표현하였다. 의례를 구성하는 절차와 음악의 연주는 이러한 질서 체제에 놓여 있는 왕과 신하들에게 긍지와 자부심이 되었다.

(2) 〈정아조회지도〉를 통해 본 조회의 모습

〈정아조회지도〉는 정아(正雅, 정전)에서 조회를 하는 그림을 말한다. 정조실록(정조 2년, 1778년 4월 12일)에는 "조회반도(朝會班圖)를 이미 옛적의 제도를 참작해서 인출(印出)하도록 명했었으니, 대조회(大朝會) 때는 이에 의하여 거행"한다는 내용이 기록되어 있다.

실록에 따르면 이날은 정월 초하루와 동지로서 조하를 행하는 날이었다. 천명을 받은 왕은 면복을 갖추어 입고 정전의 어좌에 앉아 있다. 조회 시 왕은 정전의 어좌에 자리하고 뒤쪽에는 〈일월오악도병〉을 둔다. 어좌 주변에는 좌우 보검을 든 도총관이 버티고 서 있고, 그 뒤에는 협시(夾侍)내시(왕 옆

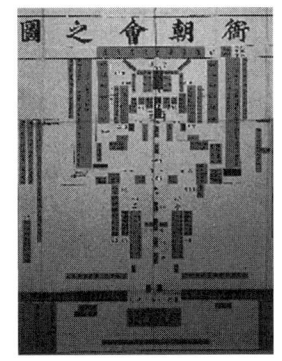

정아조회지도

에서)와 통개(筒介)를 걸머진 내시(화살통을 맨)가 왕을 보좌하고 있다. 이외에 산선(傘扇, 우산같이 만든 의장)을 든 내시들이 서 있다. 어좌 바로 앞에는 승지와 사관이 좌우로 나뉘어 부복해 있다.

문무백관은 마당의 품계석에 따라 자리를 잡는데 왕세자와 대군, 종친이 앞쪽에 자리하고 문반이 동쪽으로, 종친과 무관이 서쪽으로 나뉘어 도열하였다. 월대와 마당 주변으로는 완전 무장한 호위 군사가 서고 이들 주변에는 각종 노부(의장 물품)들을 든 군사들이 행랑을 죽 둘러쌌다. 인정전 밖에는 정면에 운검(의장에 쓰던 큰 칼)을 든 수문장이 지키고 서 있다.

어좌 앞 향로에는 향불이 피어오르는 가운데, 찬의가 "국궁 사배 흥 평신(鞠躬四拜興平身)"을 외쳤다. 조정 마당에는 왕세자를 비롯한 모든 종친과 문무백관이 정렬하여 엄숙한 분위기 속에 왕을 우러러 네 번 절을 올렸다.

조선의 궁궐은 중국의 1도(都) 1궁(宮)의 원칙과는 달리 경복궁, 창덕궁, 경희궁, 창경궁, 덕수궁 등 다궁제(多宮制)에 의해 건설되었고, 정치적 상황에 따라 전기는 경복궁의 근정전이 정궁(正宮)의 역할을 하였고, 후기에는 창덕궁 인정전과 경희궁 숭정전이 동서 양궐체제의 정궁으로 기능을 하였다. 그런데 법궁(法宮)은 상징적으로도 경복궁 근정전이다.

종합하여 정리하면 경복궁 근정전은 법전이며 정전이고, 창덕궁 인정전과 경희궁의 숭정전은 조선 후기 양궐 체제에서 법궁의 역할을 하였지만, 엄밀하게 정의하자면 정전이고, 덕수궁 중화전은 대한제국의 법전이며 정전이라 하겠다.

12

한성부, 조선의 심장을 걷다

한성부(漢城府)는 도성의 백성들을 보살피고,
도시시설을 설치하고 운영하는 오늘날의 서울특별시이다.

한 문장으로 읽는 〈한성부〉

한성부의 업무에는 ① 호적청을 두고 전국의 호적부를 관리(1부는 한성부, 1부는 강화유수부에 보관)하며 ② 도성 내 치안 ③ 임금행차 때 경호와 환경미화 ④ 무허가 노점상(난전) 단속 ⑤ 화재예방 ⑥ 죽은 이의 시신 검시 ⑦ 서울 도성 내 분쟁 시 송사를 담당하였다.

한성부의 행정구역은 5부(部) 52방(坊) 329계(契, 통統)가 있으며 계(契)의 밑으로 5가구를 묶어 반(班)과 같은 5가작통법(五家作統法)으로 연통(聯筒)시켰다. 지금의 특별시청-구청-동사무소-통-반의 행정구역과 비교한다면 조선시대는 한성부-5부-방-계-5가작통법으로 되어 있었다.

12

한성부, 조선의 심장을 걷다

글 : 우덕희

1. 들어가는 말

서울은 1394년 조선의 도읍지가 된 이래로 지금까지 대한민국의 수도인 대도시다. 나는 서울에서 태어나 서울에서 학교를 다녔고 지금까지 50년을 넘게 서울에서 살고 있는 서울 토박이다. 그런 내가 서울이 동아시아의 수도 (북경 1406년, 동경 1604년) 중에 가장 오랜 역사를 가지고 있다는 사실을 안 것은 얼마 되지 않았다. 대한민국에 태어났으니 한국사를 공부하는 것은 당연하게 생각하면서도 실제로 내가 살고 있는 이 도시의 역사와 문화에 대해서는 무심히 지나치고 있었던 것이다.

50여 년 동안 무심히 다녔을 서울 구석구석에는 조선시대부터 켜켜이 쌓인 역사와 문화가 남아 있을 터이다. 눈에 보이는 대부분의 것은 이미 사라졌거나 일부만 남아 새로 복원되었다. 또한 보이지 않는 무형의 것들도 시대의 흐름에 따라 형태와 기능이 바뀌었다. 과연 시간을 거슬러 지금 걷고 있는 이 땅을 걸었을 조선인의 발자취를 찾을 수 있을까? 이제부터 나의 가장 가까운 역사 '서울'을 다시 걸어보고자 한다. 그 시작은 조선의 심장, 한성부다.

1901년도 한성부 지도

2. 한성부의 형성배경

(1) 새 술은 새 부대에

　1392년 7월 17일에 조선을 개국한 이성계는 한양을 새로운 도읍지로 염두에 두고 천도를 준비하였다. 그런데 1393년 1월에 풍수지리에 해박한 태실증고사 권중화가 〈계룡산 도읍도〉를 바쳤고, 이에 관심을 가진 태조는 1월 19일에 계룡산 현지답사를 떠났다. 태조는 도중에 양주 회암사에 들러 무학대사를 대동하고 2월 8일에 계룡산에 도착하여 이곳을 새로운 도읍지로 정하였다.

212

1392년 12월 11일에 경기도관찰사 하륜은 상소를 올리면서 '신도안'은 도읍의 중앙적 위치가 아니고, 풍수적으로도 길지가 아니라며 반대했다. 태조가 권중화, 정도전 등에게 하륜의 말이 맞는지 조사하여 결정하라는 지시를 내렸고 결국 '신도안' 건설은 중지되었다.

1394년 2월에 이르러 태조의 명을 받아 다른 도읍지를 물색한 하륜이 서울 무악산(안산 남쪽, 현재의 신촌 부근)을 추천하였다. 권중화, 조준 등 대신들이 서울 현지를 방문하여 조사하고 이곳도 도읍지로 불가하다는 의견을 제시하였다.

태조는 결국 1394년 7월 12일, 서운관에 〈음양산정도감〉을 설치하여 여러 대안을 모색토록 명하고, 8월 11일에는 하륜이 제시한 무악산을 직접 방문하였다. 그러나 하륜을 제외한 여러 대신들이 모두 무악을 반대하였기 때문에 태조는 개경으로 무거운 발걸음을 돌렸다.

개경으로 돌아가는 도중에 고려의 옛 도읍지인 남경(인왕산 아래)을 둘러보고 윤신달에게 이곳은 어떠한가 물으니 "개성 다음으로 길지이며, 다만 물이 부족한 것이 흠입니다."라고 답하였다.

신도안

이에 태조는 "송경인들 어찌 부족한 점이 없겠는가? 이제 이곳의 형세를 보니, 왕도가 될 만한 곳이다. 더욱이 조운하는 배가 통하고 사방의 이수도 고르니, 백성들에게도 편리할 것이다."라고 하였고, 곁에 있던 무학대사도 동감을 표하였다. 이렇게 해서 오늘날의 한양이 조선의 도읍으로 정해지게 되었다.

천도를 결정한 태조는 새로운 도성을 건설하기 시작했다. 정치의 상징인 종묘와 사직을 비롯하여 도성의 상징인 성곽과 궁궐을 짓고, 대소신료(大小臣僚)에게는 땅을 불하하고 세제해택을 주는 등 개성을 떠나 한양 자리잡기에 박차를 가했다.

조선을 개국한 지 4년이 조금 넘은 1396년 10월 28일, 태조는 개성을 떠난 지 3일 만에 조선의 새로운 심장 한양에 도착했다. 새로운 도읍의 행정부 명칭은 '한성부(漢城府)'로 정했다. 태조가 한양에 도착한 10월 28일은 1994년에 서울시가 정한 '서울시민의 날'이다.

(2) 무엇이라 부르오리까

한양은 역대 왕조의 도읍지로서 2천 년이 넘는 역사를 지닌 고도(古都)다. 따라서 역사적 시간에 따라 다양한 형태의 이름으로 불렸는데 크게 구분하면 ⑴토박이말로 전해지는 속(俗)자 계열, ⑵서울의 뜻을 지닌 경(京)자 계열, ⑶한수(漢水)에서 유래한 한(漢)자 계열, ⑷으뜸의 뜻을 가진 수(首)자 계열, ⑸기타 역사적 전고에 따라 부르는 한자 계열의 이칭이 있다.

⑴속(俗)자 계열	서울, 위례성(慰禮城), 서울(徐菀), 수이(首爾)
⑵경(京)자 계열	경조(京兆), 경도(京都), 경사(京師), 경성(京城), 경락(京洛)
⑶한(漢)자 계열	한양(漢陽), 한경(漢京), 한산(漢山)
⑷수(首)자 계열	수선(首善), 수도(首都)
⑸기타 한자	장안(長安), 낙양(洛陽), 열양(洌陽), 도성(都城), 광릉(廣陵)

서울(徐菀)이란 명칭은 유득공의 아들인 유본예가 저술한 《한경지략(漢京識略)》에 처음 나타난다. 이 책에서 유본예는 한양의 연혁을 소개하면서 서울(徐菀)이 경주의 서라벌(徐那伐)에서 기인한 것이라 하였다.

경조(京兆)는 헌종-철종 시기의 문신인 이승경(李承敬)이 저술한 《경조부지(京兆府志)》에 등장하는데, 경조부지는 한성부의 행정, 업무, 기능과 직책을 설명한 책이다. 경도(京都)는 유득공이 저술한 세시풍속지인 《경도잡지(京都雜志)》에 등장한다.

한양(漢陽)은 한강의 북쪽에 위치해서 생긴 지명이고, 한산은 북한산, 남한산에서 유래하였다. 수선(首善)은 본래 한나라의 수도인 장안을 일컫는 이칭이었는데, 조선 후기의 지도인 〈수선전도(首善全圖)〉에서 명칭의 사용례를 찾을 수 있다.

열양(洌陽)은 한강의 다른 이름인 열수(洌水)에서 유래하였다. 조선 후기의 세시풍속지로 열양을 사용한 예시로 《열양세시기(洌陽歲時記)》가 있다.

장안(長安)이나 낙양(洛陽)은 중국의 고대 도읍지인 장안과 낙양을 보통명사로 사용한 예이며, 광릉(廣陵)은 중국의 강소성 양주로 초(楚)나라의 도읍이라 남조 계열의 왕조에서 보통명사로 사용하였다. 오래된 역사처럼 다양한 이름이 있지만 조선시대에 가장 많이 불리웠던 이름은 역시 한양이다.

3. 공간적 특징

(1) 조선의 심장을 담은 명당

한양(漢陽)은 백두대간에서 갈라진 한북정맥과 한남금북-한남정맥 사이에 위치한다. 북악, 낙산, 남산, 인왕산이 자리 잡은 내사산(內四山)과 북한산, 아차산, 관악산, 덕양산(행주산)이 위치한 외사산(外四山)이 도성의 내·외성을 상징한다.

북쪽과 남쪽이 높고 서쪽과 동쪽이 낮은 지세는 동서 방향으로 평지가 연속되는 지형을 만들었다. 산에서 내려온 물은 평탄한 중앙부를 동서로 가로지르는 청계천에 모였다가 중랑천과 만나 한강으로 흘러든다.

이러한 지형 조건으로 도시의 동맥인 도로망은 동서 방향으로 발달하였고, 풍수지리에 따라 궁궐은 뒤쪽에 주산(主山)이 있고, 앞쪽에 강(江)이 있는 배산임수(背山臨水)의 지형에 들어섰다. 뿐만 아니라 관청 및 고급 주택가들도 아늑하고 양지바른 북쪽에 들어섰다.

(2) 조선의 심장을 감싸안은 한양도성

내사산에서 발원한 물길은 모두 내명당수인 청계천에서 만나 동쪽으로 흘러(서출동류, 西出東流) 중랑천과 만난 뒤, 외사산 사이로 흐르는 외명당수인 한강과 합류하여 서쪽(동출서류, 東出西流)으로 흐른다. 이 모든 조건은

북악에서 조망한 경복궁

한양을 천혜의 명당으로 만들었다.

내사산을 따라 산성과 평지성을 혼합한 성곽을 쌓는데 이를 '한양도성'이라 부른다. 한양도성을 설계한 정도전은 1395년 윤9월에 〈도성축조도감〉을 두고 내사산을 97구역으로 나누어 천자문 순서(天地玄黃…弔)대로 구획한 다음 전국의 군현에서 동원된 백성들에게 나누어 축조하게 하였다. 이후 세종과 숙종, 순조 때에 대대적으로 중수하여 오늘에 이르고 있는데 각 시기에 따라 축조방법과 성돌의 모양, 인부들의 신분 또한 달랐다.

태조 때에는 하부에 큰 돌을 쓰고 상부로 갈수록 더 작은 돌을 불규칙하게 쌓았다. 세종 때에는 가로 40~60cm, 세로 30cm 내외의 직사각형으로 다듬은 돌을 사용하였는데 역시 상층으로 올라갈수록 돌의 크기는 작아진다. 숙종 때에는 대개 45cm 내외로 가공한 정사각형의 돌을 매우 정연하게 쌓았다. 또한 임진왜란 이후의 수도방위체제가 강화되면서 성곽의 보수·경비를 5군영에서 담당하게 되었다. 따라서 숙종 때에는 군사들이 동원되었다.

서울 도성의 4대문은 유교적 이상덕목인 인의예지신(仁義禮智信)에 맞추어 숭례문(崇禮門), 흥인지문(興仁之門), 돈의문(敦義門), 숙정문(肅靖門)으로 이름 지었다. 현재 서대문인 돈의문을 제외하고 3개의 대문이 남아있는데 조선시대의 양란과 일제강점기, 그리고 6·25 전쟁을 거치면서 훼손과 복원이 반복되었다.

특히 남대문인 숭례문은 2008년 방화로 소실되었다가 새로 복원하였다. 시골에서 상경하는 사람들이 한양에 들어오면서 처음 보고 놀라는 것이 바로 숭례문이었다. 중앙에 홍예문을 낸 거대한 석축 기단 위에 이층의 문루를 세워 도성의 문 중에서도 가장 규모가 크고 당당한 모습이었다. 숭례문을 통하여 한양과 조선팔도가 연결되어 있었는데, 한양에 들어오는 10개의 길 중에서 삼남지방과 이어진 5개의 길이 이곳을 지나갔다. 따라서 남쪽 지방에서 올라오는 물산의 상당 부분이 숭례문을 통해 운종가의 시전 등으로 공급되었다. 숭례문부터 서울의 중심부인 종루까지는 일찍이 대로가 건설되었고 언제나 사람들로 북적였다.

(3) 도성 밖에도 한양이…!

　조선시대 한성부는 4대문 안 도성 내(都城內)와 성저십리라 불리는 성 바깥 약 10리(4km)까지 관리하였다. 4산(四山) 금표도(禁標圖)에 나타난 구역으로 본다면 북쪽은 북한산, 남쪽은 한강과 노량진, 동쪽은 중랑천, 서쪽은 양화진과 고양 덕수원이다. 조선시대에는 서울 주변 지역 내 사방의 산을 중심으로 경계를 정하여 그 안쪽에 묘지를 쓰거나 나무를 베는 것을 금지하였는데, 당시 금장(禁葬)의 경계를 표시한 것이 〈사산금표도〉다.

　성저십리 곳곳에는 관공서들이 자리 잡고 있었다. 도성 안의 관공서들은 대부분 행정기능을 담당했지만, 도성 밖의 관공서들은 곡물과 얼음의 보관과 반급, 생산, 구휼 등의 기능을 담당하였다.
　한강으로 들어온 조세곡은 한강 주변의 여러 창고에 저장되었는데 광흥창은 녹봉, 군자감창은 군량미, 만리창은 대동미를 보관하는 창고였다. 또한

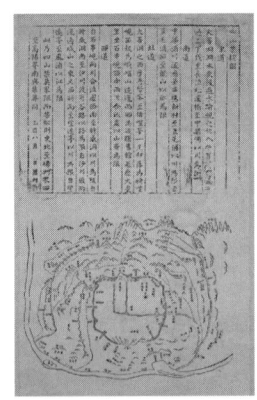
〈사신금표도〉

전주 조경단의 창덕궁 금표

서울 공덕리(공덕동) 금표

용산 동쪽 둔지방에 있었던 와서는 궁궐, 관공서 등에 필요한 기와와 벽돌을 공급하였고 창의문 밖에는 종이를 만들었던 조지서가 있었다. 이밖에도 얼음을 저장하던 동빙고와 서빙고는 한강변에 자리하였고, 병자와 걸인을 돌보던 활인서도 혜화문 밖에 있었던 관공서 중 하나다.

성저십리에는 백성들의 소망을 담아내던 장소가 있었다. 유학을 기반으로 예치를 표방했던 조선은 유교의례를 통해 왕실의 권위를 확립하고 민생의 안정을 도모하였다. 따라서 국가에서는 종묘나 사직과 같은 대사뿐만 아니라 민간신앙적인 제사들도 체계적으로 관리하게 되었다.

《국조오례의》에 규정된 제사 중에서 중사(中祀)와 소사(小祀)에 해당하는 제사 시설들은 도성 밖 성저십리에 있었는데 명산대천에 지내는 산천단(山川壇)을 비롯하여 농사신에게 제사하는 선농단(先農壇), 잠신에게 제사하는 선잠단(先蠶壇), 기우제를 지내는 우사단(雩祀壇), 곡식과 농사의 별에 제사하는 영성단(靈星壇), 말의 조상에게 제사하는 마조단(馬祖壇), 돌림병을 예방하기 위해 주인 없는 외로운 혼령에 제사하는 여단(厲壇) 등의 제단이 마련되어 있었다.

한편 남대문과 동대문 밖에는 관우를 모신 관왕묘(關王廟)가 있었다. 임진왜란 때 명나라 군사들의 요구로 여러 곳에 관왕묘가 세워졌는데, 동대문 밖 동묘(東廟)는 보물 제142호로 지정되어 있고, 가장 규모가 크며, 제대로 격식을 갖춘 대표적인 사당이다.

국가 제사를 지내는 곳 《세종실록 오례의》 중 변사	
대사(大祀)	사직단(社稷壇), 종묘(宗廟)
중사(中祀)	풍우뇌우단(風雨雷雨壇, 바람·구름·우뢰·비의 신), 악해독단(嶽海瀆壇, 삼각산·한강 등), 선농단(先農壇), 선잠단(先蠶壇), 우사단(雩祀壇, 기우제단)
소사(小祀)	영성단(靈星壇, 별), 명산대천단(名山大川壇, 목멱산 등), 사한단(司寒壇, 얼음), 마조단(馬祖壇, 말의 조상)

4. 한성부의 소프트웨어(software)

(1) 심장을 뛰게 하는 한성부

한성부(漢城府)는 도성의 백성들을 보살피고, 도시기반시설을 설치·운영하는 곳이다. 기본적인 업무에는 ① 호적청을 두고 전국의 호적부를 관리(1부는 한성부, 1부는 강화유수부에 보관)하며 ② 도성 내 치안 ③ 임금행차때 경호와 환경미화 ④ 무허가 노점상(난전) 단속 ⑤ 화재예방 ⑥ 죽은 이의 시신 검시 ⑦ 서울 도성 내 분쟁 시 송사를 담당하였다.

현재의 서울특별시는 행정기능이 중심인 지방자치기구지만 한성부는 행정, 사법, 치안을 아우르는 동시에 중앙 관청의 기능도 가진 복합적인 기관이었다. 특히 군사나 치안 업무 등에 대해서는 병조의 삼군문이나 포도청, 형조 등과 분담하여 종합적인 수도방위체계를 마련하였다.

한성부의 최고장관은 한성부 판윤(정2품)으로 오늘날 서울시장에 해당한다. 좌윤과 우윤(종2품)은 제 1·2시장에 해당하고, 좌윤 아래에 서윤(庶尹)과

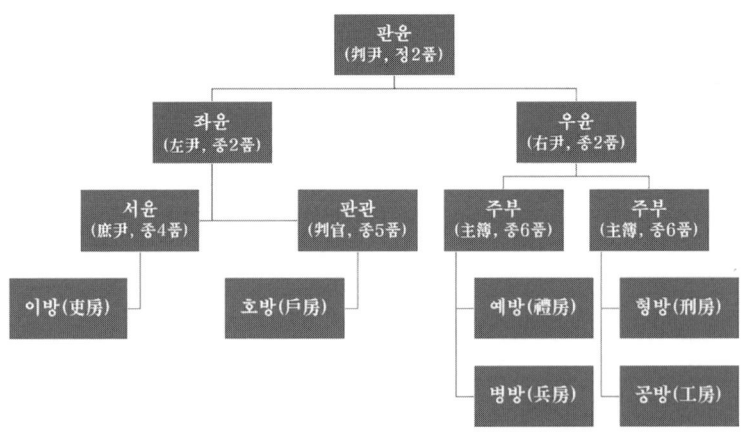

한성부 직제표

판관(判官) 1명씩, 우윤 아래에 주부(主簿) 4명을 두었는데 각각 이방, 호방, 예방, 병방, 형방, 공방의 일을 맡아 6방 체제로 운영되었다.

한성부의 행정구역은 5부(部) 52방(坊) 329계(契, 통統)가 있으며, 계(契)의 밑으로 5가구를 묶어 반(班)과 같은 5가작통법(五家作統法)으로 연통(聯筒)시켰다. 지금의 특별시청-구청-동사무소-통-반의 행정구역과 비교한다면 조선시대는 한성부-5부-방-계-5가작통법으로 되어 있었다.

조선시대에는 세금을 부과할 목적으로 인구를 파악했기 때문에 인구통계에 누락이 많았다. 학자들은 전체 인구의 30~40%가 통계에서 빠진 것으로 추정하고 있다. 1428년(세종10)에 조사한 인구통계에 따르면 도성내의 인구는 103,328명이며 성저10리의 인구는 6,044명이었는데 이보다 많은 인구가 살았을 것으로 추정한다.

17세기 중반에는 20만 명이 넘었으며, 18세기 후반에는 30만명이 넘는 대도시가 되었다. 1789년(정조13)에 발간된 《호구총수(戶口總數)》에서는 한양의 인구가 189,153명으로 집계되었다. 이에 따르면 도심부인 중부가 약 2만 명에 불과하였던 반면 서부는 6만 8천여 명으로 가장 많았고, 남부는 4만 6천여 명으로 그다음이었다. 한강을 끼고 있는 지역이 상대적으로 인구가 많았는데 조선 후기에 상업이 활발해지면서 경강 지역의 거주자가 많아졌기 때문이다.

(2) 한성부의 치안을 담당한 포도청

조선후기 한성부 전 지역의 순찰은 형조 소속인 좌우포도청과 좌우순청에서 담당하였으나, 17세기에 이르러 무뢰배에 의한 우마 절도가 극심해지자 훈련도감에 순라의 임무가 부여되기 시작하였다. 이후 18세기에 이르면 도성 순라의 임무는 훈련도감 뿐 아니라 어영청과 금위영에도 분장되어 한

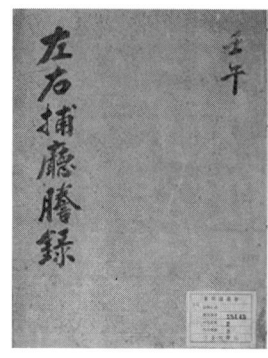
포도청등록

포도청의 심문과 형벌 모습

성부 5부를 8패로 나누어 1패에서 4패는 도성 안 지역을, 5패에서 8패는 도성 밖을 순찰하는 시스템이 확립되었다. 도성 안의 경우 훈련도감은 종각에서 돈의문 남북 지역, 관현, 이현 일대를, 금위영은 흥인문 주변 지역과 돈의문에서 안국동, 삼청동 일대를, 어영청은 오간수문을 기준으로 천변을 따라 광통교까지 이르는 지역과 돈의문 남북에서 종각까지로, 주로 청계천 주변을 순찰하였다.

도성 밖 지역은 훈련도감의 경우 동대문과 남대문 밖 지역에서 경강인 서강, 한강, 두모포에 이르는 곳을, 금위영은 홍제원에서 모화관, 아현을 거쳐 이태원 주변 지역과 마포에서 서빙고, 토정에서 망원정에 이르는 경강 구역의 순라를 담당하였다. 어영청은 동대문 밖 왕십리, 제기동, 종암동, 수유현까지 순라했으며, 남대문 밖은 청파, 서빙고, 마포, 용산, 양화진을 행순하였다.

이 같은 순라의 목적은 도적 및 화재의 예방에 있었으며, 또한 화재 발생 시 달려가서 불을 끄기 위한 것이기도 하여 삼군영의 업무 중의 하나가 소방이었다. 그렇다면 조선시대의 소방시스템은 어떠했을까?

조선 초기에는 1426년(세종8) 한성부 대화재를 계기로 금화도감이라는 소방 전담 기구가 설치되어 도성의 화재를 담당하였다. 이후 금화도감은 성문도감(城門都監)과 병합되어 수성금화도감(修城禁火都監)으로 운영되다가 1481년(성종12) 수성금화사라는 정4품아문으로 《경국대전》에 법제화되었다. 《경국대전》에 의하면 '수성금화사는 궁성과 도성의 성곽 수리 및 궁궐·관청의 청사, 경성 5부 민가의 금화에 관한 일을 관장한다.'라고 하여 도성 화재 시 소방을 전담하는 임무를 띠었다.

수성금화사는 소방을 담당한 독립 관사였지만 관원들은 의금부, 병조, 형조, 공조, 한성부, 5부, 사복시, 군기시 등 여러 관사의 관원들이 임무를 겸임하였다. 병조는 관사들을 5부에 분속하여 구화패(救火牌)를 발급했으며, 한성부 5부내에서 화재가 발생할 경우에는 병조, 의금부, 형조, 한성부 및 수성금화사의 관원들이 각기 소속 부원을 인솔하고 달려가 소화 작업을 진행하였다. 의금부는 의금부의 나장과 사복시 및 군기시 소속 하례 중에서 각각 1인을 화재감시인으로 배정하여 상시로 종루에 올라가 화재 여부를 감시하게 하고 이궁, 관사, 5부 방민의 가옥에서 화재가 발생할 경우 종을 치도록 하였다. 수성금화사를 중심으로 의금부, 한성부, 형조, 공조, 병조 등 주요 관사의 공조 체제 하에 소방 업무가 이루어졌다.

특히 궁궐에 화재가 났을 경우에는 방민을 동원하여 화재 진압을 하였는데, 5부마다 각기 금화 담당 구역을 정하였다. 경복궁 화재 시 중부는 수진방, 징청방, 관광방, 순화방, 의통방이, 서부는 적선방이 구화하였다. 창덕궁의 경우 북부는 양덕방, 과화방이, 중부는 정선방, 경행방이 구화하였으며, 창경궁은 동부 연화방, 서운방, 덕성방, 연희방에서 구화를 담당하였다. 화재가 발생했다는 종소리가 울리면 바로 각 호의 남녀를 거느리고 각기 급수하는 기구를 가지고 궐문 밖이나 각 궁문 밖에 대령하게 하였다. 조선 후기에도 이와 같은 구화시스템은 유지되었다.

수성금화사는 17세기 초반까지 지속되다가 1637년(인조15) 여러 관서를 통폐합하는 과정에서 폐지되었다. 인조는 성격이 유사한 관청들을 통합하여 관사의 수를 감축하는 작업을 진행하였다. 이 과정에서 내자시, 사섬시, 풍저창, 사축서, 종부시가 각각 내섬시, 제용감, 창흥고, 전생서, 종친부에 병합되었고, 수성금화사는 혁파되었다. 이유는 관청으로서 효용성이 없기 때문이었다.

이후 수성금화사의 업무는 한성부와 병조가 맡았는데 수성의 임무는 병조가, 금화의 업무는 한성부가 담당했으며 밤에는 순청(巡廳)이 주관하였다.

(3) 옛 사람들의 한양살이

한양에는 다양한 계층이 모여 살았다. 국가의 상징이자 나라를 다스리는 국왕을 정점으로 오늘날 공무원에 해당하는 각 관청에 관료들이 있었으며, 전문직 종사자인 의관·역관·율관 등이 있었고, 실무를 담당하는 서리들도 있었다.

경화사족으로 대표되는 상류계층은 주로 궁궐과 가까운 북촌과 상촌에 살면서 그들만의 권력과 부를 유지했다. 물론 고고한 남촌의 선비문화도 빼놓을 수 없다.

근래에 재현된 순성놀이

도성의 중심부인 운종가에는 상인들이 터를 잡고 시전을 운영하였는데 이들은 남대문 밖 칠패, 한강변의 마포 등에 주로 거주하였다. 또한 도성 밖에서 채소와 과일 등을 생산하는 농민들 역시 한양 땅을 밟고 살아갔으며 훈련도감을 비롯한 삼군문이 있어 도성 안팎으로 군인들도 많이 살았다.

한양 사람들은 다채로운 놀이를 즐겼다. 만리재에서 치열하게 벌이던 석전(石戰)으로 그해 수확의 결과를 점쳤고, 청계천변에서 열리던 연날리기는 어른이나 아이들이나 남자들의 놀이였다. 화창한 봄날이 되면 풀각시놀음이나 화전놀이(진달래 꽃잎을 얹어 만드는 전), 단오날 뛰던 그네 등은 여자들의 놀이다.

여름날 탕춘대나 삼각산 밑 벽송정 아래에서 발을 씻던 탁족이 양반들의 놀이라면 서민들은 동네 마당에서 윷놀이를 즐겼다.

대보름날이 되면 남산에 올라 달을 보며 소원을 빌던 영월(迎月, 달맞이)과 다리병이 없기를 바라면서 밤새도록 청계천의 다리들을 밟고 다니는 답교(踏橋, 다리밟기)는 남녀노소를 막론하고 모두가 즐겼다.

세시와 절기에 따른 놀이는 조선 팔도 어디서나 즐겼겠지만 봄이 되면 필운대의 살구꽃, 북둔의 복사꽃과 동대문 밖에 버들을 찾아 떠나는 한양사람들의 꽃놀이에 비할 수는 없을 것이다. 여름에는 더위를 씻고, 가을에는 수확의 기쁨을 나누며, 겨울에는 새해를 맞이하는 풍속은 궁궐의 왕족에서부터 성문 밖의 서민들까지 즐겼던 옛 사람들의 여유와 행복이었다.

5. 맺는말

　동아시아에서 가장 오래된 수도 서울의 형성 배경과 한성부의 조직과 역할에 대해 살펴보았다. 궁궐이 있는 한양에는 궁궐에 사는 왕족, 궁궐에서 근무하는 궁인들과 관리들, 궁궐을 지키는 사람들, 그의 가족들, 또 그들에게 의지하고 그들을 상대로 장사를 하거나 도움을 주고받는 사람들이 있고, 그 사람들을 관리하는 한성부가 있다.

　예나 지금이나 도시를 만드는 것도 그 안에서 살아가는 것도 사람이다. 비록 계급에 따른 신분도 다르고 살아가는 역할도 환경도 달랐지만 그 한 사람 한 사람이 모여 500년을 넘게 이어져온 조선의 왕도(王都)가 유지되었다.

　한양에는 조선의 심장을 뛰게 하는 사람들이 산다.

13

왕의 호칭, 동아시아 군주를 정의하다

왕은 묘호, 존호, 시호, 능호와 같은
여러 호칭을 갖는데 그것 자체가 특수한 지위를 상징한다.

한 문장으로 읽는 〈왕의 호칭〉

'내가 두려워하는 건 역사뿐이다'라고 연산군은 말했다. 연산군은 조나 종이라는 죽은 후 그 공덕을 의미하는 묘호를 받지 못하고 군이라는 폐위된 왕으로 종묘에 들지 못한 임금 즉 묘호가 없는 왕이 되었다. 역사는 그 이름으로 옳고 그름을 심판한다. 나라의 정통성과 예치의 근본을 담은 왕의 이름 속에 숨겨진 비밀을 통해 이천 년을 넘게 이어온 우리 역사를 이해할 수 있다.

삼국시대에서 시작하여 마침내 조선의 '예'를 상징하게 된 묘호는, 조상의 지혜가 온축되어 있는 거대담론의 결정체다. 묘호는 조선의 유교 윤리와 국가이념 통치철학 역사 등 인간의 사고를 통섭하는 가치판단으로 빚어낸 창조물이다.

13

왕의 호칭, 동아시아 군주를 정의하다

글 : 김지혜

1. 나라의 정통성과 예치의 근본, 국왕의 이름에 숨겨진 비밀

조선의 사상적 주축인 주자학의 특징 중 하나인 사회 속에서 개인의 위치와 역할을 규정하는 명분이 중요했다. 사람들은 '이름값'을 해야 한다라는 생각에 관례 때 지어 주는 이름 하나에도 예를 따졌고, 그

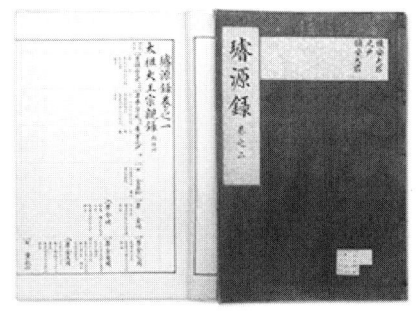

《선원록》, 왕실의 족보

작명의 정신을 평생의 신념으로 간직하며 살아냈다. 유교에서는 이름을 통해 사람을 평가하고 심판하였기 때문이다. 아이가 태어나면 이름을 통해 그 아이의 미래를 기약하였고, 죽은 뒤에는 그 일생을 평가하여 새로운 이름을 주었다. 하물며 한 나라를 책임지는 국왕에게 있어서 아명부터 죽은 뒤 사당의 이름을 정하는 일이 하나의 의례로 자리 잡게 되었다.

2. 왕의 이름, 아명(兒名)·휘(諱)·자(字)·호(號)

사람들은 이름 가지기를 좋아한다. 조선의 왕은 사대부와 마찬가지로 아명(兒名), 휘(諱), 자(字), 호(號)와 존호(尊號), 시호(諡號), 묘호(廟號), 능호(陵號) 등 10여 가지에 이른다. 대부분의 이름은 그 가치와 의미가 특별했다. 조선시대 양반들을 비롯한 일반 백성들은 세상에 갓 태어난 아이를 '아명'으로 불렀다. 보통 아명은 개똥이나 소똥이 등 비천한 의미의 이름이 많이 사용되었다. 이는 세상에 갓 태어난 아이의 복을 아끼려는 뜻에서 의도적으로 그렇게 한 것이다.

왕실의 아이들도 태어난 후 아명으로 불렸다. 예컨대 조선시대 왕의 자손들을 수록한 족보 중의 하나인《선원록(璿源錄)》에는 대군, 군, 공주, 옹주 등의 아명이 실려 있다. 따라서 왕의 아들로 태어나면 아명(兒名)으로 불리다가 후에 왕이 될 세자로 책봉된 뒤에는 본명인 '휘'를 받는다. 조선 전기에는 왕실의 족보(族譜)인《선원록(璿源錄)》에 대군(大君), 군(君), 공주(公主), 옹주(翁主) 등의 아명을 수록하였다고 한다. 이는 조선시대 왕족도 일반인과 마찬가지로 아명을 가지고 있었음을 의미한다.

조선 전기에는 왕의 큰아들인 원자(元子)도 아명을 가지고 있었다. 연산군의 아명은 무작금(無作金)이었으며, 중종의 적장자(嫡長子)는 억(億)이라는 아명을 썼고, 명종의 원자는 곤령(鯤齡)이라는 아명을 사용하였다. 원자에게 사용되는 아명, 즉 무작금, 억, 곤령도 고상한 의미는 아니었다. '무작금'은

정조의 이름을 사극의 제목으로 정한 사극 〈이산〉

'쇳덩어리'라는 의미였으며 '억'이나 '곤령'의 정확한 의미는 알려지지 않았지만 절대 고상한 의미를 담고 있지는 않았을 것이다. 고종 황제의 아명인 개똥이도 고상한 의미는 아니었다. 이는 일반 백성들이 아명을 비천하게 지어 복을 아꼈다는 풍속과 마찬가지로 왕실에서도 비천한 아명을 사용함으로써 복을 아끼려 한 것이었다. 그러나 조선 후기가 되면서 왕의 적장자, 즉 왕비가 출생하는 큰아들의 경우는 아명을 사용하지 않았다.

조선 후기의 기록에서도 왕의 적장자에 대한 아명을 알 수 있는 사례를 찾을 수 없다. 실록은 물론이고 등록(謄錄)이나 의궤(儀軌)에서도 원자의 아명이 나타나지 않는다. 아명 대신에 원자는 출생 직후부터 그냥 원자라고만 불렀다. 이는 조선 후기에 원자가 일반 왕자들과 구별되는 존재로 격상한 결과였다. 원자는 왕자나 공주와 마찬가지로 아기씨(阿只氏)라는 존칭을 덧붙여 불렀다.

따라서 조선 후기 왕의 적장자는 출생 후에 아명을 사용하지 않고 단지 원자 아기씨로 불리는 것이 통상적이었다. 그런 면에서 조선 후기 원자에게는 더 이상 보통 사람 같은 아명을 사용하지 않았다고 하겠다. 조선시대에는 원자로 책봉되면 바로 관례를 행하는 경우가 많았다. 관례를 행하면 이름을 짓기 전에 자(字)를 먼저 받는다. 예를 들어, 세종의 자는 원정(元正), 정조의 자는 형운(亨運)이다.

휘(諱)은 세자로 책봉되면 받는 이름이다. 그러나 '휘'로는 불리지 않고 '세자', '동궁', '저하' 등으로 불리며 왕이 되면 더욱 엄중하게 '휘'를 감춘다. 몇몇을 제외하고 대부분 전해지지 않으나 자(字)와 호(號)는 실록에 의해 전해지고 있다. 일단 왕의 본명인 "휘"가 있지만, 사용할 수 없는 글자이기 때문에 백성들이 모르고 사용했다가는 처벌받을 수 있으므로 거의 사용하지 않고 어려운 한자를 골라 휘를 지었다고 한다.

왕위를 계승할 세자로 책봉되면 이름을 받게 되는데, 이때 대신들은 세자의 이름을 세 가지로 지어서 왕에게 올리면 왕은 그중에서 하나를 골라 세자의 이름으로 정한다. 왕의 이름은 외자로 특이한 글자로서 짓는다. 왕의 이름을 쓰거나 부르는 것은 금기시 하여 만일 이것을 위반하면 엄한 벌을 받았다.

예를 들어 과거시험 답안지에 역대 왕들의 이름이 한 글자라도 들어가면 무조건 낙방이었고, 또 상소문에도 왕의 이름을 쓰면 접수도 되지 않았을 뿐더러 무려 곤장 백 대의 중형을 받게 된다 하였다. 간혹 상소문이나 문서에 왕의 "휘"에 해당하는 글자가 나오면 그것을 읽는 관리들이 차마 읽지 못하고 진땀을 흘렸다고 한다. 그래서 조선시대 왕의 이름은 언어생활에서 사용되지 않는 특이한 글자나 외자를 쓰거나 아니면 새로운 글자를 만들어 썼다. 예를 들어 세종의 이름은 '도', 정조의 이름은 '산'이다. 그런데 조선시대에는 태조 '이성계'처럼 창업을 하여 왕이 되었거나 또는 반정을 통해 왕이 되었거나 방계로부터 들어가 왕위를 계승한 사람들도 있다. 이들은 모두 왕이 됨과 동시에 왕이 되기 전의 이름을 버리고 개명을 한다. 태조 이성계의 이름인 성계(成桂)는 왕위에 오르면서 단(旦)이라는 이름으로 바꾸었다.

3. 왕이 받는 책봉 명칭들, 봉작명·책봉명(冊封名)

세습 군주였던 조선시대 왕은 즉위할 때까지 몇 차례의 책봉 과정을 거쳤다. 그것은 출생 후의 원자, 10세 전후의 왕세자 또는 왕세제(王世弟) 혹은 왕세손(王世孫), 그리고 즉위 후의 조선 국왕(朝鮮國王)의 세 가지였다. 물론 이 같은 봉작명(封爵名), 또는 책봉명(冊封名)이 그대로 조선시대 국왕의 호칭으로도 사용되었다.

원자 책봉은 중국과 관계없이 조선 자체에서 거행되었지만, 세자 책봉과 국왕 즉위는 중국에 보고하고 승인을 받아야 하였다. 원자 책봉의 경우 왕의 적장자이면 출생 이후부터 자연적으로 원자가 되었다. 그러나 왕의 적장자가 아닐 경우에는 원자에 책봉되는 의식을 별도로 거쳤다.

사도세자는 영조의 후궁인 영빈 이씨(暎嬪李氏)의 소생이었으므로 보통의 경우라면 일개 왕자군(王子君)일 뿐이었다. 영조는 당시 아들이 없었으므로 영빈 이씨의 소생을 출생하던 당일 특별히 명령하여 원자로 결정하였다. 이 밖에도 숙종의 후궁이었던 장희빈(張禧嬪) 소생자로서 훗날 왕위에까지 올랐던 경종은 출생 후에 원자로 결정되기까지 복잡한 논란을 겪어야 하였다.

이렇게 원자로 결정되면 그 뒤부터 원자 아기씨로 불렸다. 원자 책봉은 중국에 보고하지도 않고 승인을 받지도 않았다. 따라서 왕의 적장자로서 원자가 되거나 아니면 특별히 원자에 책봉되는 경우에는 원자로 인정한다는 조선 내부의 책봉문만 있고 주청문(奏請文), 승인문(承認文), 도장 등이 없었다.

이에 비해 중국에 보고하고 승인을 받아야 하는 세자 책봉 및 국왕 즉위는 주청문, 승인문, 도장 등이 필요하였다. 예컨대 조선시대 세자 책봉이나 국왕 즉위 시에는 으레 책봉을 요청하는 주청문을 중국에 보내고 중국에서는 이에 대하여 고명문(誥命文)이라는 승인문을 보냈다.

아울러 세자와 국왕을 상징하는 도장도 제작하였다. 이 중 왕세자 또는 왕세제 혹은 왕세손에 책봉되는 것은 공식적으로 왕의 후계자로 결정되었음을 나타내는 의식이었다. 왕세자는 왕의 적장자가 받는 책봉 명칭이었으며, 왕세제는 왕의 동생이 받는 책봉 명칭이었다. 경종의 이복동생이었던 영조는 왕세제로 책봉되었다. 다만 정종의 동생으로서 왕의 후계자가 되었던 태종의 경우는 왕세제가 아닌 왕세자에 책봉되었는데, 이는 태종이 태조의 직계 후계자라는 점을 강조하기 위해서였다. 왕세손은 왕의 손자로서 왕의 후계자가 되었을 때의 책봉 명칭이었다. 세자, 세제, 세손에 책봉되면 그를 상징하는 도장에 이 명칭을 사용하였다. 예컨대 세자의 도장은 왕세자인(王世子印)이었다.

왕위에 즉위할 때에도 중국에 사신을 보내 전왕(前王)의 작위(爵位)를 계승하여 책봉해 줄 것을 요청하였는데, 이때 중국에서 책봉한 공식 명칭은 조선 국왕이었다. 조선 국왕이라는 책봉 명칭은 왕이 중국이나 일본 등에 외교 문서를 보내거나 천지신명에게 제사를 올릴 경우에 사용하였다.

원자, 왕세자, 국왕이라고 하는 공식적인 책봉 명칭 다음에는 또한 궁(宮), 저하(邸下), 전하(殿下)라고 하는 경칭을 덧붙여 원자궁(元子宮), 왕세자 저하(王世子邸下), 국왕 전하(國王殿下)라고 부르기도 하였다. 궁, 저, 전은 본래 건물을 지칭하는 용어였다. 그러나 궁, 저, 전은 격이 같은 건물이 아니라 서로 품격이 다른 건물이고, 그 명칭은 건물을 이용하는 사람의 지위에 따라 결정되었다.

왕의 경우 전하 말고도 국왕을 상징하는 수많은 경칭(敬稱)이 있었다. 예컨대 주상(主上), 상(上), 성상(聖上), 당저(當佇) 등이었다. 이런 경칭들은 신료들이 왕을 지칭할 때 으레 사용되었다. 전왕이 사망한 뒤에야 후계 왕이 왕위에 오를 수 있었다. 그러나 정치 현실에서 원칙만 있을 수는 없었다. 전왕이 살아 있는 데도 후계 왕이 즉위하는 때가 그런 경우였다. 이런 경우 왕위에서 물러난 왕은 상왕(上王), 노상왕(老上王), 태상왕(太上王) 등으로 불렀다. 상왕, 노상왕, 태상왕은 특별한 책봉 의식을 거치지 않았다. 단지 후계 왕이 살아 있는 전왕을 우대한다는 의미에서 이 같은 호칭을 올리고 예우를 해 주는 것이었다. 이런 의미에서 상왕, 노상왕, 태상왕은 존호(尊號)라고 하였다. 살아서 왕위에서 물러난 왕은 이 존호로 호칭되었다.

〈숙신옹주가대사급성문(淑愼翁主家垈賜給成文)〉

상왕은 현재 재위에 있는 왕의 아버지를 의미하였다. 예컨대 제1차 왕자의 난 이후 왕위에 오른 정종은 아버지 태조 이성계에게 상왕이라는 호칭을 올렸다. 노상왕은 상왕의 형제인 경우에 사용하였다. 세종이 왕위에 오른 후 태종과 정종이 각각 상왕과 노상왕으로 불린 경우가 그러하였다. 이에 비해 태상왕은 최고의 예우를 할 때 올리는 호칭이었다. 태종이 왕위에 오른 후 조선 건국 시조인 태조 이성계를 태상왕으로 올린 경우였다.

조선시대 원자, 세자, 세제, 세손, 국왕, 상왕, 노상왕, 태상왕 등의 호칭은 오직 세습 군주였던 왕의 경우에만 나타난다. 이런 호칭들이 바로 조선시대 최고 권력자였던 왕의 지위를 극명(克明)하게 대변하는 이름이었던 것이다.

4. 살아 있을 때 가장 중요한 이름, 존호

조선시대에 생전의 왕을 부르는 호칭 중에서 존호(尊號)는 현 국왕보다 존귀한 호칭이라는 의미로서의 존호와 왕의 공덕을 찬양하기 위한 호칭이라는 의미로서의 존호 두 가지가 있었다. 국왕보다 존귀한 호칭은 물론 현 국왕보다 상위의 지위에 있음을 의미하였다. 조선 건국 이후 태조, 정종, 태종 등이 상왕이나 태상왕이 된 경우가 그것인데, 이런 경우에 현 국왕은 자신보다 존귀한 존재임을 표시하기 위해 상왕이나 태상왕이라는 호칭을 올렸다. 그러나 이런 경우는 별로 많지 않았으므로 조선시대 왕의 존호는 주로 살아 있는 왕의 업적을 찬양하기 위한 호칭으로 사용되었다. 이 같은 예에 의해 조선시대 국왕 가운데 생전에 존호를 받은 최초의 왕은 태조 이성계였다.

태조에게 존호를 올리자는 요청은 권근(權近)이 시작하였다. 1399(정종1) 10월 갑진일(甲辰日)에 권근은 상소문을 올려, 효도를 높이기 위해서는 당시 상왕으로 있던 태조 이성계에게 존호를 올려야 한다고 요청하였다. 이때 권근은 태조 이성계에게 존호를 올려야 하는 근거로서 "근심하며 부지런히 덕을 쌓아서 왕업을 창건하고 대통(大統)을 전하여 억만년 무궁한 기업을 열어 전하에게 전하였으니, 높은 공과 성한 덕이 하늘과 더불어 다함이 없다."

는 내용을 제시하였다. 즉 태조 이성계의 공덕을 찬양하는 존호를 올려야 한다는 것이었다. 이에 따라 태조 이성계에게 존호를 올리기 위한 봉숭도감(封崇都監)이 1400년(정종2) 6월 기유에 설치되었고, 6월 계축에 '계운신무(啓運神武)'라고 하는 네 글자의 존호를 올렸다. 이 '계운신무'라고 하는 네 자의 존호는 태조 이성계가 신무로서 조선을 창업한 공덕을 표시하는 호칭이었다.

이후로 조선시대 내내 살아 있는 국왕의 업적을 찬양하기 위한 존호가 무수하게 올려졌다. 이때마다 상호도감(上號都監), 또는 진호도감(進號都監)이 설치되어 관련 업무를 추진하였다.

그런데 계유정난(癸酉靖難)을 거쳐 왕위에 오른 세조에게 '승천체도 열문영무(承天體道烈文英武)'라고 하는 여덟 자의 존호가 올라간 이후로는 으레 여덟 자의 존호를 올렸다. 또한 살아 있는 국왕의 업적을 찬양하기 위한 존호는 한 차례로 끝나는 것이 아니라 여러 차례 올리기도 하였으며, 시간이 흐르면서 존호를 올리는 일이 점점 더 많아졌다. 예컨대 광해군은 여섯 차례에 걸쳐 존호를 받기도 하였다. 또는 대비 등에게 존호를 올릴 때 현왕에게 으레 존호를 올리는 일도 많았다. 이러다 보니 수차례의 존호를 받은 왕의 호칭은 수십 자가 되는 경우가 비일비재(非一非再)하였다.

왕의 존호가 결정되면, 그 존호는 옥으로 제작한 책(冊)과 금으로 제작한 도장인 보(寶)에 기록하여 왕에게 올렸다. 왕에게 여러 차례 존호를 올렸을 경우 그때마다 책과 보를 제작하였다. 이 결과 조선시대 왕들은 후기로 갈수록 더 많은 옥책과 금보를 갖게 되었다.

태조의 옥책

이런 과정을 거쳐 정한 존호는 왕의 공식적인 호칭으로 사용되었다. 신하들이 왕에게 상소문을 올리는 경우에는 존호를 반드시 썼다. 존호를 여러 차례 받은 경우에 왕에게 상소문 등을 올린다면 받은 순서대로 존호를 썼다. 세 차례 존호를 받았다면 여덟 자씩 순서대로 하여 24자의 존호를 쓰고 맨 뒤에 주상전하(主上殿下)라고 쓰는 것이었다.

명분상 국왕의 존호는 업적을 찬양하기 위한 호칭이었으므로 업적이 많은 국왕이 더 많은 존호를 받아야 하였다. 그러나 실제 현실에서는 의도적으로 존호를 많이 받은 왕도 있고, 대비 등이 존호를 받을 때 의례적으로 존호를 받은 왕도 있었다. 이에 따라 조선 후기로 갈수록 왕들은 점점 더 많은 존호를 받게 되었다. 이는 조선시대 왕의 존호는 각 왕대의 정치사에 밀접하게 관련된 호칭이었음을 의미하며 아울러 조선왕조가 건국된 이후 유교적 사고방식이 심화될수록 왕의 공덕을 문자로 찬양하는 유교적 관행이 점점 더 강화되었음을 보여 주기도 한다.

조선시대 국왕의 존호는 기본적으로 살아 있을 때 국왕의 업적을 찬양하기 위해 올리는 호칭이었으며, 시호(諡號)는 국상(國喪) 이후 입관(入棺) 뒤에 왕의 생전 행적을 평가해 정하는 칭호였다. 그런데 어떤 국왕이 승하한 이후 그 국왕의 특정 업적이 갑자기 새로운 평가를 받게 되는 경우가 많았다. 이런 경우에는 추후에라도 존호를 더 올리곤 하였다. 이때는 나중에 올린다고 하여 추상존호(追上尊號)라고 하였다. 1772년(영조48)에 현종에게 존호를 추상한 사례를 들어보면 다음과 같다.

1772년 10월 22일에 영조는 현종을 불천위(不遷位)로 하고 아울러 현종의 공덕을 찬양하기 위한 존호를 올리도록 하였다. 이에 조정의 대신, 중신들이 당일로 현종에게 추상할 존호를 논의해 올렸는데, 그것은 '소휴연경 돈덕수성(昭休衍慶敦德綏成)'의 여덟 자였다. 이렇게 올린 추상존호는 기왕에 올렸던 시호보다 앞에 쓰였다. 즉 현종의 존호를 추상하고 제작한 보(寶)에 '소휴연경 돈덕수성 덕문숙무 경인창효 대왕지보(昭休衍慶敦德綏成德文肅武敬仁彰孝大王之寶)'라고 새겼는데, 앞의 여덟 글자인 '소휴연경 돈덕수성'은 추상존호였고, 뒤의 여덟 글자인 '덕문숙무 경인창효'는 현종 사후에 올려진 시호였던 것이다.

5. 하늘을 대신하는 왕의 호칭, 연호

왕, 또는 황제는 이념적으로 하늘의 명을 받아 이 땅을 다스린다고 하였다. 그래서 왕이나 황제는 자신들을 이 땅의 통치자로 만들어 준 하늘의 뜻을 알기 위해 천문관측소를 설치하고 밤낮으로 하늘을 살폈다. 그 결과 하늘의 운행 질서를 파악하고 그에 대응하는 인간의 시간, 즉 역(曆)을 만들었다. 역은 현실적으로는 농업 사회에서 하늘의 절기(節氣)에 따르는 농사 월령(農事月令)의 역할을 하였다. 하지만 이념적으로 역을 만들고 이를 선포할 수 있는 사람은 황제뿐이었다. 하늘의 운행 질서를 이 땅에 선포할 수 있는 권한은 하늘의 명을 받은 황제만이 갖는다고 생각하였기 때문이다. 이런 생각에서 중국의 한나라 때부터 황제는 즉위 후에 자신만의 역을 선포하였는데, 그것을 연호(年號)라고 하였다. 연호란 말 그대로 '연도의 호칭'으로서 일 년 동안의 책력(册曆)이란 뜻이었다.

조선시대 들어서서 독자적인 연호는 전혀 사용하지 않았다. 조선은 스스로 중국의 제후국을 자처하였으므로 연호를 만들지 않고 중국에서 받아다 쓴 것이었다. 그래서 조선 전기에는 명나라의 연호를 쓰고, 후기에는 청나라의 연호를 사용하였다. 하지만 19세기에 들어 조선도 독자적인 연호를 만들어서 사용하였다. 조선이 독자적인 연호를 쓰게 된 계기는 강화도조약이었다. 강화도조약은 일제의 무력 협박에 의한 불평등 조약이었다. 그렇지만 겉으로는 자주 독립국 조선이 일제와 주체적으로 조약을 맺는 형식을 취하였다. 예컨대 강화도조약의 제1조에 "조선국은 자주 국가로서 일본국과 평등한 권리를 보유한다."고 하였는데, 이것은 청나라와의 예속(隸屬) 관계를 단절한다는 의미였다.

강화도조약 제1조에서 '조선국은 자주 국가'라고 하였으므로, 이 조약문에 청나라 연호를 사용할 수는 없었다. 그래서 궁여지책(窮餘之策)으로 개국 연호(開國年號)라는 것을 사용하였다. 개국 연호는 조선이 건국된 해를 원년으로 보고 그로부터 몇 년째인지를 계산하는 방식이었다. 중앙과 지방의 공문서에서도 개국 연호를 사용하기 시작하였다.

그런데 이 개국 연호는 단순히 조선을 개국한 이후 몇 년이라는 의미만 가지고 있으므로 전통적인 의미의 연호라고 할 수 없었다. 이런 문제의식에서 독자적인 연호가 제정되었는데, 그것은 '건양(建陽)'이었다. 이 연호는 1895년의 이른바 을미개혁(乙未改革) 때 제정되었다. 일제는 조선의 독립과 개화라는 미명하에 조선을 자신들의 영향력 아래 두고자 책동하였는데, 고종에게 황제에 즉위할 것과 연호를 사용할 것을 요구한 것이 대표적인 예이다. 하지만 일제의 의도를 간파한 고종은 황제에 즉위하기를 거부하였지만, 결국 타협으로 건양이라는 연호를 제정하였던 것이다. 고종은 1895년(고종 32) 11월 15일에 연호를 제정하라는 명령을 내렸는데, 바로 당일 내각 총리대신(總理大臣) 김홍집(金弘集)이 '건양'이라는 연호를 올렸다. 이 '건양'을 고종이 결재함으로써 조선 시대 최초의 연호가 탄생하였던 것이다. 하지만 '건양'이라는 연호는 일제의 강압에 의해 추진된 을미개혁의 산물이었다. 을미개혁에 대한 저항으로 명성황후는 시해(弑害)당하

광무 연호가 적힌 덕수궁 석어당 현판

였고, 고종은 아관파천까지 하였던 것이다. 그러므로 이 건양이라는 연호는 조선의 자주 독립과는 거리가 멀다고 하겠다. 그래서 고종은 아관파천 이후 건양이라는 연호를 취소하고 새로운 연호를 제정하게 하였다. 그것은 고종의 황제 즉위와 대한제국 선포 과정에서 이루어졌다.

고종은 1897년(고종34)에 명령을 내려 연호를 조사해 올리도록 하였는데, 이는 황제 즉위를 위한 사전 준비였다. 명령에 따라 의정부에서는 '광무(光武)'와 '경덕(慶德)' 두 가지를 조사해 보고하였다. 광무는 무력(武力)을 강조하고 경덕은 인덕(仁德)을 강조한 것인데, 고종은 이 중에서 광무를 선택하였다. 당시 고종은 부국강병(富國强兵)이 급선무라 판단해 광무를 선택하였을 것이다. 이렇게 해서 1897년 8월 14일부터 광무 연호를 사용하기 시작하였다. 광무 연호가 결정된 이후 고종이 황위에 오름으로써 광무는 명실상부한 황제의 연호가 되었다. 고종 황제 이후 순종 황제는 '융희(隆熙)'라는 연호를 사용하였다.

6. 이름으로 일생을 심판하다, 시호

조선시대 왕은 세상을 떠난 이후에도 수많은 호칭을 받았다. 시호(諡號), 묘호(廟號), 능호(陵號), 전호(殿號), 추상존호(追上尊號), 추상시호(追上諡號) 등이 그것이었다.

이 중에서 시호는 왕의 사후에 왕의 생전 언행을 참조하여 결정한다는 의미에서 일반 신료들이 받는 시호와 동일하였다. 그러나 왕의 시호는 중국 천자에게서 받는 것과 신하들이 올리는 것의 두 가지가 있었다는 점에서 일반적인 시호와 달랐다.

시호는 이름을 중시하는 유교 문화의 산물이었다. 살아생전 훌륭한 공덕을 쌓은 사람의 인생을 찬양하기 위해 죽은 후에 특별히 올리는 호칭이 시호였던 것이다. 조선시대에 시호를 받는 사람은 극히 제한되었다.

왕의 시호는 국상이 난 지 5일이 지난 뒤, 즉 빈전(殯殿)에 재궁(梓宮)을 모신 후에 신료들이 논의하여 결정하였다. 조선시대에 국왕 또는 왕비의 시호를 결정하는 시한이 확정되어 있지는 않았다. 빈전에 재궁을 모신 당일에 하거나 또는 며칠 있다가 하거나 아니면, 달을 넘기고 다음 달에 하는 등 일정하지 않았던 것이다. 다만 빈전에 모신 후에 한다는 원칙은 분명하였다.

시호를 결정하는 첫 단계는 죽은 자의 삶을 철저하게 조사하여 기록하는 것이었다. 행장(行狀)이라고 하는 글이 그것인데, 행장은 죽은 사람의 일생을 자세하게 기록한 글이었다. 태어나서 죽을 때까지 그가 세상에서 한 온갖 말과 행동을 모아서 행장을 만들었다.

조선시대 왕의 행장은 당대 최고의 문장가인 대제학(大提學)이 짓고, 최종적으로 의정부의 정승들이 검토하여 결정하였다. 행장이 완성되면 중국에 사신을 보내 시호를 결정해 줄 것을 요청하였다. 그 사신의 이름이 청시사(請諡使)였다. 북경에 도착한 청시사는 조선에 국상이 난 사실을 알리고, 아울러 시호를 정해 줄 것을 요청하였다. 그러면 중국에서는 시호 두 글자를 결정하여 보냈는데, 태조의 강헌(康憲), 세종의 장헌(莊憲) 등이었다.

조선 자체에서 결정하는 왕의 시호는 다음과 같은 과정을 거쳤다. 봉상시(奉常寺)에서 시호에 사용하는 글자를 모아 예조에 보고하면, 예조에서 이를 검토하여 의정부에 보고하였다. 의정부에는 2품 이상의 관료들이 모여서 시호를 의논하였는데, 어느 때는 5품 이상의 관료들이 모두 참여할 때도 있었다. 그렇게 모여서 네 자 또는 여섯 자, 또는 여덟 자의 시호를 결정하였는데, 여덟 자의 경우가 가장 많았다. 특별한 공적이 있는 왕의 경우에는 네 자를 더하여 12자의 시호를 올리는 수도 있었다.

이렇게 결정된 시호를 왕에게 보고하면, 왕이 검토하고 별 이견이 없을 경우 재가하였다. 만약 불만이 있으면, 왕은 다시 의논하여 올리라고 명령하였

인종 시책(仁宗諡冊)

다. 시호가 결정되면, 이를 옥에 새겨 책으로 만들고 아울러 도장으로 새겼다. 여러 편의 옥에 시호를 새겨서 책으로 만든 것을 시책(諡冊)이라고 하였다.

시책에는 시호, 그리고 그 시호에 드러난 왕이나 왕비의 공덕을 찬양하는 내용을 실었다. 시호를 도장에 새긴 것은 시보(諡寶)였다. 시보에는 시호만 새기고 다른 내용은 없었다.

왕의 결재를 받은 시호는 시책과 시보로 만들어 종묘에 고하고 허락을 요청하였다. 이런 의식을 '청시종묘의(請諡宗廟儀)'라고 하였다. 종묘에 시호를 요청하는 의식이란 의미였다. 유명을 달리한 왕의 일생을 평가하는 시호의 최종 결정권을 종묘의 조상신에게 맡긴다는 의미였다.

시호는 청시종묘의를 거침으로써 완전히 결정되었다. 이렇게 결정된 시호는 빈전에 함께 모셨다. 시호를 새긴 시책과 시보를 빈전에 올리는 의식은 '상시책보의(上諡冊寶儀)'라 하였다. 이 의식을 통하여 시책과 시보는 장례 이전까지 혼백을 모신 영좌 앞에 함께 모셔 두었다. 시호는 사후에 특정 업적이 재평가되면 다시 올리기도 하였다. 마치 존호를 다시 올리는 것과 마찬가지였다.

재평가 결과 다시 올리는 시호는 추상시호(追上諡號)라고 하였다. 조선 후기에는 추상시호도 추상존호와 마찬가지로 더욱더 늘어났다. 그것은 후대 왕들이 자신의 존호를 받거나 대비 등에게 존호를 올릴 경우에 으레 선대왕에게 존호나 시호를 추상하였기 때문이었다. 이 결과 추상존호와 추상시호는 선대왕에 대한 엄밀한 재평가 결과라기보다는 의례적인 행사로 변질되어 갔다

7. 왕의 혼령과 시신을 모신 장소를 부르는 호칭, 능호(陵號)·묘호(廟號)·전호(殿號)

조선시대 왕은 살아서도 죽어서도 특별한 존재였다. 그것은 살았든 사망하였든 왕이 머무는 장소를 특별하게 부르는 경우에서 잘 드러난다. 사망한 경우에도 왕의 시신이나 혼령이 머무는 곳은 특별하게 호칭되었다.

왕이 사망한 경우에는 몸과 혼령이 분리된다고 생각하여 몸이 머무는 곳과 혼령이 머무는 곳을 구별하여 불렀다. 따라서 국장(國葬) 이전 왕의 시신을 모시는 곳을 빈전(殯殿)이라 하고 국장 이후 시신을 모신 곳을 능(陵)이라 하였다. 삼년상을 받든 이후 혼령을 모신 곳을 종묘라고 하였으며, 국장 이후 종묘에 들어가기 전까지는 혼전(魂殿)이라고 하였다. 빈전, 능, 종묘, 혼전은 모두 사망한 이후에 국왕의 몸과 혼령이 머무는 장소를 특별히 호칭하는 것이었다.

이 중에서 빈전을 제외한 능, 종묘, 혼전에는 그곳에 모신 특정 국왕을 나타내는 호칭이 있었다. 능호(陵號), 묘호(廟號), 전호(殿號)라고 하는 것이 그것이었다. 전호는 국장 이후 삼년상 동안 왕의 신주를 모시는 혼전의 이름이란 뜻이었다. 왕의 국장은 사후 5개월 이후이므로 전호는 그 이후에 쓰게

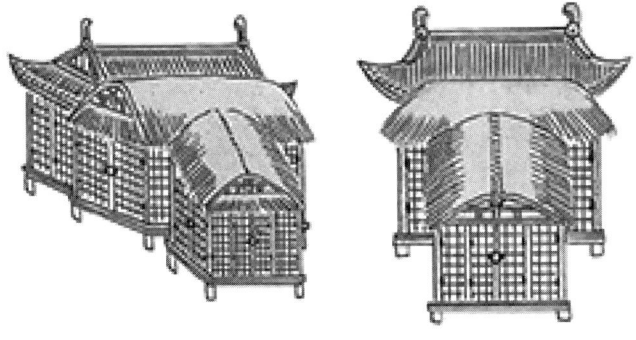

정조의 빈전

되는데, 묘호와 마찬가지로 미리 결정하였다.

전호도 시호, 묘호를 결정할 때 같이 정하였다. 전호는 앞의 두 자 와 뒤의 전(殿)이라는 글자까지 합하여 세 글자로 이루어지는데, 전은 왕이나 왕비가 거처하는 건물이라는 의미였다. 전호도 묘호나 마찬가지로 신료들이 세 가지를 추천하면 국왕이 그중에서 하나를 골라 결정하였다.

순조의 전호가 결정되는 경우를 살펴보면, 신료들이 헌종에게 추천한 전호는 '효성전(孝成殿)', '효숭전(孝崇殿)', '효륭전(孝隆殿)'의 세 가지였다. 이 중에서 헌종은 첫 번째인 '효성전(孝成殿)'을 선택하였다. '효성전'이란 '효를 완성하는 전'이란 의미로서 헌종이 순조를 추모하는 마음을 담은 것이었다. 이처럼 전호에는 후계 왕이 선왕의 혼령을 추모하며 효도를 행한다는 의미의 글자, 사(思), 모(慕), 효(孝) 등의 글자가 많이 사용되었다.

능호는 말 그대로 왕릉을 부르는 호칭이었다. 국상이 난 뒤 5개월 이후에 국장을 치르므로 왕릉의 능호도 5개월 이후부터 사용되지만 미리 결정하였다. 능호도 시호, 묘호, 전호를 결정할 때 같이 정하였다. 능호는 능(陵)이라는 글자까지 합하여 두 글자로 이루어지는데, 능은 말 그대로 왕릉이라는 의미였다. 순조의 시호와 묘호를 정할 때 능호도 함께 정하여 올렸는데, 그것은 '인릉(仁陵)', '헌릉(憲陵)', '경릉(景陵)'의 세 가지였다. 이 중에서 헌종은 첫 번째인 '인릉'을 선택하였다.

조선시대에는 능호에서 능이라는 글자 대신에 묘(廟)라는 글자를 사용하기도 하였는데, 광릉(光陵)을 광묘(光廟)라고도 하였다. 이 능호는 묘호와 마찬가지로 특정 왕을 지칭하는 이름으로 사용되었다. 순조를 인릉이라고도 하고 세조를 광릉이라고도 하였던 것이다.

조선시대의 전호와 능호는 비록 세상을 떠났다고 하더라도 왕의 혼령이나 몸이 머무는 곳을 특별한 곳으로 존중하는 호칭으로서 최고 권력자인 왕의 독보적인 지위를 잘 보여 준다고 할 수 있다.

묘호는 말 그대로 사당의 이름이다. 왕의 사당은 종묘이다.

조선시대 국왕의 호칭에는 여러 종류가 있었지만 대표 호칭은 묘호(廟號)였다. 묘호는 종묘에서 부르는 호칭이란 의미이다. 태조, 정종, 태종, 세종 등이 묘호였다. 이 묘호는 왕의 재임 시 업적에 대한 후세의 평가였다.

묘호는 두 개의 글자로만 이루어졌다. 앞의 글자는 각각 다르지만, 뒤의 한 글자는 조(祖) 아니면 종(宗)으로 되어 있었다. 두 글자로 된 묘호는 철저하게 왕의 업적을 기준으로 결정되었던 것이다. 이 묘호를 통하여 조선시대 사람들은 왕이 살아생전 어떤 업적을 이루었는지 알 수 있었다.

시호가 죽은 자의 일생을 평가하고 그에 적합한 이름을 붙여 생전의 업을 심판하는 것이었다면, 묘호도 살아생전의 업적을 평가하여 그에 걸맞은 이름을 붙인 것이었다는 점에서 본질적으로 시호와 묘호는 같은 의미를 갖고 있었다. 다만 시호는 한 인간으로서 왕이나 왕비가 어떤 인생을 살았는지를 종합적으로 보여 주는 데 비하여 묘호는 왕이 왕으로서의 역할을 어떻게 수행하였는지에 초점이 맞추어져 있다는 점에서 달랐다. 그래서 묘호는 왕의 입장에서 본다면, 후세의 사람들이 내리는 일종의 업무평가서라 할 수 있다. 그런 점에서 묘호는 오직 왕만이 가질 수 있었다.

묘호는 철저하게 뒤를 이은 왕 및 신료들이 결정하였다. 시호는 일생에 대한 평가로서 종묘에 고하여 조상신의 심판을 받는다는 상징 절차가 있었지만, 묘호는 그런 상징 절차도 없었다. 단지 신료들이 의논하고 이에 대해 왕이 결재하는 것이 전부였다. 마치 후임자들이 전임자의 업무 수행을 평가하고 그에 대한 의견을 정하는 것과 같았다.

군주의 묘호가 적힌 종묘 감실의 신주

묘호도 시호와 마찬가지로 빈전에 재궁을 모신 이후에 의논하여 결정하였다. 시호를 결정하기 위해 모인 2품 이상의 재상(宰相)들이, 그 자리에서 묘호도 의논하여 정하는 것이었다. 왕의 업적을 평가하는 항목은 두 가지였다. 공(功) 아니면 덕(德) 둘 중의 하나였다. 하늘을 대신해 이 땅을 다스리는 왕이 업적으로 내세울 수 있는 것은 사실 공 아니면 덕이라 할 수 있었다. 공은 이 땅의 무질서와 혼돈을 바로잡는 대업을 이룬 경우였다. 이에 비해 덕은 선대의 왕들이 확립한 훌륭한 정치 이념을 계승하여 태평성대(太平聖代)를 계속 이어 간 경우였다.

왕의 공을 표시하는 글자는 조(祖)였다. 묘호에 조가 들어간 왕은 혼란기에 국가를 창업하였거나 중흥시킨 대업을 완수한 왕으로 평가받았다고 할 수 있다. 왕의 덕을 표시하는 글자는 종(宗)이었다. 종이 들어가는 묘호를 받은 왕은 조가 들어가는 묘호를 받은 왕에 비해 선대의 정치 노선을 평화적으로 계승하여 통치한 왕으로서 평가받은 것이었다. 그런데 왕의 업적을 공과 덕 단 두 가지만 가지고 평가하면 구체성을 잃게 마련이다. 이에 조나 종 앞에는 공과 덕의 구체적인 내용을 알려 주는 하나의 글자를 더 붙였다.

묘호는 국왕의 업적에 대한 평가서와 같았으므로, 서로 간에 평가 의견이 다를 수 있었다. 신료들 간에도 의견이 다르거나 아니면 신료들이 올린 평가 의견에 왕이 동의하지 않는 수도 있었다. 심지어는 몇 십 년 지난 후대 사람들이 전대의 평가 의견에 이의를 제기하고 바꾸는 경우도 있었다. 2품 이상의 재상들이 왕에게 세 가지의 묘호를 추천해 보고하면, 왕이 그중에서 판단하여 선택하였다. 왕은 추천된 세 가지 묘호 중에서 첫 번째 묘호를 선정하는 수가 많았다. 그러나 그렇지 않은 경우도 적지 않았다. 이는 특히 비상한 방법으로 왕이 된 사람들의 경우, 그 방법과 공과를 평가해야 할 때 그렇게 되는 수가 많았다.

세조가 승하한 뒤 예종이 왕위에 올랐다. 신료들은 관행대로 예종에게 세 가지 묘호를 추천하였다. 그것은 신종(神宗), 예종(睿宗), 성종(聖宗)이었다. 이 세 가지 묘호에는 조(祖) 자가 들어간 것이 하나도 없었는데, 이는 당시의 신료들이 세조의 왕위 찬탈을 대업으로 평가하는 데 주저한 정황을 보여 준다.

《영종대왕실록》

삼망(三望)을 보고 받은 예종은 심기가 몹시 상하였던 듯하다. 예종은 세조의 둘째 아들이므로 그의 입장에서는 세조의 왕위 등극이 대업으로 평가받아야 떳떳하였다. 신하들을 부른 예종은 "대행 대왕(大行大王)께서 국가를 중흥시킨 공을 일국의 신민으로서 누가 알지 못하는가? 묘호를 세조(世祖)로 할 수 없는가?" 하고 노골적으로 불편한 심기를 드러냈다.

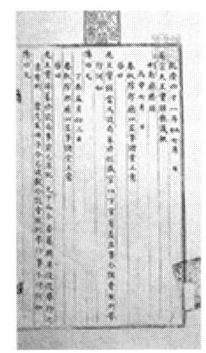

《실록청의궤》

예종은 '국가를 중흥시킨' 공이 있으므로 당연히 조 자를 넣어야 된다고 요구한 것이었다. 이에 신료들은 "세조는 우리나라에 세종이 있기 때문에 감히 의논하지 못하였습니다."고 대답하였다. 그러나 예종은 "중국의 한(漢)나라 때에도 세조와 세종이 있었다. 그러니 지금 대행 대왕을 세조로 한다고 해서 무슨 거리낌이 있겠는가?"하고 재차 질책하였다. 예종이 즉석에서 이렇게 말한 것은 묘호를 세조로 내심 결정해 놓고 그에 대한 사전 조사를 끝냈기 때문이었을 것이다. 예종의 질책을 받은 신료들은 모두 할 말을 잃고 벌을 내려 달라고 하였다. 예종은 다시 묘호를 의논해 올리라고 명령하였고, 그 결과 다시 세조로 묘호를 의논해 올렸다. 세조의 경우 만약 예종이 문제를 제기하지 않았다면 묘호는 신종이 되었을 것이다.

묘호는 종묘에서 부르는 호칭이므로 종묘에 봉안한 신주(神主)에다가 새겼다. 묘호를 새긴 신주를 연주(練主)라고 하였다. 연주는 초상이 난 이듬해에 연제(練祭)라고 하는 제사를 지내고 난 뒤 새로 만드는 신주였다. 연제를 지낸 뒤 후손들은 초상이 난 이래 줄곧 입고 있던 상복을 벗고 부드러운 실로 새로 지은 연복(練服)이라고 하는 옷을 입었다. 이때 후손들만 새로 옷을 입는 것이 아니라 기왕에 있던 신주를 없애고 새로 신주를 만들어 조상의 혼령도 새 집으로 옮기게 되는 것이었다. 연주는 밤나무로 만들기 때문에 율주(栗主)라고도 하였다. 연주는 종묘로 옮기기 전까지는 혼전에 모셨으며, 연주를 만드는 날에 기왕의 신주는 종묘 뒤뜰의 으슥한 곳에 파묻었다.

연주에는 시호, 묘호, 생전에 받았던 존호 등을 모두 썼다. 만약 세월이 흐른 뒤에 후손들이 왕의 업적을 재평가하고 존호 등을 더 올리면 기존 내용을 지우고 새로 썼다. 왕이나 왕비의 신주 중에서 묘호를 쓰는 것은 오직 연주뿐인데, 그것은 연주를 나중에 종묘에 모시기 때문이었다.

8. 맺음말

'내가 두려워하는 건 역사뿐이다'라고 연산군은 말했다. 연산군은 조나 종이라는 죽은 뒤 그 공덕을 의미하는 묘호를 받지 못하고 군이라는 폐위된 왕으로 종묘에 들지 못한 임금 즉 묘호가 없는 왕이 되었다.

역사는 그 이름으로 옮고 그름을 심판한다. 나라의 정통성과 예치의 근본을 담은 왕의 이름 속에 숨겨진 비밀을 통해 이천 년을 넘게 이어온 우리 역사를 이해할 수 있다. 삼국시대에서 시작해, 마침내 조선의 '예'를 상징하게 된 묘호는, 조상의 지혜가 온축되어 있는 거대담론의 결정체다. 묘호는 조선의 유교 윤리와 국가이념 통치철학 역사 등 인간의 사고를 통섭하는 가치판단으로 빚어낸 창조물이다.

14

왕릉, 왕과 왕비가 잠들다

왕릉은
국가의 지존인 군주의 사후세계 시설이고,
후대의 평가에 따라 능호가 정해진다.

한 문장으로 읽는 〈왕릉〉 _____

조선의 임금은 살아있을 때는 이름이 없이 전하로만 불리다가 죽고 나서야 두 개의 이름을 갖게 된다. 하나는 종묘에 배향될 때 얻게 되는 혼의 이름인 묘호이고, 다른 하나는 왕릉에 안장될 때 얻게 되는 백의 이름인 능호이다.

왕릉의 구조는 크게 진입 공간과 제향 공간, 능침 공간으로 나뉜다. 진입 공간은 살아 있는 사람의 공간으로, 후손과 신하들이 이곳에서 제사를 준비한다. 또한 제향 공간은 제례 의식을 치르는 곳이고, 능침 공간은 왕과 왕비의 무덤이 자리하고 있다.

14

왕릉, 왕과 왕비가 잠들다

글 : 김향란

　조선왕조는 1392년 건국 이래 경술국치로 국권이 상실되는(1897~1910, 대한제국 포함) 1910년까지 518년의 세월을 이어오면서 27대에 걸쳐 왕과 왕비를 배출하였다. 조선왕릉이라 함은, 이들 조선의 역대 왕과 왕비의 무덤 42기를 말한다. 이 가운데 조선 개국 초기에 조성되어 현재 북한 개성에 자리한 태조왕비 신의왕후 제릉과 정종 후릉 2기를 제외한 40기의 왕릉이 서울 시내와 근교에 자리 잡고 있다. 2009년에는 이들 조선왕릉 40기 전체가 유네스코 세계유산으로 등재되었다.

1. 왕의 죽음

　왕이 승하하면 혼이 나간 것으로 생각하여 안팎에서 모두 곡을 하고 바로 내시가 초혼 의식, 즉 복을 부른다. 내시는 왕이 평상시 입던 윗옷을 가지고 지붕에 올라가 북쪽을 향해 '상위복' 하고 세 번 부르고 아래로 던진다. 이를 받아 왕의 몸 위에 덮고 혼이 다시 돌아오기를 기원한다.

'상위복'은 "임금님의 혼이여 돌아오소서."라는 뜻이다. 복은 몸에서 빠져 나간 혼이 다시 돌아와 소생하기를 바라는 뜻이며, 북쪽을 향해 부르는 것은 죽은 사람을 관장하는 신이 북쪽에 있기 때문이다. 죽으면 북망산천에 간다는 말도 여기서 나온 것이다.

왕이 임종 시에 세자나 신하들에게 남기는 유언을 고명이라고 하는데 세자나 신하들 입장에서 왕의 유언을 듣는 것을 '고명을 받는다.'라고 한다. 신하들 중 고명을 받은 신하들은 고명대신, 고명지신이라고 하여 왕의 마지막 당부나 부탁을 듣고 그것을 이루기 위해 노력해야 하는 막중한 책임이 있었다. 어떤 경우에는 새로운 임금을 보호하고 잘 보필해 달라는 부탁을 받기도 하여 고명대신이 권력을 잡고 휘두르기도 하였다.

2. 산릉도감 설치

나라에서 국상을 당하게 되면 임시기관인 3도감이 설치되고, 장례 준비가 시작된다. 빈전도감은 왕이 승하한 날부터 인산일까지 염습·성빈·성복 등에 관한 일을 관장한다. 국장도감에서는 재궁·거여·책보·능지·명기·길흉·의장·제기·제전 등 제반 의식과 절차를 관장한다.

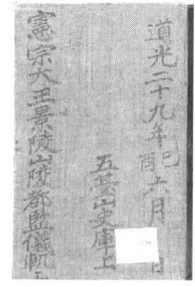
《헌종대왕 산릉도감》

《헌종대왕 빈전혼전도감의궤》

산릉도감은 왕릉의 조성을 담당하였는데 그 구성은 시기에 따라 조금씩 다르지만 대개 총호사 1명, 제조 3~4명, 도청 2명 등 25명 내외였다. 왕릉 공사는 약 5~7개월의 기간 동안 최대 15,000명이 넘는 인원이 참여하는 대공사였다. 산릉도감에서는 왕릉 조성과 관계된 토목과 건축 공사, 각종 석물의 제작과 설치, 매장, 주변 환경의 정화 등 대규모 공사와 관련 작업을 기간 안에 완수하여야 했다. 이를 위하여 기능과 역할에 따라 작업장을 나누어 여러 기구를 개설하여 업무를 분담하였는데 기능별로 9개의 부서를 만들어 이에 적합한 장인과 이부를 배치하여 공사를 진행하였다.

조선왕릉의 공사에 필요한 장인들은 조선 전기에는 차출 형식으로 참여하였으나 조선 후기부터는 고용 모집의 형태로 변화하였다. 이 중 조각 등 고급 기술이 필요한 특정 업무를 맡은 장인의 경우에는 가족 간에 세습하여 장인 가문을 이루기도 하였다.

3. 국장

조선왕조에서 왕과 왕비의 장례 절차를 국장이라 하였다. 나라의 가장 큰 슬픔인 국장은 민간의 장례의식에 비해 장중하고 복잡했으며, 왕실의 각종 의례 중 가장 긴 시간에 걸쳐 이루어졌다.

조선 순종의 국장

장례의 규범은 《국조오례의》와 《국조상례보편》 등 왕실의 예식을 정리한 문헌에 의거하여 엄숙히 처러졌다.

영월군에서 재현한 단종 국장

《국조오례의》는 1474년(성종5)에 신숙주 등에 의해 완성된 것으로 왕실을 중심으로 한 국가의 기본 의례를 길례, 가례, 빈례, 군례, 흉례로 구분하여 정리한 책이다.

국장에 대한 내용은 흉례에 속한다. 처음 4개의 조항은 중국의 황제가 승하했을 때 조선 조정에서 행할 의례에 관한 예의와 절도에 대하여 기술되어 있다. 다음 86개의 조항은 국장 또는 왕실 중심의 상례 의식에 관한 예의와 절도에 대한 내용을 담았다. 마지막 1개 조항은 민간의 상례의식 예절에 대한 내용을 넣었다.

《국조상례보편》은 《국조오례의》 중에서 상례 부분만을 따로 수정·증보한 책이다. 1752년(영조28)에 완성된 《어제국조상례보편》을 홍계희가 왕명을 받아 1758년에 수정·증보하여 간행한 책으로 이후 조선 후기 국가 상례의 준칙이 되었다. 6권 6책으로 이루어져 있고 제 1책에는 목록과 도설이, 나머지 5책은 6권의 본문으로 구성되어 있다. 도설에는 초종(왕이 승하한 것을 확인하는 절차)에 쓰이는 기구와 제복 및 그 부속물의 그림 등이 간략한 설명과 함께 수록되어 있다.

4. 능호

유교에서 보면 삶과 죽음은 사람에게 혼백의 있고 없음으로 구별된다. 사람이 살아 있다는 것은 육신을 거느리는 백과 정신을 다스리는 혼이 사람의 몸에 함께 있다는 뜻이다. 사람이 죽었다는 것은 혼은 하늘로 돌아가고, 백은 땅으로 돌아가는 것을 뜻하기에 유교의 제례의식은 혼을 모시는 사당과 백을 모시는 무덤 두 곳에서 치러진다.

그래서 조선의 왕과 왕비가 죽으면 정신인 혼은 종묘에 배향되고 육신인 백은 왕릉에 묻히게 된다.

조선의 임금은 살아 있을 때는 이름이 없이 전하로만 불리다가 죽고 나서야 두 개의 이름을 갖게 된다. 하나는 종묘에 배향될 때 얻게 되는 혼의 이름인 묘호이고, 다른 하나는 왕릉에 안장될 때 얻게 되는 백의 이름인 능호이다. 우리가 흔히 부르는 태조, 세종, 성종은 묘호이고 건원릉(建元陵), 영릉(英陵), 선릉(宣陵)은 능호이다.

5. 왕릉의 조성, 풍수

왕릉 조성 작업은 석물을 만들어서 봉분 주변에 배치하고, 정자각과 비각 등을 조성하는 면에서는 대부분 비슷하다. 능실을 조성하는데 있어서는 《국조오례의》에 기록된 석실을 이용한 방식과 《국조상례보편》에 기록되어 있는 회격을 이용한 방식에 있어 차이를 보인다.

(1) 석실을 이용한 방식

《국조오례의》에는 두 명을 안장하는 합장릉 형식의 석실 구조가 기록되어 있는데, 석실 내부에는 사신도가 그려져 있다. 석실을 조립하고, 안에 재궁을 넣은 다음, 석실을 삼물(석회와 세사 황토를 석은 것)과 숯으로 감싸서 땅에 묻고, 병풍석과 난간석을 설치한다. 15세기 전반까지 대부분의 왕릉 내부에는 석실로 조성되었다.

(2) 회격을 이용한 방식

"죽으면 속히 썩어야 하니 석실을 쓰지 말라."라는 세조의 유언으로 광릉은 조선왕릉 중 최초로 회격을 이용한 방식으로 조성되었다. 이후 영조 때 상장례 과정을 정리한 《국조상례보편》에는 회격을 이용한 방식이 기록되었다. 회격을 이용한 방식은 석실을 만드는 대신 재궁 위에 덮을 외재궁을 따로 만들고 그 위에 삼물을 채우고, 남쪽으로 퇴광을 만들어 그 밑으로 재궁을 넣는 방식이다.

(3) 능의 형식

조선 초기 왕릉의 봉분은 하나의 봉분에 왕 또는 왕비가 단독으로 묻히는 단릉이 주를 이루었다. 이외에도 왕과 왕비의 봉분을 나란히 조성하는 쌍릉, 왕과 왕비를 하나의 봉분에 묻는 합장릉, 왕과 왕비의 봉분을 다른 언덕에 두는 동원이강릉이 조성되기도 했다.

조선왕릉의 봉분이 갖는 다양한 형태는 왕릉이 조성된 구릉이나 산세의 자연적인 미(美)와 함께 풍수이론과 자연철학이 어우러진 조선의 독특한 왕릉조영 사상의 발현이라 하겠다. 이런 특성으로 조선왕릉은 세계문화유산에 등재될 수 있었다.

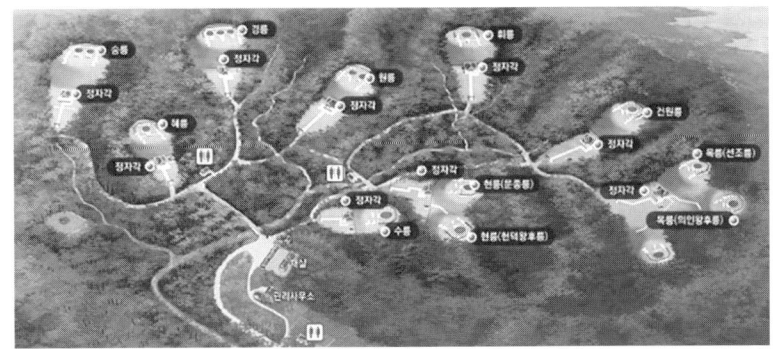

동구릉(문화재청)

조선왕릉은 임진왜란(1592)을 기점으로 다양한 공간구성을 갖추게 되었다. 임진왜란 직후(1600) 조성된 선조의 목릉은 조선 후기 새로운 능제 변화를 알린 첫 사례다. 조선 초기 건원릉으로 대표된 단릉 위주의 배치에서 벗어나 왕과 두 왕후를 다른 세 언덕에 조성한 동원이강릉의 형태가 처음 등장하였다.

이후 효종의 영릉은 왕과 왕후의 봉분을 아래위로 배치한 동원상하릉 형식을 새롭게 채택하였으며, 이러한 배치형식은 경종 의릉으로 계승되었다. 헌종의 경릉은 봉분 세 개를 나란히 배치한 삼연릉으로 조성된 특이 사례이다.

이처럼 조선왕릉은 표면상 모두 유사한 형태를 띠고 있는 듯 보이지만, 조성 당시의 상황과 지리적 여건, 조정 신료들의 의견에 따라 유연하고 다양한 모습으로 완성되었다. 이는 배치가 규정화되어 일관되게 적용된 중국 명·청대 황릉과 구별되는 조선왕릉 고유의 특징이다.

(4) 풍수

조선왕릉 대부분은 서울의 사대문으로부터 100리(약 4킬로미터) 안에 위치해 있다. 조선 최고의 법전인 《경국대전》에도 '능역은 한양성 사대문 밖 100리 안에 두어야 한다.'고 적고 있다.

조선시대 왕릉의 택지는 고려시대부터 성행하여 온 풍수지리설에 따라 상지관이 추천하면, 왕이 친히 현지에 나아가 지세를 살피고 결정하는 경우가 많았다. 택지와 능역은 생전에 미리 물색해두는 경우도 있으나 그리 흔한 일은 아니다.

국상을 당하면 성빈 기간인 3개월에서 5개월 사이에 능지를 물색하는 게 보통이었다. 능지는 풍수지리설에 따라 배산임수의 지형에 영향이 뛰어난 혈맥이 갖춰진 곳이라야 했다. 능지는 혈의 중심이 되는 좌와, 좌의 정면이 되는 향이 좋아야 한다. 산세에 따라 약간의 변형은 있지만 북쪽에 머리를 두고 남쪽을 향하는 게 보통이다. 북쪽의 높은 산을 주산으로 기대고 앞쪽에 안산, 좌청룡 우백호를 거느린 지맥이 봉분을 안치하는 혈맥에 닿으면 명당이라 했다. 게다가 토질이 윤기가 흐르도록 좋아야 하며, 물기가 없으면서도 지나치게 건조해서는 안 된다. 묘역 안에는 내를 만들어 물이 동쪽이나 남쪽으로 모여 흘러 빠져나가게 하고, 능역 주변은 송림으로 조영했다.

왕릉 발복을 믿고 있던 조선왕조는 왕릉 발복이 용상 발복에 직접적인 영향을 미친다는 것을 신봉하였기에, 왕릉을 명당에다 택지케 하고, 심지어 역적 무덤은 파버리기까지 했다. 그렇기에 왕릉 택지는 신중에 신중을 기하여 이루어졌던 것이다.

6. 왕릉의 구조

구조는 크게 진입 공간과 제향 공간, 능침 공간으로 나뉜다. 진입 공간은 살아 있는 사람의 공간으로, 후손과 신하들이 이곳에서 제사를 준비한다.

또한 제향 공간은 제례 의식을 치르는 곳이고, 능침 공간은 왕의 무덤이 자리하고 있다.

왕릉에는 조성된 시설물들을 입구에서부터 살펴보면 왕을 비롯한 모든 현관들이 말에서 내리라는 표시인 하마비가 제일 먼저 나타나는데 왕은 이곳부터 말에서 내려서 가마(연, 輦)로 갈아탄다.

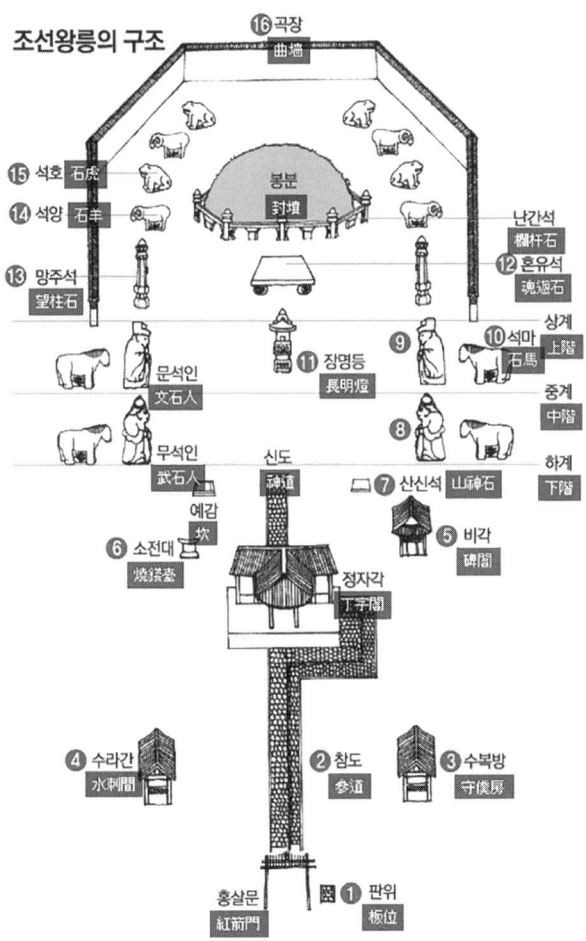

왕릉의 구조, 문화재청 홈페이지

다음으로 제례를 준비하는 공간인 재실은 향과 축문을 두는 향대청, 제기를 보관하는 제기고, 제사 음식을 마련하는 전사청, 제관이 머무는 재실로 이루어져 있으며, 재실은 평소에는 왕릉을 지키는 능참봉이 거주한다.

금천교는 능 입구에 놓여 있는 다리로, 속세에서 신성한 공간으로 건너는 상징물로서 궁궐에도 입구에 금천교가 놓여 있다.

금천교(녕릉)　　　　홍살문(예릉)　　　　참도(영릉)

홍살문은 제향 공간의 입구에 세워진 문으로 화살 모양의 붉은 문이라는 뜻으로 죽은 사람의 영역인 사당과 묘역 입구에 설치한다.

홍살문에 들어서면 오른쪽 옆에 전돌로 조성한 한 평 정도의 정방형 판석을 배위 또는 판위라 한다. 임금이 선왕에게 제향을 모시기 위해 왔다고 알리는 알릉례와 제향을 마치고 돌아간다고 알리는 사릉례를 올리는 곳인데 어배석, 또는 망릉위라고도 부른다.

참도는 왼쪽이 높고 오른쪽이 낮은 두 개의 길인데 왼쪽 길은 왕릉에 묻힌 왕과 왕비가 다니는 신도이고, 오른쪽 길은 현재의 왕이 다니는 어도로서 이 길은 정자각까지 박석으로 깔려 있다.

정자각은 제향 공간의 중심 건물로 모양이 정(丁)이라는 글자와 닮았다고 붙여진 이름으로 제향을 모시는 정전과 수행한 향관들이 배열하는 배위청으로 나뉜다.

수복방은 정자각의 동쪽에 위치하고 능을 지키는 수복이 머무는 공간이며 수라간은 정자각의 서쪽, 수복방 건너편에 있으며 제향 음식을 준비하는 부엌 역할을 하는 곳이며 근처에 제례 때 사용할 물을 긷는 제정이 있다.

그리고 정자각 오른편에는 비각이 서 있는데 비문의 내용에 따라 묘표, 묘갈, 신도비로 구분한다.

묘표는 왕실과 사대부를 비롯하여 중인이나 서민들까지도 세울 수 있으며 양식은 비부를 귀부가 아닌 방부를 사용하였다.

묘갈은 사대부층이 주로 세웠지만 공주와 후궁 등 왕실에서도 사용하였고, 서민층에서도 세운 기록이 보이며 양식은 묘표와 거의 같다.

신도비는 태조의 건원릉신도비, 태종의 헌릉신도비, 세종의 영릉신도비 등, 초기 왕릉에만 있으며 이후 문종 때부터 국왕의 사적은 실록에 기록된다는 주장에 따라 신도비를 세우지 않았다. 문종 때부터 신도비 대신에 묘표로 바뀐다.

비문의 내용이 망자의 일대기만 간략하게 기록된 것을 서라 하고, 살아 있을 때의 업적을 칭송한 장황한 기록을 명이라 하는데 묘표는 서만 있고 묘갈과 신도비는 서와 명이 함께 기록된다.

일반적으로 신도비를 묘의 동남쪽에 세우게 된 것은 풍수지리상 묘의 동남쪽을 귀신이 다니는 길이라 여기기 때문이다.

정자각의 북서쪽 뒤편에는 축문을 태우는 소전대와 폐백을 묻는 정방형의 석물로 둘러쳐진 예감이 있다. 태조의 건원릉과 태종의 헌릉에만 두 가지가 모두 있고 세종 때부터는 예감 하나만 설치되었다.

예감과 마주보는 동쪽에는 장방형의 판석이 놓여 있는데 능침이 위치한 산신에게 제향을 올리는 곳으로 산신석이라 한다.

능침은 정자각 뒤에 있는 비탈진 사초지부터 봉분까지의 언덕을 말하고, 능침을 둘러친 담장을 곡장이라고 한다.

능침 주위에는 여러 종류의 석물들이 나름의 의미를 갖고 배치되어 있다. 능침 앞은 삼계단으로 나뉘어 있어 아래로부터 하계, 중계, 상계라 한다. 하계에는 한 쌍의 무인석과 석마가, 중계에는 한 쌍의 문인석과 석마가 임금의 명만 떨어지면 어디라도 달려갈 듯이 서 있다. 중간에 능침에 모셔진 분의 장생발복을 기원하는 뜻으로 장명등이 서 있다.

상계에는 양 옆에 육신에서 분리된 혼이 체백을 찾아올 때 봉분을 잘 찾을 수 있도록 표지 구실을 하는 망주석이 서 있다. 중간에는 혼유석이 놓여 있으며, 혼유석은 북 모양의 고석이 받쳐준다. 또한 봉분 주위에는 두 쌍씩의 석호와 석양이 능침을 수호하기 위해 봉분 밖을 향해 서 있다.

7. 왕릉의 나무

능의 둘레에 나무를 심기 시작한 역사는 오래 되었으며, 《삼국사기》에 고구려 9대 임금 고국천왕 능에 소나무를 심었다는 기록이 처음이다. 《예기》에 천자의 능에는 소나무, 제후는 측백나무, 대부는 밤나무, 선비는 회화나무를 심는다고 했다. 조선왕릉의 주변은 거의 소나무를 심었다. 사실 소나무 단일 수종 심기는 송충이의 발생과 다른 병충해에 약하고 관리에 어려움이 있다. 조선왕릉에 주로 소나무를 심은 이유는 여러 가지가 있었다고 생각된다.

왕릉의 숲, 문화재청

첫째, 소나무는 왕릉이 있는 구릉지의 건조한 땅에도 잘 자라며 나무의 가지 뻗음이 아름답고 뿌리도 깊이 들어가 바람에 잘 넘어지지 않는다.

둘째, 소나무는 늘푸른나무로 변치 않은 절개를 상징하고 십장생의 하나로 여길 만큼 오래 산다. 또 소나무는 햇빛을 좋아하는 양(陽)의 나무이므로 능 주위의 음(陰)과 조화를 이룰 수 있다.

셋째는 소나무는 집짓는 나무에서 선박재, 각종 생활용구, 황장목이란 이름으로 임금님의 관재까지 쓰임새가 많은 귀한 나무로 생각했기 때문이다.

적어도 수백 년의 역사를 가진 조선왕릉이지만, 자라는 소나무의 나이는 4~50년 남짓하다. 조선 후기로 오면서 능의 관리가 제대로 이루어지지 않은 탓도 있고, 그나마 남아 있던 아름드리 소나무들은 일제강점기 수탈되었으며 해방 전후의 혼란기에도 제대로 소나무가 지켜지지 않았기 때문이다.

능에는 대부분 소나무를 심었지만 조금씩 다른 수종도 섞어 심기를 했다. 침엽수로는 소나무 외에 잣나무와 전나무를 심었다. 태종 8년(1407) 왕은 태조의 왕릉을 둘러보고 '능침에 소나무와 잣나무가 없는 것은 법도가 아니니 두루 심어라고 했다. 또 잣나무는 어느 능에서나 소나무와 조금씩 섞여 자라는 것을 볼 수 있다.

전나무는 세조의 능침인 광릉에서 쉽게 만날 수 있다. 광릉지에는 서쪽으로는 동구부터 십리 길에 여러 종류의 전나무와 잣나무를 심었고, 동쪽으로는 동구부터 오리 정도 전나무와 진달래를 서로 섞어 심었다고 하였다. 이는 광릉으로 올라가는 길은 물론 광릉수목원 앞 도로에 도열하고 있는 아름드리 전나무가 능을 만들 때 일부러 심은 것임을 알 수 있는 자료다. 그 외 전나무를 심었다는 기록이 《정조실록》에 2번씩이나 나온다.

왕릉의 침엽수로는 소나무와 잣나무 및 전나무가 거의 전부이고 다른 침엽수는 거의 심지 않았다. 다만 제실에는 가끔 향나무를 몇 그루 심은 경우가 있어 제사에 향 피우는 재료로 쓴 것으로 짐작된다. 예외적으로 일제강점기에 만들어진 고종과 순종의 능침인 융건릉에는 능 입구에 독일가문비나무와 서양측백나무가 들어서 있다. 중국의 왕릉과는 달리 조선의 왕릉에는 측백나무가 심겨진 예를 찾을 수 없다. 아마 측백나무는 빗자루처럼 삐쭉하게 자라 소나무에서 느끼는 안정감이 적은 탓으로 짐작된다.

왕릉은 소나무와 같이 햇빛을 좋아하는 나무로 유지하려면 철저한 관리가 필요하다. 조금만 숲의 관리를 소홀히 하여 참나무를 비롯한 다른 나무들이 자라게 되면 경쟁에서 밀려버린다. 능을 참나무로 가꾸면 소나무보다

융건릉 향나무

홍유릉 향나무

훨씬 손을 덜 봐주어도 좋은 숲을 만들 수 있다. 영조 45년, 예조판서는 숙종의 계비 능인 명릉과 익릉(서오릉)에 사태가 많이 나니 아예 잡목(참나무)을 심자고 했다.

또 정조 25년 태종의 능침인 헌릉 주봉 동쪽 뒷 기슭에 도토리 4백 말을 뿌렸다는 기록이 있다. 우리나라 숲은 자연 상태 그대로 두면 참나무 숲이 되고, 이렇게 심기도 했으므로 오늘날 우리 왕릉에는 소나무 다음으로 참나무가 많다. 어느 왕릉을 막론하고 지대가 낮고 땅 힘이 비교적 좋은 곳에는 대체로 갈참나무가 자란다. 종묘를 비롯하여 대부분의 왕릉에서 갈참나무와 만날 수 있어서 이유는 알 수 없으나 일부러 갈참나무를 골라 심지 않았을까하는 생각도 해 본다.

숲으로 좀 더 깊이 들어가면 양지바른 남쪽 경사면에는 굴참나무나 상수리나무가 자라고 산의 능선 부분에는 신갈나무가 차지한다. 정조의 능침인 수원의 건릉 앞, 지대가 낮은 곳에는 상수리나무 숲이 장관을 이루고 있다. 이곳의 지형적인 위치는 갈참나무가 자랄 곳이므로 이곳 상수리나무는 일부러 심은 것으로 보인다. 지금은 지름 한 뼘 남짓한 어린 나무가 대부분이지만 일제강점기에만 하여도 아름드리로 꽉 차 있었다.

다음은 왕릉에 오리나무가 빠지지 않는다. 능은 대체로 약간 지대가 높은 구릉지에 조성되며 앞으로 작은 냇물이 흐르는 곳이 있게 마련이다. 지대가 낮아 습기가 많은 이런 곳에 잘 자라는 나무로서 오리나무를 가장 널리 심었다. 거의 모든 왕릉은 입구에서 오리나무를 만날 수 있으며, 특히 선정릉과 헌인릉에는 아름드리 오리나무가 숲을 이루고 있다. 버드나무도 흔히 만날 수 있으며, 특히 선릉의 비각 뒤쪽에는 숲을 이루고 있다. 또 무덤에는 소나무와 함께 가래나무를 심었다는 기록을 볼 수 있는데, 실제로 사도세자 능인 건릉 앞에는 여러 그루의 아름드리 가래나무를 만날 수 있다. 그 외 밤나무와 뽕나무 등도 비교적 흔히 왕릉에서 볼 수 있는 나무이다.

한편 왕릉에는 화려한 꽃이 피는 나무는 심지 않았지만, 단정하고 깔끔한 꽃이 피는 작은 나무 진달래는 흔히 심었다고 한다. 광릉의 조성 경위를 설명한 광릉지에 이런 기록이 나온다.

대체로 오늘날 왕릉에는 선조들이 일부러 심고 가꾼 나무들 이외에도 자연스럽게 자라는 수백 종의 나무가 있다. 왕릉 관람로를 따라 느티나무, 서어나무, 팥배나무, 때죽나무 등이 흔히 만날 수 있는 대표적인 나무들이다. 안타까운 것은 일제강점기와 해방 후 혼란기에 수입나무인 리기다소나무와 아까시나무가 심겨져 있는 현실이다.

8. 왕릉숲의 가치

조선왕릉숲은 도시화 속에서 '생태섬'으로 남아 자연환경 보존기능을 충실히 수행하고 있다. 왕릉숲은 산림보존의 측면에서 중요한 역할을 수행하며, 특히 도시 지역에서 생태적 안정성과 다양한 동식물의 서식처로서 그 중요성이 크다. 만일 조선왕릉이 숲으로 우거져 있지 않고 오직 무덤으로만 이뤄져있다면 오늘날처럼 많은 사람들이 찾지 않을 것이다.

조선왕릉을 방문한 사람들은 왕과 그 시대의 역사를 배우는 것은 물론, 왕릉숲을 거닐면서 계절에 따라 변화하는 자연의 모습과 동식물들이 서로 관계를 맺으며 살아가는 모습을 이해하게 된다. 나아가 자연과 교감하고 인간과 자연의 조화로운 관계를 경험 할 수 있다.

죽은 자의 무덤이라는 공포와 거부감의 대상이 될 수도 있는 왕릉이란 공간에 '숲'이라는 자연이 존재하기 때문에, 오늘날 많은 사람들이 부담 없이 찾아갈 수 있는 것이다. 선왕이 모셔진 죽음의 공간을 현세대와의 교감을

동구릉, 한국관광공사

통해 살아 있는 공간으로 만드는데 그 매개가 바로 왕릉숲인 것이다. 조선 최고의 길지에 자연지형을 최대한 유지함으로써 삭막한 삶에 지친 도시민들에게 어머니의 품과 같은 포근함과 위안을 준다.

유네스코의 세계유산 지정 이후 조선왕릉에 많은 관광객의 발길이 이어지고 있다. 세계유산으로의 지정이 왕릉숲의 보존과 관리 측면에서 양날의 검이 될 수도 있다.

생태주의적 관점에 무게를 두고 인간과 자연을 둘 다 만족시킬 수 있는, 서로가 조화롭고도 지속가능한 삶을 영위할 수 있는 방법을 찾아야 할 것이다. 조선왕릉이 세계유산으로 등재된 것은 무엇보다 자연과 함께 어우러진 환경이 높은 평가를 받았기 때문이다. 세계유산이라는 타이틀에 걸맞게, 생태계 보고인 숲이 주는 생태적 가치와 문화유산으로서 왕릉이 가져다주는 문화역사적 가치를 잘 보전해야겠다.

15

종묘,
사후의 세계를
거닐다

종묘는 군주와 왕비의
사후세계를 상징하는 공간으로 혼이 거주하는 곳이다.

한 문장으로 읽는 〈종묘〉 _____

종묘는 조선시대 역대 왕과 왕비 및 추존된 왕과 왕비의 신주를 모신 왕실의 유교 사당이다.

종묘는 조선의 창업에서부터 건국의 정당성을 입증하는 출발이었고, 조선의 가치관이 응축되어 있는 조선 정신의 뿌리이기도 하다. 지금까지도 제사를 실행하는 공간으로서 우리 역사가 살아 숨쉬는 조선의 상징적인 공간이다.

15

종묘, 사후의 세계를 거닐다

글 : 권혜숙

종묘는 유네스코에서 지정한 세계문화유산 중 하나이고, 많은 사람들이 그리스의 파르테논신전과 비교할 만큼 건축학적으로 많은 관심과 사랑을 받는 곳이다. 반면에 종묘를 왕의 무덤의 한 종류로 생각하는 사람도 있어 우리에게 익숙하지 않은 공간으로도 느껴진다. 종묘는 조선시대 역대 왕과 왕비 및 추존된 왕과 왕비의 신주를 모신 왕실의 유교 사당이다.

종묘는 조선의 창업에서부터 건국의 정당성을 입증하는 출발이었고, 조선의 가치관이 응축되어 있는 조선 정신의 뿌리이기도 하다. 지금까지도 제

종묘제례악

정전의 감실에 모셔진 신주

사를 실행하는 공간으로서 우리 역사가 살아 숨 쉬는 조선의 상징적인 공간인 종묘의 역사 및 구조, 가치와 의의에 대하여 살펴보기로 한다.

1. 종묘의 역사

《삼국사기》 등의 옛 문헌을 보면, 한반도에서도 삼국시대에 조상을 위해 제사를 모시기 위한 용도의 건축물이 있었다는 것을 찾아볼 수 있다. 지금의 종묘 제도와 같은 지에 대해서는 정확히 비교해 볼 수는 없지만 백제가 BC 18년에 동명왕 묘(廟)를 세웠고, 고구려와 신라에서도 시조를 위한 묘를 세우고 제사를 지냈다는 기록이 있다. 지금의 종묘는 통치 수단으로 유학을 받아들인 고려시대의 종묘와 고대 중국의 종묘 제도를 결합하여 받아들인 것으로 볼 수 있다.

1392년 7월 17일 태조 이성계가 왕위에 오른 후 7월 28일에 자신의 직계 4대조를 목왕, 익왕, 도왕, 환왕으로 추왕하고 고려 태조의 어진을 봉안하던 효사관에 임시로 봉안했다. 한양으로 도읍을 결정한 뒤 궁궐보다도 먼저 1395년 9월에 종묘를 준공하였다.

태조 이성계의 4대조 추존 : 《조선왕조실록》, 태조 1년, 1392. 7. 28

사대(四代)의 존호(尊號)를 사후(死後)에 올렸으니, 고조고(高祖考)는 목왕(穆王)이라 하고, 비(妣) 이씨(李氏)는 효비(孝妃)라 하였으며, 증조고(曾祖考)는 익왕(翼王)이라 하고, 비(妣) 박씨(朴氏)는 정비(貞妃)라 하였으며, 조고(祖考)는 도왕(度王)이라 하고, 비(妣) 박씨(朴氏)는 경비(敬妃)라 하였으며, 황고(皇考)는 환왕(桓王)이라 하고, 비(妣) 최씨(崔氏)는 의비(懿妃)라 하였다.

유교를 국교로 정한 조선에서는 효를 실천하는 것이 무엇보다도 우선이었다. 경복궁의 동쪽에 종묘를 건축하고, 경복궁의 서쪽에 사직을 두었다. 제후국은 5묘제로 동당이실과 서상제를 시행했다. 정실 7칸, 익실 2칸의 종묘가 세워졌고, 1411년에 4대조의 묘호를 '왕'에서 '조'로 추왕했다.

좌묘우사	5묘제	동당이실	서상제
법궁 동쪽에 종묘 서쪽에 사직단	천자는 7묘제 제후는 5묘제	하나의 방에 여러 신실을 두는 제도	서쪽의 신실부터 상위에 두는 제도

임진왜란 때 종묘는 불에 탔고, 광해군이 즉위한 뒤 1608년에 11칸의 종묘 정전이 건립되었고, 영녕전은 정실 4칸과 협실 6칸의 규모로 시작하여, 현종 8년 영녕전의 동서 협실 2칸을 늘려 12칸으로, 영조 때 정전 4칸을 증축하여 15칸이 되었고, 헌종 2년에 정전 19칸, 영녕전 4칸을 늘려 16칸으로 마무리 하였다.

서익랑	서익랑	1칸	2칸	3칸	4칸	5칸	6칸	7칸	동익랑	동익랑
		1묘	세실	2묘		3묘		4묘	5묘	
		태조	태종	세종	세조	덕종	예종	성종	문종	
		신의 왕후	원경 왕후	소현 왕후	정희 왕후		장순 왕후	공혜 왕후		

서협실	서협실	1실	2실	3실	4실	동협실	동협실
		목조	익조	도조	환조	정종	
		효비	경비	경비	의비	정안 왕후	

성종 시기 종묘 정전과 영녕전의 신위

2. 종묘의 입지

종묘가 들어서는 자리는 단독으로 정할 수는 없게 되었다. 처음에 한양에 새로 개국한 도성의 입지로서 자리 잡기까지는 계룡산, 안산, 인왕산 등 여러 곳이 거론되었지만, 태조 대의 도평의사사 상소에서는 주변 자연지세의 형상이 뛰어나다는 점, 지리적으로 한반도의 중심에 위치하고 있다는 점, 육상 교통과 수상 교통의 유리한 점을 들어 지금의 한양을 도읍으로 정하였다.

이렇게 자리 잡은 위치에 산을 등지고 강을 앞에 둔 배산임수 지역에 궁궐 자리를 정하였다. 《주례(周禮)》〈고공기(考工記)〉 '장인조(匠人條)'에 "왕이 나라를 세우고 도읍을 정할 때에는 왼쪽에 종묘를 두고 오른쪽에 사직을 정하라." 라는 규정에 따라 종묘의 자리를 정하였다. 종로에서 종묘의 정문을 바라보면 북한산 보현봉이 보이는데 이 방향이 북향과 북서향 사이 위치이고, 종묘의 정문은 남향과 남동향 사이를 향하고 있다(임좌병향壬坐丙向).

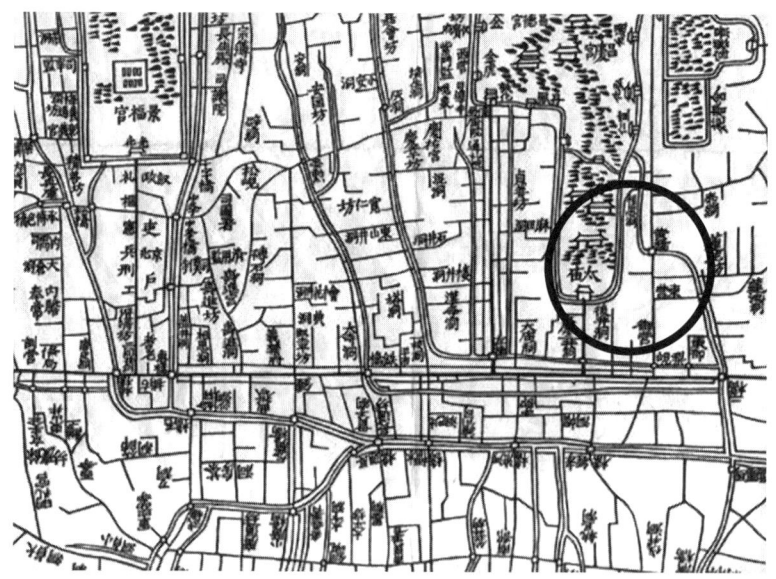

〈수선전도〉의 북촌지역, 오른쪽이 태표(종묘)

3. 종묘의 신위 배치

종묘 정전의 건물 형태는 중국 후한대 이후 종묘 건물의 주된 형태가 된 동당이실, 서상제를 따라 태실 7칸에 좌우익실 2칸으로 구성되었다. 서상제에 따라 태조가 가장 서쪽에 위치하게 된다. 종묘의 운영은 《예기(禮記)》〈왕제편(王制篇)〉에 천자7묘, 제후5묘로 규정되었고, 조선은 제후국에 해당하여 태조 및 국왕의 1대조부터 4대조까지 총 다섯 국왕의 신주를 봉안해야 했다.

종묘 정전, 문화재청

1419년 세종 1년에 정종이 승하했을 때, 정종을 종묘에 부묘할 경우 제후5묘제에 맞지 않기 때문에 친진에 이른 목조의 신주를 처리하기 위해 별묘인 영녕전을 지었다. 정종과 태종, 문종과 세조와 같이 형제인 왕을 종묘에 부묘할 때 형제지간을 일묘로 간주하고 동세일묘, 또는 동세이실이라 했다. 점차 신실이 부족해진 이유는 불천지주의 발생 때문이다. 불천지주가 되면 5묘의 대수에서 제외되었고, 대대로 불천지주를 봉안한 신실을 세실이라 한다. 친진에 이른 신주가 불천지주가 되지 못할 때 그 신주는 영녕전으로 옮겨 봉안되었고, 그 신주를 조주라 했다.

4. 종묘의 건축(정전, 영녕전, 공신당, 칠사당)

종묘는 조선의 역대 국왕과 왕비의 신위를 모신 곳이며, 정전은 종묘의 중심 건물로 태묘라 부르기도 한다. 1395년 태조 4년에 준공되었고, 임진왜란 중 불타 광해군 때 다시 지었다. 처음에는 총 7칸으로 정전이 지어졌으나, 오늘날에는 태실 19칸과 양쪽 2칸씩의 협실로 이루어져 있다.

종묘 정전의 각 실은 건축 구성의 기본 단위이다. 신실은 한 칸으로 되어 있으므로 결국 종묘 정전은 건물 한 칸, 한 칸이 모여 전체를 이룬다. 한 칸은 평면에서 제일 뒤에 신위를 모신 감실이 있고, 그 앞에 제사를 지낼 공간이 있다. 정전은 신실이 모여 수평의 건축 형태를 이루고 있다. 단일 건물로는 가로의 길이가 101미터로 가장 길다.

종묘 정전은 태조를 비롯한 19명의 왕과 30명의 왕비의 신주가 모셔져 있는 공간이다. 남문으로 신이, 동문은 왕, 왕세자, 왕실 가족, 제관들이 드나들었고 서문으로는 노래와 연주, 춤을 맡았던 악공들이 출입하였다.

영녕전은 '조종과 자손이 함께 영원히 평안하라'는 의미의 뜻을 담고 있는데, 종묘 정전의 서쪽에 자리하고 있으며, 정전에 모실 신주가 늘어남에 따라 목, 익, 도, 환조와 정전에 모시지 않는 왕과 왕비의 신주를 모시고 제사를 지내는 곳이다. 모두 16실이고 34위의 신주가 모셔져 있다.

제후 5묘제에 따라 세종 때 정종의 신위를 모실 곳이 없자 송나라의 제도에 따라 별묘를 만들게 되었다. 조선시대 중요하지 않은 임금, 즉 단명했던 왕이나 국가에 공이 없는 왕의 신위를 모신 사당이 영녕전이다. 영녕전을 천묘한다는 뜻의 조묘라고 하기도 한다. 영녕전은 중앙의 4실을 양 협실보다 높게 꾸미고 각 실에 4대조와 왕비들의 신위를 모셨다.

종묘, 문화재청

공신당은 국가나 왕실을 위하여 공을 세운 사람의 위패를 모시고 있는 곳이다. 태조부터 순종 때까지 83위의 공신들의 위패가 모셔져 있다. 조선 태조 4년, 1395년 종묘 준공 때 공신당도 5칸짜리로 지어졌다. 배향공신은 국왕이 승하한 직후 대신들의 논의를 거쳐 선정되었다. 종묘의 담 밖에 있던 공신당이 1410년 태종 10년에 담 안으로 들어왔다.

칠사당은 자연 산천에 대한 제사 시설로 계절마다 각기 다른 신에게 제사를 지냈고, 12월에는 모두에게 제사를 지냈다.

5. 대한제국의 종묘

고종은 1897년 대한제국을 선포하면서 자주독립국임을 선언하고 황제의 나라라는 사실을 선포하였다. 제후국에서 황제의 나라로 되면서 모든 제도, 국가의례, 종묘 제도 등은 변화되었다. 5묘에서 7묘로 종묘의 운영체계가 변화하였고, 고종의 직계 4대조 황제 추존이 되면서 추존에 따른 신주의 개제

종묘제례, 문화재청   황제지보, 국립고궁박물관

등 여러 부분에서 변화가 있었다.

태조 및 직계 4대조의 신주를 개제하게 되는데 종묘와 영녕전의 신주에서 유명증시와 사시가 쓰여진 것을 없앴다. 명황제에게서 받은 시호를 제거하고 자주독립국가임을 천명하게 된 것이다. 고종의 직계 4대조를 영조부터 하지 않고 장종(사도세자, 정조의 아버지)을 종묘에 봉안함으로써 고종의 6대조는 철종, 헌종, 익종 순조, 정조, 장종으로 되었다. 태조를 포함하여 7묘제로 운영되었다. 고종 승하 후 종묘 정전에 부묘되면서 장종이 영녕전으로 조천되었고, 순종 승하 후 정조가 불천지주였기에 순조를 19실에 봉안하는 것으로 종묘 정전 19실은 모두 차고 조선황실은 막을 내리게 된다. 더 이상의 증축이나 부묘는 없는 공간이 된 것이다

6. 맺음말

종묘는 세계에서 유일무이하게 아직까지도 조선시대 왕에 대한 제례가 이루어지는 조상숭배와 애민정신이 함께 녹아 있는 곳이다. 육백 년의 전통을 잘 계승하여 후손에게 올바른 역사의식과 바른 가치관을 갖게 해줄 수 있는 자랑스러운 세계문화유산이 될 수 있도록 제대로 잘 보전해야 할 것이다.

16

옥새,
권력과 권위를
새기다

옥새는
군주의 권위를 상징하며, 권력을 실행하는
실제적인 힘을 갖는다.

한 문장으로 읽는 〈옥새〉

옥새는 정치적으로, 예술적으로 중요한 의미를 가진다. 우선 정치적인 옥새의 위상을 살펴보자면 옥새는 절대권력을 상징했다. 평범한 문서에 옥새가 가미되면 그것은 어명이 되었으며, 이를 거스르는 것은 반역을 뜻했다.

또한 옥새는 황제, 국왕의 권위를 상징했으며, 전국(傳國)을 상징했다. 옥새의 승계는 단순히 한 군주로부터 다른 군주로 옥새를 전달하는 것이 아닌 왕위의 승계를 의미했다.

16

옥새, 권력과 권위를 새기다

글 : 박양희

　안성기 주연의 영화 〈한반도〉에서는 고종의 국새를 찾기 위해 고군분투하는 등장인물, 국새를 중심으로 얼기설기 섞여 있는 대한민국과 일본의 이해관계 등을 담아내고 있다. 영화는 영화일 뿐이지만, 이 영화는 국새에 대한 사람들의 인식을 단편적으로 보여준다. 미디어 속의 국새는 사람들에게 한 나라의 상징이며, 국새를 빼앗기는 것은 나라의 정체성을 약탈당하는 것으로 표현된다.

　국새가 나오는 또 다른 영화가 있다. 김남길, 손예진 주연의 영화 〈해적 : 바다로 간 산적〉에서는 해적과 산적이 우연한 사건을 계기로 고래가 삼킨 국새를 찾기 위해 공조를 하게 된다. 이 영화에서 국새는 고래가 삼켜도 새로 만드는 것이 아니라, 망망대해 속의 고래를 찾아서 국새를 찾아야 할 정도로 귀중하고 대체불가능한 것으로 묘사된다. 이 영화를 보는 관객들 또한 이런 스토리에 의문을 가지지 않는다.

　만약 고래가 삼킨 것이 국새가 아니고 장인이 대량으로 만들어낸 국새와 똑같은 모양의 도장이였다면, 관객은 저렇게 목숨을 걸어가면서 되찾을 필

옥새를 소재로 한 영화, 〈한반도〉와 〈해적〉

요가 있을까하는 의구심이 들 것이다. 반대로 영화 속 국새의 모양이 아무리 작고 볼품 없어도 그것이 국새라는 이유 자체만으로 이야기를 진행하는데 정당성을 부여해 줄 것이다. 국새 자체의 생김새보다 국새가 가지고 있는 상징성, 유일성이 사람들이 생각하는 국새의 모습이며, 무슨 일이 있어도 지켜야 하며, 되찾아야 하는 것. 그것이 미디어 속의 국새이다.

그렇다면 과거의 국새는 실로 어떠한 모습이었고, 어떤 상징성을 가졌고, 어떤 기능을 했을까? 미디어 속의 국새와 같은 모습이었을까? 이러한 궁금증들을 함께 풀어보자.

1. 옥새와 국새, 옥새의 개념

흔히 옥새(玉璽)와 국새(國璽)를 이름의 뜻처럼 옥새를 옥으로 만든 도장이며 국새는 국가의 도장이라고 생각하기 쉽다. 하지만 역사적으로 옥새와 국새를 혼동해서 사용했으며, 당나라 때는 새(璽)의 발음이 죽을 사(死)와 비슷하여 보(寶)로 쓰거나, 황제의 인장을 어떤 재료를 사용하든 옥새로 부

대한국새와 황제지보, 국립고궁박물관

르기도 하였다. 뿐만 아니라, 명나라에서는 고려 국왕의 도장이라는 뜻으로 고려국왕지인(高麗國王之印)이라는 이름의 국새를 보낸 적이 있다. 즉, 옥새는 국새, 보, 인 등 다양한 이름들이 존재했으며 시대별로, 나라별로 다른 명칭을 혼용하였다.

우리나라의 경우, 19세기 말 고종이 국호를 대한제국으로 선포하면서 국새의 이름을 대한국새(大韓國璽)라 명명하였다. 또한 대한제국 선포 전 고종은 궁내부관제를 반포하면서 옥새의 다양한 명칭들에 대한 규정을 정했는데, 임금이 아닌 관료들이 사용하는 도장을 인장이라고 불렀다. 또한 재료와 상관없이 황제의 도장을 옥새라고 명명했다. 대한제국을 기준으로 옥새의 다양한 명칭을 구별하자면, 옥새와 국새는 같은 개념이며, 인(印)은 그보다 낮은 지위에 위치한다고 볼 수 있다.

이 외에도 어보(御寶)가 있는데, 어보와 옥새는 왕을 상징한다는 점에서 공통점이 있지만 사용 방법에 따라서 차이점을 보인다. 옥새는 행정업무와 관련되는 집무용 성격을 가진다면, 어보는 의례용이나 예물로 바쳐져 보존용의 성격을 띠었다. 흔히 국새와 어보를 통칭해 새보(璽寶)라고 한다.

16. 옥새, 권력과 권위를 새기다 / 283

2. 옥새의 기원

옥새의 기원은 중국을 통일한 진시황 때로 거슬러 올라간다. 진시황은 황제의 도장이라는 전국새(傳國璽)를 만들어 오직 황제만이 사용할 수 있다고 규정하였다. 즉, 전국새는 황제의 상징성을 나타낸 도장이라고 볼 수 있다. 뿐만 아니라 도장의 명칭과 재료를 지위에 따라 구별했다. 황제의 도장은 새(璽), 제후의 도장은 인(印)이라 했으며, 새의 재질에 따라 황제의 것은 옥을 사용하고 제후의 것은 금을 사용하였다.

도장의 구별된 명칭을 토대로 볼 때 대한제국의 경우처럼 인이 새보다 낮은 지위를 나타내는 개념이었으며, 도장제작의 구별된 재료를 토대로 볼 때 그 당시 옥이 금보다 희소했다는 점을 추측해 볼 수 있다.

옥새를 왕위의 정당성을 확립해주는 측면에서 보자면, 옥새의 기원을 선사시대부터 확인할 수 있다. 선사시대 계급이 탄생하면서 막강한 권력을 가진 사람들이나 족장, 왕 등은 그들이 가진 권력을 과시하거나 자신이 가지고 있는 권력에 정당성을 부여하기 위해 많은 자원과 시간을 들여 예술품들을 만들었다. 비파형동검, 청동거울, 고인돌 등이 그 예이며, 옥새 또한 이러한 목적을 기초로 탄생되었다고 볼 수 있다.

중국 옥새의 기원이 된 화씨벽

화씨벽으로 복원한 전국옥새(傳國玉璽)

3. 옥새의 상징성

옥새는 정치적으로, 예술적으로 중요한 의미를 가진다. 우선 정치적인 옥새의 위상을 살펴보자면 옥새는 절대권력을 상징했다. 평범한 문서에 옥새가 가미되면 그것은 어명이 되었으며, 이를 거스르는

전국옥새에 새겨진 수명우천 기수영창

것은 반역을 뜻했다. 또한 옥새는 황제, 국왕의 권위를 상징했으며, 전국(傳國)을 상징했다. 옥새의 승계는 단순히 한 군주로부터 다른 군주로 옥새를 전달하는 것이 아닌, 왕위의 승계를 의미했다.

옥새는 고도의 예술적 집합체였다. 서예, 전각, 회화, 조각 등 옥새의 제작 과정에서 정교한 기술과 기법들이 사용되었으며 국가의 주도 하에 옥새에 왕실문화의 정점을 담아냈다. 또한 옥새 제작에 있어서 단순히 '아름다움'만을 추구하지 않았다. 옥새 속에는 다양한 상징적인 의미와 철학적인 의미들이 내포하고 있는데 음양오행의 원리에 따라서 인면(印面)에 획수가 적은 글자도 자획을 아홉 번 구부리는 구첩전, 초자연적인 힘을 발휘한다고 생각하여 인장에 새긴 상징적인 기호들 등이 그 예이다.

또한 옥새 손잡이의 모양에서는 과거 우리나라만의 자주성을 확인해 볼 수 있다. 과거 중국은 주변국들에게 옥새를 보내며 책봉을 하였다. 중국은 자신

대한제국 황제어새, 국립고궁박물관

들의 옥새 손잡이 모양을 용으로 하고 우리나라에는 거북 모양의 손잡이를 가진 옥새를 보내왔다. 하지만, 거북이의 머리를 길게 하거나, 발가락의 모양을 변용하는 등 옥새의 모양 변화를 통해 자주성을 추구하려 하였다. 고종이 대한제국을 선포하고 대한제국의 첫 번째 황제의 자리에 올랐을 때는 옥새의 상징물을 거북이가 아닌 용으로 정했다. 이는 그동안 중국의 영향력으로부터 탈피라는 점에서 의의가 있다.

왕의 옥새는 금으로 제작되어 있고, 인면은 모두 붉은색 계통으로 제작되어 있는데, 이는 음양오행사상과 관련이 있다. 금색, 황색은 오색의 중심색이며 동서남북 중 중앙을 상징하여 고귀한 색으로 인식되었다. 또한, 인면에 사용되었던 붉은색은 신성함, 생명력, 원기의 상징이었다. 궁전이나 옥좌, 왕의 의상의 색을 붉은색으로 한 점도 붉은색이 왕을 상징한다는 생각에 기초해 있다.

4. 옥새의 용도와 기능

미디어 속에서 접하는 옥새와 달리 역사 속에서 옥새는 단 한 개만 존재하지 않았다. 쓰임에 따라 다양한 옥새가 존재하였으며, 과거 중국으로부터 옥새 대보를 받아 이를 사용하기도 하였다. 중국에 외교문서를 보낼 때 사용되는 대보(大寶), 관리를 임명하거나 명령을 내릴 때 사용하는 시명지보, 백성들에게 어떤 명령이나 정보를 고지할 때 사용되는 명덕지보, 왕실재산의 수송문서에 사용되는 광운지보, 서책의 발간에 사용됐던 동문지보, 과거시험을 보는 시험지에 찍혔던 과거지보, 왕이 저술한 작품에 사용됐던 규장지보 등 다양한 옥새가 그 쓰임에 맞게 사용되었다.

대한제국 시대에는 그동안 조선왕조 시대에서 사용되었던 옥새의 면모와

대한제국 황제어새 및 여러 국새, 국립고궁박물관

다른 모습을 보여준다. 그동안 사용하던 국새와 옥새를 전부 폐지하고, 국새의 명칭도 새롭게 바꾸었다. 대한국새 외에도 책봉을 할 때 사용되었던 황제행새, 황제가 칙서를 반포할 때 사용되었던 황제지새, 군사적인 업무를 행할 때 사용되었던 황제신새, 조공국의 왕이 즉위했을 때 사용되었던 천자행새, 종묘에 제사를 지낼 때 사용되었던 천자지새, 대외 동원이나 번국을 소집할 때 사용되었던 천자신새 등이 있다.

대한제국의 국새와 관련된 조약 중 하나는 을사늑약이다. 당시 고종은 외무대신 박제순에게 체결권을 위임하지 않았지만 일본이 강제로 외무대신 인장을 빼앗아 을사늑약을 체결하였으며, 이 사건 이후에 고종은 을사늑약 무효선언서에 대한국새를 찍어 을사늑약의 무효를 천명하였다. 즉, 을사늑약은 조약 체결의 결함뿐만 아니라 을사늑약 무효선언서에 따라 정당성이 결여되어 있다. 고종은 을사늑약의 부당함을 국제 사회에 알리려고 노력하였으나 일본에 의해 강제 퇴위되었다.

이처럼 옥새는 그 당시뿐만 아니라 후대에서도 중요한 기능을 한다. 역사적 사실에 대한 고증과 사실관계 확인이 현대에서 옥새의 중요한 기능이다. 몇 백년 전의 문서에 찍혀 있는 국새를 토대로 그 당시 조약 체결에 절차상의 하자를 극명하게 확인할 수 있으며, 이로 인해 역사적인 사실관계를 파악할 수 있다.

5. 옥새의 종류

앞에서는 개략적인 조선시대와 대한제국의 옥새에 대해서 알아보았는데, 옥새의 구체적인 종류와 이들의 기능에 대해서 알아보도록 하겠다. 조선시대에서의 국새의 명칭과 기능은 일관적이지 않았다. 《대전회통》에서는 외교용 국새인 대보를 포함하여 시명지보, 이덕보, 유서지보, 과거지보, 선사지기, 선황단보, 동문지보, 규장지보, 준철지보 총 10종류의 새보가 기록되어 있다. 이 외에도 《대전회통》에 기록되지 않은 조선왕보, 국왕신보, 국왕행보가 있지만 국왕행보는 시명지보로, 국왕신보는 소신지보로 대체되었다.

> **《조선왕조실록》 세종 14년 임자(1432) 10월 12일(정유)**
>
> 예조에서 아뢰기를, "역대 제왕(帝王)의 옥새와 옥보의 제도[璽寶之制]는 한(漢)나라 때에는 6옥새[璽], 당(唐)나라 때에는 8옥새, 송(宋)나라 때에는 8옥새를 일에 따라 사용하였사온데, 당나라의 신새(神璽)·송나라의 진국신보(鎭國神寶)와 같은 것은 중국을 진안(鎭安)하는 중보(重寶)로서 간직하여 두고 쓰지 않았사오나, 그 신새(信璽)와 신보(信寶)는 사신(事神)·발병(發兵) 등의 일에 쓰였고, 행새(行璽)와 행보(行寶)는 봉국(封國)·책봉(冊封) 등의 일에 쓰였사오며, 기타 새보의 글[璽寶之文] 내용과 용도는 시대에 따라 각각 같지 않았사온데, 우리나라는 중국 황제가 보내 준 대보(大寶)의 글에, '조선국왕(朝鮮國王)'이라고 칭하였사오니, 이는 국내의 보통 일에 쓰기는 합당하지 않습니다. 바라옵건대, 옛 제도에 따라 국왕의 신보(信寶)를 부어 만들어서 사신(事神)·교유(敎宥)·공거(貢擧) 등의 일에 쓰게 하옵시고, 국왕의 행보(行寶)도 만들어 책봉(冊封)·제수(除授) 등의 일에 쓰게 하옵시며, 그 황제가 보내준 대보(大寶)는 사대 문서(事大文書)에만 쓰시고 그 밖에는 쓰지 마옵소서."

이 중 시명지보는 국왕의 문서에 가장 많이 사용되었는 데, 시명(施命)은 명령을 베푼다는 뜻으로 임금이 신하에게 명령을 내릴 때 사용되었다. 조선시대에 시명지보는 기존의 세종 대의 국왕지보를 폐지하여 이를 대체하기 위해 만들어 졌으며 총 3차례에 걸쳐 폐지와 제작을 반복하였다. 또한, 과거 시험에 쓰였던 과거지보는 최초에 과거지인으로 명명되었으나, 변란 이후에 유실되어 이를 새로 제작하며 이름을 과거지보로 하였다. 왕의 저술에 사용되거나 내사본 서적에 사용되었던 규장지보와 같은 경우 《속명의록》이나 《근사록》에서 그 흔적을 찾아볼 수 있다.

시명지보 (施命之寶)	규장지보 (奎章之寶)	유서지보 (諭書之寶)	준명지보 (濬命之寶)	과거지보 (科擧之寶)
관리임명, 교지	왕의 서책 등	관찰사 등 부임	교지	과거용 시지

다음으로 대한제국의 국새를 살펴보자. 고종이 구본신참의 원칙 하에 광무개혁을 단행하면서 새로운 국명인 대한제국과 새로운 연호를 반포하며 왕의 명칭을 황제로 바꾸었다. 이러한 이유에서인지 조선의 국새와 달리 대한제국의 국새의 이름에는 "황제"라는 단어가 자주 등장한다. 황제지새, 황제지보가 그 예이다. 대한제국의 국새는 대한국새, 황제지새, 황제지보, 칙명지보, 제고지보 등이 있었으며, 외교관계에서 쓰였던 비밀 국새인 군주어새가 있었다.

6. 옥새의 제작

옥새를 제작하는 방법은 크게 6가지로 나뉜다. 문자 선별, 손잡이 제작, 새기기, 거푸집 제작, 건조, 가마작업이 있다. 우선 문자 선별 단계에서 문자는 철학적인 원리, 음양오행에 따라서 결정된다. 사용인의 지위, 사용 용도에 따라서 적절한 서체를 구성하는 새서법, 글씨를 직접 새기기 전에 상황

옥새 복원 전각장 민홍규 씨

에 맞게 구상하는 새장법 등이 사용된다.

두 번째로 비례, 방향 등을 기초로 하여 손잡이가 제작된다. 용, 거북이, 봉황 등 시대마다 나라마다 다른 모양의 손잡이가 제작되며 견고함을 위해 밀랍에 다른 재료들을 섞어서 제작된다.

세 번째로 인면에 깊이, 양각, 음각 등 조각 방법을 정한 뒤 문자를 새긴다. 이때 칼을 가지고 전각하는 새도법, 칼을 잡는 집도법, 칼을 움직여 나가는 운도법 등 일정한 형식과 체계를 바탕으로 문자가 새겨진다.

네 번째로 거푸집 제작 단계에서는 갯벌 흙, 합천토 등을 섞은 오합토를 바탕으로 여러 번 채로 쳐 앙금을 낸 진흙을 반죽하여 거푸집을 제작한다.

다섯 번째 건조 단계에서는 서늘한 곳에서 거푸집을 말리며 마지막 가마 작업에서는 구둘가마와 대왕가마를 통해 거푸집에 쇳물을 주입하였다. 이 이후 거푸집이 식으면 이를 파괴하고 점검을 통해 불순물을 제거하는 작업을 하고, 매듭장식으로 마무리 하였다.

7. 우리나라 국새의 역사적인 흐름

우리나라의 옥새에 대한 기록을 찾는다면, 그 기원은 고구려시대로 되돌아가볼 수 있다. 김부식의 《삼국사기》 중 〈고구려본기〉에서 고구려 3대 임금인 대무신왕 대에서 금새를 하늘에서 내린 것으로 표현하고 있다. 즉, 이는 왕권의 정당성을 확고히 하는 금새의 상징성을 엿볼 수 있다.

그 이후 고려시대에서 국새의 기원을 《고려사》와 《증보문헌비고》에서 찾아볼 수 있다. 고려시대에서 거란, 요, 금으로부터 국새를 받았는데, 어느 왕대에 어느 시기에 어느 나라로부터 국새를 받았는지가 《고려사》에 기록되었다. 이 중 〈최광지 홍패〉에 "고려국왕지인"이라는 인장이 찍혀 있어서 현대에 인장의 모습을 유추해볼 수 있다.

이 뿐만 아니라 고려시대에는 국새를 관리하는 기관이 존재하였다. 고려 전기에는 중서주보리와 부보랑을 두었으며 13세기 후반에는 인부랑을 두어 국새를 관리하게 하였다. 고려 후기에는 상서사에서 관리하였으며,

옥새를 보관, 관리하던 관청 : 창덕궁 상서원

조선시대에서는 명칭을 개편하여 상서원에서 국왕의 인장을 담당하였다.

고려시대 이후 조선시대에서는 중화사상이 지배하였다. 중국을 기준으로 그 주변에 있는 나라들은 중국으로부터 일종의 확인을 받아야 했으며, 이를 위한 수단으로 국새를 하사하였다. 조선시대에서는 명나라로부터 세 차례 국새를 받았는데, 이 중 두 번은 태종 대이지만, 나머지 한 번은 그 사실을 《정조실록》에서 확인할 수 있지만, 구체적인 사항은 알 수가 없다. 1616년 청나라가 새로이 건국된 이후, 청나라로부터 세 차례 국새를 받았는데, 각각 인조 대(1637), 효종 대(1653), 영조 대(1776)이다.

통치체제가 군주제에서 민주공화정으로 바뀌면서 사실상 국새의 의미는 예전보다 많이 퇴색되었다. 왕의 정당성, 절대적인 명령 등 과거 군주제에서 가지고 있던 절대권력의 상징성이 줄어들었다. 1대 국새부터 지금의 5대 국

 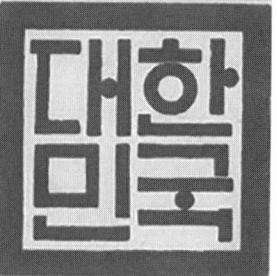

대한민국 국새, 행정안전부

새까지 있으며 5대 국새는 현재 행정안전부에서 관리 중이다.

국새의 제작은 대통령령으로 정한 규정을 준수해야 하는 데, 국새의 재질, 크기, 인문, 국새가 날인되는 문서, 국새의 관리기관 등 상세한 사항을 국새규정에서 기술하고 있다.

대한민국의 국새는 여러 사건 사고가 많았다. 1대 국새의 경우 2005년 분실되었다는 사실이 발견되었고, 2010년 4대 국새의 경우 제작과정에서 국새 제작단장의 사기 혐의 등 불미스러운 일이 있었다.

국새는 전통적으로 국가 단위에서 권력의 주체와 국왕의 권위, 자주성의 실재를 증명하는 상징도안이다. 다시 말하면 국새는 과거의 독특한 전통문화이고, 현재의 자주적 국가상징이며, 미래의 전통계승 문화유산이다. 일반적으로 개인이나 관청에서 사용하는 인장(印章)이나 관인(官印)의 차원을 넘는 문화유산이다. 따라서 항일독립운동과 한국전쟁 등의 수난 시기에 분실하였거나 약탈당한 국새 등은 소재를 확인하거나 반환, 또는 회수 등의 절차를 거쳐 역사의 계승과 전통의 복원을 지속적으로 추진해야 할 것이다.

〈부록〉

17

궁궐미학,
문화유산의 멋과 향기가
흐른다!

궁궐은 정치의 중심지이고, 문화의 집결지이다.
따라서 한 시대의 기술, 예술, 경제, 문화수준이 표현된 곳이다.

한 문장으로 읽는 〈궁궐미학〉

서울을 대표하는 전통건축물, 상징조형물을 꼽으라면 단연 조선시대 궁궐이다. 궁궐은 한 시대, 한 나라의 정치, 사상, 의례, 산업, 문화의 중심체이면서 건축, 과학, 음식, 과학, 예술, 의상, 음악 등의 분야에서 가장 수준 높은 인물, 기술, 경제력 등이 숨 쉬는 공간이다. 그래서 궁궐은 각국에서 랜드마크이면서 주요한 관광자원으로 관리되고 있는 것이다.

현재 대한민국의 수도인 서울에는 경복궁, 창덕궁, 창경궁, 경희궁, 덕수궁 등 5곳의 조선시대 궁궐이 존재한다. 또한 궁궐과 연계되어 제례공간인 종묘(宗廟), 근대 시기에 고종의 잠저(潛邸)이며, 아버지인 흥선대원군의 사저인 운현궁(雲峴宮)이 있다. 종묘와 운현궁은 공식적인 궁궐은 아니지만, 조선시대 건축미와 역사성, 문화유산의 가치가 높기 때문에 보통 궁궐을 설명할 때 포함하는 경우가 많다.

17

궁궐미학, 문화유산의 멋과 향기가 흐른다!

글 : 오정윤

1. 궁궐이 갖는 문화적 가치

역사가 오랜 국가에서는 시대별 궁궐, 문화유산이 전승된다. 그리고 보통의 왕조국가에서는 행정단위로서 하나의 왕조(나라)에 하나의 도읍, 나아가 하나의 서울에 하나의 궁궐을 원칙으로 하는 1국(國) 1도(都) 1경(京) 1궁(宮)을 제도적으로 구성한다.

동아시아 건축의례의 관점에서 도(都)는 천단(天壇)과 종묘사직(宗廟社稷)이 있는 도시, 경(京)은 군주가 머무르고 있는 도시를 말한다. 이곳에 가장

서울 궁궐을 대표하는 법궁 경복궁과 서궐 경희궁.

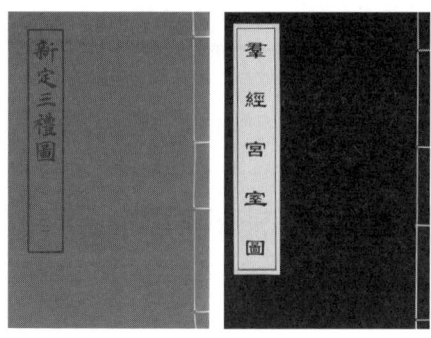

고대 동아시아 궁궐건축의 기본교재, 의례 고전인《삼례도》와 궁궐의 건축설계를 기록한《군경궁실도》.

장대하고 위엄이 넘치는 통치기관이면서 군주의 생활공간인 궁궐이 조영된다. 중국 한족의 왕조는 보통 1도, 1경, 1궁을 기본적 건축 조영으로 만든다면, 북방의 고구려, 발해, 요나라, 금나라 등의 왕조는 1도에 경과 궁이 2개 이상, 많게는 3개에서 5개 정도를 두는 다경다궁제(多京多宮制)를 운영하였다.

조선은 유교 경전인《주례(周禮)》에 근거하여 1도 1경의 도읍 제도를 바탕으로 하였지만, 궁궐은 북방 민족 전통에 따라 여러 개를 축조하고 탄력적으로 운영하였다. 여기서 고례(古禮)의 1궁은 왕조 개창을 선포하고 천명을 수행하는 군주의 통치장소로서 법궁(法宮)을 말하며, 조선시대는 경복궁이, 대한제국 시기에는 덕수궁이 법궁의 역할을 맡았다. 아울러 정치적 상황, 사회적 고려에 의해 통치행위를 하는 정치공간의 정궁(正宮)은 경복궁, 창덕궁, 경희궁 등으로 다궁(多宮)이 건설되었다.

우리나라의 궁궐건축은 다궁제와 함께 조영법식을 탄력적으로 적용하였다. 그것은 평지를 바탕으로 구획을 정하는 중국식 궁궐과 다르게 자연 산천의 지세와 풍수적 관점으로 건설하였다는 점이다. 따라서 경복궁, 창덕궁, 창경궁, 경희궁, 덕수궁은 형식상 제도적 통일성은 유지하였지만, 현실적인 공간구성은 매우 독자적인 방식으로 건축되었다. 한국의 궁궐이 중국이나 동아시아 여러 나라의 궁궐과 크게 차이가 나는 점이고, 우리 궁궐이 갖는 미학적 우수성이 돋보이는 점이다.

2. 서울 궁궐, 문화콘텐츠를 만나다

궁궐 조영의 특성은 서울에 소재한 우리 궁궐을 한마디로 표현하는 방식의 개념이다. 동아시아에는 한국, 중국, 일본, 베트남, 태국, 미얀마 등에 궁궐이 있다. 중국의 북경 고궁은 동아시아에서 최대의 규모라는 상표를 표방한다. 이런 의미에서 적어도 우리는 서울의 궁궐에 대해 미학이나 철학이나 건축, 과학의 관점에서 개념정리를 할 필요가 있다.

유홍준은 자신의 저서인 《나의 문화유산답사기》〈서울편(6, 9, 10권)〉에서 '서울을 궁궐의 도시'라고 하였다. 적절한 표현이다. 조선은 동아시아의 여러 나라들이 보통 가졌던 1국(國), 1도(都), 1경(京), 1궁(宮)의 궁궐 건설 기본규칙을 벗어나 무려 5개를 건설하였다. 이는 고구려, 신라, 발해, 고려의 전통 계승이다. 서울 궁궐하면 그 특징과 자랑거리를 바로 말할 수 있는 요소를 모두 15가지로 정리하면 다음과 같다.

① 서울은 궁궐 도시이다.
② 자연과 호흡하는 궁궐이다.
③ 조선 궁궐은 곡선의 미이다.
④ 조선궁궐은 삶이 숨쉰다.
⑤ 하늘을 닮은 건축물이다.
⑥ 다양한 조영공간을 이룬다.
⑦ 권역별로 역할이 다르다.

⑧ 한양도성과 짝을 이룬다.
⑨ 전통풍수의 자연이 흐른다.
⑩ 궁궐 건축미학의 핵이다.
⑪ 공간거리와 생활이 맞는다.
⑫ 사계의 변화를 담고 있다.
⑬ 인간과 동식물이 공존한다.
⑭ 600년의 역사를 계승한다.
⑮ 전통윤리의 통치공간이다.

첫째로 ① 서울은 궁궐의 도시라고 해도 지나침이 없을 것이다. 세계문화유산 창덕궁, 경복궁과 경희궁이라는 양궐체제, 대한제국의 황제가 거주하였던 덕수궁, 효심이 깃든 창경궁, 이 모든 궁궐은 나름대로 자신의 이야기를 담고 있다.

두 번째로 조선의 궁궐은 자연지세를 이용하여 건설하였다. 동아시아 여러 나라의 궁궐이 대부분 평지에 건설한 것과는 많이 다르다. 우리 궁궐은 이런 면에서 ② 자연호흡의 공간이라 하겠다. 이는 우리 궁궐이 갖는 아주 중요한 특징이라 하겠다.

세 번째로 규모의 복잡성과 외장의 화려함을 목표로 건설하지 않고 주변의 형세에 맞도록 건축하였다. 특히 처마의 선을 추켜세워 건축물에 음악적 선율이 흐르는 ③ 곡선의 미를 추구하였다.

아울러 궁궐이 갖는 위엄과 경외감과 권위를 갖되 가능하면 공포감과 위압감을 주지 않으려고 공간배치를 하였다.

그래서 네 번째 특성으로 ④ 삶이 호흡하는 공간을 꼽고자 한다.

다섯째로 ⑤ 하늘의 법도를 실현하고자 별자리를 지상의 조영물로 표현하였다. 궁궐의 구역은 하늘의 구역과 정합성을 가지고 있으면서, 하늘의 별자리가 맡은 각각의 역할은 지상의 궁궐 건축물이 그 역할과 짝을 이루게 된다. 그래서 천문(天文)이 구현된 궁궐이라 정의한다.

여섯째로 조선 궁궐은 남북축으로 형성된 일률적 건축제도를 벗어나 기능과 역할에 따라 ⑥ 다양한 조영적 공간 특성을 보인다는 것이다. 경복궁은 남북축으로, 창덕궁은 동서축으로 건축물이 배치되었고, 창경궁은 동향으로, 경희궁은 정전과 편전은 남북축으로, 나머지 건축물은 동향으로 배치하였다. 덕수궁은 남북축이지만 정문은 동쪽의 대한문으로 하였다.

그리고 일곱 번째로 궁궐의 전각 공간은 자신만의 독특한 역할이 주어진다. 정치공간인 정전, 업무공간인 편전, 관료들의 업무공간인 내각, 왕비의 공간인 중궁전, 대비전과 왕대비전, 미래의 군주가 되는 세자와 그의 부인이 거주하는 동궁전과 세자빈전, 후궁들의 공간 등 ⑦ 권역별로 역할이 뚜렷하게 드러나 있다.

여덟 번째로 서울의 궁궐은 자연지세에 건설된 한양도성이 외곽을 두르고 있어 환상적인 아름다움을 뽐낸다.

곡선의 미를 보여주는 경희궁 태령전, 하늘의 별자리가 구현된 경복궁 사정전 앙부일구, 자연풍수와 자연철학이 깃든 경복궁 경회루, 4계절의 변화를 보여주는 창경궁 옥천교.

그래서 ⑧ 한양도성과 미학적 호흡을 이루고 있는 점이 특징 중의 특징이 된다.

아홉 번째로 ⑨ 전통풍수의 자연관을 그대로 적용하고 있다는 점이다. 궁궐 내의 하천이나 산세, 건축의 방향 등이 모두 풍수적 지리 지형을 반영하고 있다는 사실이다. 관념적 풍수와 현실적 풍수가 궁궐에 깃들어 있는 것이 아주 특별하다.

열 번째로 우리 궁궐은 ⑩ 한국의 건축미학을 종합한 시설물이라 말할 수 있다. 각각의 건축물과 회랑, 곳곳에서 만나는 잡상이나 여러 서수(瑞獸), 수목(樹木)과 화초(花草) 등이 조화를 이루고 있다.

열한 번째로 조선 궁궐의 최고미학은 공간의 규모가 거대하지만 건축물 상호 간의 공간거리가 ⑪ 사람들이 생활하고 이동하는 시간의 거리와 비례하여 조성되었다는 점이다.

열두 번째로 자연지세와 자연 사물을 하나로 엮어 조성하였기 때문에 자연적인 시간의 흐름에 따른 ⑫ 사계절의 변화를 담고 있다. 구중궁궐 깊은 공간에서도 시간의 흐름과 공간변화를 읽을 수 있다는 점이다.

열세 번째로 ⑬ 인간과 동식물이 공존하는 공간이다. 곳곳에 배치된 여러 시설물과 동산, 하천에는 꽃과 나무, 곤충과 날짐승을 언제나 만날 수 있게 조성되었다.

열네 번째로 조선 역사가 숨 쉬는 공간, 한국사의 한 부분을 이루고 있는 역사의 장이란 것이다. 궁궐은 ⑭ 조선왕조 600년의 시공간이 숨 쉬는 곳이다.

끝으로 궁궐은 동아시아 유교 철학의 집대성이다. 유교를 국교로 삼은 조선시대의 통치철학인 ⑮ 도덕윤리를 구현한 역사의 현장이라는 사실이다. 이것이 서울 궁궐이 갖는 15가지의 자랑거리이자 특성이라 하겠다.

3. 궁궐미학, 궁궐의 멋과 향기를 만나다!

　궁궐은 사람이 사는 삶의 공간이다. 정치행위와 의례가 실현되는 제도공간이다. 여러 전각들과 자연형세, 각종의 기물들이 어울려 있는 건축공간이다. 궁궐은 정치의 중심지이고, 문화의 집결지이다. 따라서 한 시대의 기술, 예술, 경제, 문화수준이 표현된 곳이다. 이를 바탕으로 궁궐권역의 미학적 특성을 의상, 형상, 수상, 색상, 문상, 음상, 향상, 미상, 신상 등 모두 9가지로 살펴본다.

① 의상(意象)
② 형상(形象)
③ 수상(數象)
④ 색상(色象)
⑤ 문상(文象)
⑥ 음상(音象)
⑦ 향상(香象)
⑧ 미상(味象)
⑨ 신상(身象)

　우리나라 궁궐 권역의 ① 의상(意象)은 하늘과 땅과 사람, 그리고 자연이 합일되는 경지를 추구하는 정신이다. 천문(天文)과 풍수(風水), 도덕윤리가 구현된 공간이다. 천지인(天地人) 3원사상의 결집이다. ② 형상(形象)은 제도적 규칙을 실현하는 것을 말한다. 동서축과 남북축의 대칭, 전조후시, 좌묘우사, 전조후침 등의 원칙을 가능한 범위 내에서 구현하는 것이다. ③ 수상(數象)은 동양의 수리적 법칙성, 상징적 숫자의 구현이다. 남북축의 정문을 3문, 또는 5문을 두는 방식이나, 음양의 원리에 따라 건춘문, 영추문, 일화문, 월화문 등을 두는 것을 말한다. 곳곳에 주역의 원리, 동아시아 자연철학의

미학9상 가운데 수상(數象)이 집대성 되어 있는 경복궁 근정전, 문상(文象)을 제대로 표현한 경복궁 광화문.

수리적 법칙성이 구현된다.

네 번째인 ④ 색상(色象)은 춘하추동, 동서남북, 음양오행에 맞춘 색깔의 구비와 표현이다. 궁궐권역은 봄에 푸른색, 여름에 붉은색, 가을에 흰색, 겨울에 검은색을 가능한 구현하고자 하였다.

⑤ 문상은 현판과 주련, 현판에 담긴 명칭의 의미 등이 모두 문헌적 근거, 고전, 고사에 기인하는 특성을 지닌다. 문상은 동아시아 인문정신의 표현이다.

⑥ 음상(音象)은 건축공간에 규율적인 소리의 법칙을 구현하고자 하였다. 특히 시보(時報)를 알리는 장엄한 종소리, 북소리는 예법의 소리를 상징한다. 각종 의례가 펼쳐지면 음상의 향연이 공간에 울려 퍼진다.

일곱 번째로 ⑦ 향상은 자연의 향기, 산천과 계절이 만든다, 경복궁은 전체가 한 폭의 향기를 머금은 그림이다. 창덕궁과 창경궁은 응봉에서 흐르는 자연의 향기와 더불어 꽃담인 취병 등이 만드는 향기로 가득하다. 경희궁은 후원의 수목과 화초가 자연의 미감을 극도로 올려준다. 중국의 명청시대 자금성에서 이런 향상을 느끼는 게 쉽지 않다.

⑧ 미상은 세상의 온갖 음식과 과자와 술과 연희가 만드는 맛의 향연을 말한다. 아침, 점심, 저녁이 되면 궁궐 수라간, 과자방 등에서 만든 맛의 향

미학9상 가운데 향상(香象)이 흘러넘치는 창덕궁 주합루, 신상(身象)의 원칙에 충실한 경복궁(전경).

기가 전체로 퍼져나간다.

끝으로 가장 중요한 상징의미는 ⑨ 신상(身象)으로 모든 궁궐 권역이 삶의 보행거리에 맞추어 설계되고 자리잡고 있다는 사실이다. 웅대하고 큼직한 건축물이 즐비한 자금성과 비교된다. 자연과 인간의 공존을 꿈꾼 궁궐건축 예술가들은 자신의 삶이 재현되는 공간은 아니지만, 한 국가의 최고권력자가 숨쉬는 공간을 가장 인간친화적으로 꾸민 것이다.

조선의 5대 궁궐 가운데 형상, 수상, 문상을 가장 잘 갖춘 궁궐은 경복궁이라 하겠으며, 의상과 색상을 구비한 궁궐은 파괴되기 이전의 경희궁을 꼽을 수 있다. 창덕궁은 응봉에서 흐르는 자연의 향기(향상)와 맛(미상)이 가장 잘 어우러진 궁궐이라 하겠다.

그리고 5대 궁궐은 공통적으로 권역 자체가 삶의 보폭을 벗어난 거리를 두지 않았다는 점에서 인간중심의 건축공간이라 볼 수 있겠다. 궁궐미학의 9상(九象)은 우리 궁궐의 심미적 가치를 철학적으로 표현한 개념이다.

4. 궁궐 이해에 필요한 사유와 통찰

서울에서 생활하는 시민들은 일상적으로 궁궐을 만나고, 궁궐을 산책하고, 궁궐을 답사하면서 궁궐이 갖는 아름다움과 편안함, 놀라운 건축미를 시시각각 느낄 수 있다. 지역에 거주하는 이들은 한 번 서울 나들이에서 힘겹게 궁궐답사를 한다. 늘상 보는 대상이 아닌 특별한 답사의 경우에는 더욱 느껴지는 감흥이 다를 수밖에 없다. 그런데 막상 우리 궁궐의 특성이 무엇인가? 미학적 특별함을 간단하게 설명해 달라? 그러면 많은 이들은 말문이 막힌다.

왜 그럴까? 이는 궁궐의 역사, 건축, 사건 등 평면적인 지식과 인지는 풍성하지만, 그것을 사유하고 통찰하여 철학적인 관점으로 이해하는 방식에 익숙하지 않은 탓이다. 그래서 이번에 부록으로 〈궁궐미학〉을 특집으로 구성하였다. 우리 궁궐의 특징 15가지와 궁궐미학의 9가지 건축철학을 정리하였다.

이번에 증보 수정한 《궁궐과 왕릉》은 일반독자를 위한 궁궐안내서이지만, 특별하게 궁궐안내, 궁궐해설을 하시는 궁궐지도사에게 드리는 궁궐지침서이기도 하다.

궁궐을 철학적으로, 미학적으로 관찰하고 이를 바탕으로 이해하고 해설하면 궁궐의 가치와 관점이 새롭게 다가올 것이다. 아울러 궁궐은 궁궐안내와 해설을 넘어 궁궐학(宮闕學)이란 관점에서 궁궐을 통섭적이고 융복합적으로 이해하고 통찰해야 할 것이다.

궁궐의 통섭이란 궁궐을 중심으로 정치제도, 통치학, 조선의 역사, 조선의 문화, 건축미학을 종합적으로 보는 방식을 말한다. 그래서 궁궐의 융복합이란 이런 통섭의 지식과 경험을 바탕으로 어떤 대상, 어떤 시기, 어떤 방법을 만나더라도 자신만의 궁궐안내, 궁궐이해, 궁궐해설을 발휘하는 능력을 말한다. 이 작은 글이 우리 궁궐을 자신 있게 소개하고 해설하는 약간의 자양분이 되었으면 바랄 나위가 없겠다.

서울 옛길 사용설명서

서울 옛길, 600년 문화도시를 만나다

조선 한양 600년의 역사와 문화와 인문의 향기를 간직한 서울 옛길 12경을 선정하고, 이곳에 숨쉬는 역사콘텐츠, 문화콘텐츠, 답사콘텐츠를 발굴하여 아름다운 스토리텔링으로 저술하고 소개하는 서울인문학 안내서입니다.

한국역사인문교육원은 역사인문 평생교육기관으로 청소년 역사강좌, 한국사 인문강좌, 궁궐과 박물관 전문해설사 양성 과정, 국내외 교육답사, 궁궐답사, 박물관교육, 전통놀이 지도사 양성교육, 역사인문 저술교실 등을 운영하고, 유튜브 채널인 미래학교 TV와 한국역사인문교육원 TV를 개설 중이며, 《궁궐과 왕릉, 600년 조선문화를 걷다》는 저술교실의 두번째 작품입니다.

우리 문화재, 한국사를 만들다
한국사를 만든 우리문화재의 역사, 과학, 미학!

궁궐과 왕릉, 600년 조선문화를 걷다
600년 역사가 숨쉬는 조선궁궐의 건축, 문화, 상징!

서울 옛길, 600년 문화도시를 만나다
서울 옛길에서 만난 한양의 역사, 문화, 인문의 향기!

서울문학기행, 근현대 문학유산을 걷다
서울 지역 근현대 문학유산 현장답사!

전통놀이 종합지도서
역사적 계승성과 문헌적 근거, 전통놀이 방법의 복원과 활용

한국인이 꼭 읽어야 할
오정윤 한국통사 1, 2, 3권

한국사 시험에 아주 강한 '오정윤 한국사'
한국인의 자긍심을 키워주는 한국통사
대륙의 역사를 개척한 진취적인 대한국사

《오정윤 한국통사》의 주요한 역사관점 '7'

1. 고조선을 정립하다
동아시아 신석기문화의 원류인 요하문명의 계승자로서 지방분권형 다종족 연합국가인 고조선을 발견하고, 고조선의 중심지, 법률인 범금8조, 시가문학인 공무도하가, 비파형동검 등 고조선의 역사, 강역, 과학, 문화유산 등을 다양한 시각으로 풍부하게 다루었다.

2. 부여사를 찾아내다
고조선 연합국가의 해체 이후에 중부의 위만조선, 남부의 삼한과 경쟁하면서 고구려와 백제, 신라, 가야를 탄생시킨 부여사를 찾아내고, 원부여, 북부여, 동부여, 서부여, 중(졸본)부여, 남부여(백제), 후부여, 소부여(두막루국)로 이어지는 1000년의 역사를 복원했다.

3. 고구려를 발견하다
견제와 균형의 정치미학으로 동아시아의 정치질서를 주도하고, 고구려 150년 전성기(400-551)를 개막한 광개토태왕과 장수왕의 꿈을 설계하고, 백제 무령왕의 해상왕국, 신라 진흥왕의 한강진출, 가야연합 국가의 흥망성쇠 등을 역동적으로 그려냈다.

4. 남북국을 되살리다
세계사에서 가장 치열하게 전개된 살수대첩, 안시성전투, 사비성전투, 평양성전투, 매소성전투, 천문령전투 등 동아시아 100년 전쟁(598-698)의 전개과정과 그 뒤를 이어 등장한 후기신라의 불국토, 발해의 해동성국을 남북국시대 역사의 관점으로 서술했다.

5. 북방민족사를 말하다
고조선과 부여, 고구려, 발해의 역사문화권에서 탄생하고 성장한 흉노족, 선비족, 유연족, 돌궐족, 거란족(요), 여진족(금), 몽골족(원), 만주족(청) 등 북방민족의 역사활동을 한국사의 부속사와 외연사이라는 관점으로 고려시대, 조선시대와 연계하여 기술했다.

6. 민권시대를 그리다
동아시아 근대의 시대정신인 반봉건, 반제국주의(반침략) 항쟁을 줄기차게 실천한 동학농민전쟁, 항일의병전쟁, 항일독립투쟁 등을 충실하게 그려내고, 3·1항쟁, 4·19혁명, 광주민주화운동, 87 민주항쟁, 촛불혁명으로 이어지는 민권쟁취의 역사를 기록했다.

7. 당대사를 설정하다
대한민국의 오늘을 사는 한국인의 삶과 의식에 결정적 영향을 끼친 1980년 광주민주화운동을 당대사의 기점으로 설정하고, 한국의 산업화, 민주화, 통일운동의 역사적 성과와 더불어 서울올림픽, 한일월드컵, 한류와 같은 사회문화적 변화와 성취를 소개했다.

소설로 읽는 조선왕조실록

성공한 자가 아니라 실패한 자의 시각에서,
강한 자가 아니라 약한 자의 입장에서 바라본 역사!

《소설로 읽는 조선왕조실록-나쁜 남자 편》에는 7명의 '나쁜 남자'가 등장한다. 즉 양녕대군, 문종, 현덕왕후, 연산군, 단경왕후, 장옥정, 봉이의 입장에서 회상하는 이야기를 통해서 정사(正史)에서와는 다른 역사를 만날 수 있다. 순서대로 읽다 보면 조선시대의 '나쁜 남자'들을 통해서 본 색다른 역사 흐름을 파악하는 귀한 기회를 제공할 것이다.

이동연 장편소설 삼별초

절대 자유를 향해 절대 고독으로 나아 간 삼별초!

절삼별초가 반역한 것이 아니라, 고려 원종과 측근들이 고려 건국 기조에 대해 반역한 것이다. 그들은 일극주의(一極主義), 신분의 굴레를 거부했고, 삶과 죽음의 방식까지 스스로 택할 주체적 자유를 갈구했다. 그리고 그렇게 살다 갔다. 특히 서남해상에서 극한의 절박감 속에 전개된 대미의 3년은 차라리 밤하늘의 별처럼서정적이었다.

새우와 고래가 함께 숨 쉬는 바다

궁궐과 왕릉,
600년 조선문화를 걷다(개정증보판)

지은이 | 오정윤, 주정자, 안두옥, 김지혜, 장경실, 우덕희, 최경화, 전수진, 권혜숙, 조태희, 김은영, 조정옥, 박연주, 신승자, 김향란, 박양희, 홍수례
펴낸이 | 황인원
펴낸곳 | 도서출판 창해

신고번호 | 제2019-000317호

초판 1쇄 발행 | 2021년 02월 26일
개정증보판 1쇄 발행 | 2025년 06월 13일

우편번호 | 04037
주소 | 서울특별시 마포구 양화로 59, 601호(서교동)
전화 | (02)322-3333(代)
팩시밀리 | (02)333-5678
E-mail | dachawon@daum.net

ISBN 979-11-7174-043-7 (03980)

값 · 20,000원

ⓒ오정윤 외, 2025, Printed in Korea

※ 잘못된 책은 구입하신 곳에서 교환해드립니다.

Publishing Club Dachawon(多次元)
창해·다차원북스·나마스테